Theodor Fontane

Theodor Fontanes Briefe an seine Familie

Erster Band

Verlag
der
Wissenschaften

Theodor Fontane

Theodor Fontanes Briefe an seine Familie

Erster Band

ISBN/EAN: 9783957009401

Auflage: 1

Erscheinungsjahr: 2017

Erscheinungsort: Norderstedt, Deutschland
Hergestellt in Europa, USA, Kanada, Australien, Japan
Verlag der Wissenschaften in Hansebooks GmbH, Norderstedt

Cover: Tizian "Ländliches Konzert"

Verlag
der
Wissenschaften

Th. Fontane's Briefe an seine Familie

Frau Emilie Fontane, geb. Rouanet-Kummer
Berlin 1859

Theodor Fontane's

Briefe an seine Familie

Erster Band

Mit einem Bildnis von Frau Emilie Fontane

Zweite Auflage

Berlin
F. Fontane & Co.
1905

Vorwort.

Ein neues Buch von Theodor Fontane und der erste Versuch, dem deutschen Volke denjenigen Teil seines literarischen Nachlasses zu erschließen, in dem seine Eigenart wohl am reinsten sich ausspricht — seine Briefe.

Fontane hat als Briefschreiber unter den Mitlebenden vielleicht nicht seinesgleichen gehabt. War schon der Umfang seiner Korrespondenz ein ungewöhnlich großer, so dürften auch Inhalt und Form seiner Briefe einzig in ihrer Art sein. Denn fast niemals begnügte er sich mit einer rein sachlichen Mitteilung; er leitete vielmehr aus der geistigen Beziehung, die er zwischen sich und dem Empfänger des Briefes hergestellt hatte, zugleich die Verpflichtung ab, diesen zu unterhalten. So haben viele seiner Briefe bald zu heiteren Feuilletons, bald zu kleinen Essays über Tagesfragen sich gestaltet; andere gewähren dem Leser einen Einblick in seine poetische Werkstatt, noch andere ergehen sich in düsteren Betrachtungen und bitteren Klagen. Alles nur flüchtig hingeworfen und aus dem Augenblick geboren, aber alles fesselnd in seiner bezaubernden Natürlichkeit und unerschöpflichen Gedankenfülle. — Wer den Dichter in seiner innersten Wesenheit kennen lernen will, kann dies am besten an der Hand seiner Briefe erreichen.

Inwieweit eine Auswahl aus allen Briefen Fontanes — denn nur um eine solche kann es sich handeln — der

Öffentlichkeit wird zugänglich gemacht werden können, steht zurzeit freilich noch nicht fest. Schon haben manche Besitzer seiner Briefe ihr Eigentum für diesen Zweck zur Verfügung gestellt. Seitens anderer ist dies noch nicht geschehen, und von vielen Briefen weiß man nicht einmal, in wessen Besitz sie sich gegenwärtig befinden. Vielleicht, hat diese erste Veröffentlichung den Erfolg, weiteren Schritten in dieser Beziehung ein bereitwilligeres Entgegenkommen zu sichern.

Vorläufig konnte eine Sammlung Fontanescher Briefe nur von einem einzigen Teile derselben veranstaltet werden, der eine in sich geschlossene Gruppe bildet und bereits in annähernder Vollständigkeit vorlag — von den Briefen Th. Fontanes an seine Familie.

Als Stoff für diese Sammlung standen zur Verfügung:

1. Briefe Fontanes an seine Gattin. Dem Umfange nach die Hauptmasse, obwohl in Wirklichkeit nur ein kleiner Teil der Briefe, die er überhaupt an jene gerichtet und deren Zahl er einige Jahre vor seinem Tode scherzend auf etwa 10000 geschätzt hat. Die noch vorhandenen sind — im Hinblick auf die schon damals geplante Veröffentlichung — noch von Frau Fontane selbst ausgewählt, nach Jahrgängen geordnet und mit der Bemerkung „können benutzt werden“ bezeichnet worden. Offenbar hat sie dabei zahlreiche Briefe vernichtet, so daß im Zusammenhange der Reihenfolge empfindliche Lücken entstanden sind. Der Briefwechsel Fontanes und seiner Gattin während ihrer fast fünfjährigen Brautzeit, der im Nachlasse von Frau Fontane sich vorfand, hat infolge ihrer ausdrücklichen Anordnung ungelesen verbrannt werden müssen.

2. Briefe Fontanes an seine Schwester Elise Weber, sowie vereinzelte, von dieser zur Verfügung

gestellte Briefe an seine Eltern und seine beiden Schwäger Sommerfeldt und Weber — sämtlich aus den mittleren Mannesjahren des Verfassers. (Briefe aus seiner Jugendzeit sind anscheinend von keinem seiner Verwandten aufbewahrt worden.)

3. Briefe Fontanes an seine Kinder Theodor, Martha und Friedrich oder, wie sie in der Familie genannt wurden: Theo, Mete und Friedel. Die an seinen ältesten Sohn George gerichteten Briefe dürften nach dessen Tode (1887) verloren gegangen sein; denn alle Bemühungen, eine Spur von ihnen aufzufinden, sind ergebnislos geblieben.

Alles in allem eine Zahl von etwa 1000 Briefen — also bei weitem mehr, als einem noch so wohlwollenden und für den Verfasser interessierten Leserkreise dargeboten werden durfte, selbst wenn jedes einzelne Schreiben an sich der Mitteilung wert gewesen wäre, was von ihrer großen Mehrzahl in der Tat behauptet werden darf.

Der Herausgeber mußte somit den vorhandenen Stoff zunächst sichten und stark einschränken. Aus dem Guten war das Beste auszuwählen. Alle Briefe von verhältnismäßig geringerer Bedeutung, mochten sie auch noch so glückliche Stellen und noch so interessante Angaben für den künftigen Biographen des Dichters enthalten, mußten unterdrückt, die zum Druck bestimmten Briefe durch Streichung des Nebensächlichen, soweit nur irgend möglich, gekürzt werden.

Daneben war auf das sorgfältigste zu erwägen, inwieweit einerseits die intimen Angelegenheiten der Familie, welche in den Briefen erörtert werden, der Öffentlichkeit preisgegeben werden durften, und inwieweit es anderseits erlaubt war, die vertraulichen Äußerungen Fontanes über Verhältnisse und Personen seines Umgangskreises und seiner Umgebung ans Licht zu ziehen. Letzteres eine Frage, die um so wichtiger war, als die mitzuteilenden Briefe bis zum Jahre 1898 reichen, jene Äußerungen also zum großen Teil auf noch lebende Personen sich beziehen.

Zur Lösung dieser Aufgaben war nach der Ansicht der Familie und der durch das Fontanesche Testament eingesetzten Verwalter seines literarischen Nachlasses niemand mehr berufen als die Tochter Fontanes. Nicht nur, weil diese durch ein langes Zusammenleben mit ihren Eltern mit allen Beziehungen der Familie auf das genaueste vertraut war, sondern vor allem, weil sie infolge der innigen geistigen Gemeinschaft, die sie mit ihrem Vater verband, das sicherste Urteil darüber fällen konnte, ob die Veröffentlichung eines Briefes oder einer Briefstelle seine Billigung gefunden hätte.

Leider stand ihrer Einwilligung, die Herausgabe der fraglichen Briefe auf alleinige Verantwortung zu übernehmen, ein Hindernis entgegen, das ihr unüberwindlich schien: ihre Person spielt in diesen Briefen eine zu große Rolle — in denen der letzten zehn Jahren sogar wohl die Hauptrolle —, als daß sie es über sich gewinnen konnte, sie vor der Öffentlichkeit zu vertreten. Immerhin war ihre weitgehende und unausgesetzte Mitwirkung bei der Vorbereitung der Briefe für den Druck schlechterdings nicht zu entbehren. So ist denn die ehrenvolle Aufgabe der Herausgabe der Briefe Th. Fontanes an seine Familie mir, seinem Schwiegersohne, zugefallen. Ich habe sie, gemeinsam mit meiner Frau, derart zu lösen versucht, daß ich die Auswahl und Redaktion der Briefe zwar zunächst selbständig bewirkt, in allen zweifelhaften Fragen aber Auskunft von jener mir eingeholt und erforderlichenfalls ihr die Entscheidung anheimgestellt habe.

Nach wiederholter Sichtung und Kürzung des Stoffes ist es gelungen, die Zahl der zur Veröffentlichung bestimmten, der Zeit von 1852 bis 1898 entstammenden Briefe auf 377 einzuschränken. Sie sind der leichteren Übersicht wegen in 12 Abschnitte geteilt worden, die zumeist bestimmten Abschnitten in den äußeren Lebensumständen Fontanes entsprechen. Kurze Vorbemerkungen erläutern diese jeweiligen Lebensumstände, ohne deren Kenntnis viele Briefe überhaupt nicht verständlich sein würden, und geben zugleich Auskunft über das literarische Schaffen des Dichters in den betreffenden Jahren; sie werden ergänzt durch eine Anzahl von Fußnoten, die sich zum größeren Teil auf die in den Briefen erwähnten, nicht allgemein bekannten Personen beziehen.

Inbezug auf die Form der einzelnen Briefe ist Wert darauf gelegt worden, ihnen durchweg das Gepräge einer in anspruchsloser Weise sich ergehenden, vertraulichen Aussprache zu wahren. Anrede und Schluß wurden daher — trotz den dabei unvermeidlichen Wiederholungen — grundsätzlich beibehalten, und ebenso ist unter den im Plauderton vorgetragenen, meist humoristisch gefärbten Schilderungen kleiner häuslicher Erlebnisse und Reiseerfahrungen, sowie unter den zum Teil stark theoretisierenden Betrachtungen des Verfassers über seinen und seiner Familienmitglieder Gesundheitszustand usw. usw. nur mit Schonung aufgeräumt worden. Denn wenn diese Äußerungen auch an sich keine große Wichtigkeit haben, so sind sie doch im höchsten Grade charakteristisch für die menschliche Persönlichkeit Fontanes und dürften diese dem Leser näher rücken und gewinnender erscheinen lassen, als eine Sammlung einzelner, aus seinen Briefen ausgeschälter, noch so bedeutender „Aphorismen“ dies jemals vermöchte. Hat doch Fontane selbst wiederholt ausgeführt, daß nur diejenigen Helden im Herzen des Volkes eine dauernde Stätte finden, von denen man nicht nur ihre heldischen Taten, sondern auch ihre rein menschlichen Züge — auch wohl ihre kleinen Schwächen — kennt.

Ob die Grenze, welche wir sowohl den lobenden und anerkennenden wie auch den tadelnden und zuweilen sogar in bitterer Anklage sich ergehenden Bemerkungen des Verfassers über die Mitglieder seiner Familie gezogen haben, durchweg den Beifall der Leser finden wird, ist zweifelhaft. Es hat sicherlich seine Bedenken, die intimsten Verhältnisse einer Familie derartig dem Einblick zu öffnen. Aber wenn uns hierbei einerseits die Überzeugung geleitet hat, daß in jenen zum Teil sehr ernsten Erörterungen wiederum eine andere Seite der Persönlichkeit Fontanes in bezeichnendster Weise sich offenbart, so durften wir uns anderseits sagen, daß die darin berührten Zustände, so schwere Stunden sie zuweilen auch den Beteiligten bereiteten, doch in keiner Weise das Licht zu scheuen haben.

Es gilt dies zur Hauptsache von den Konflikten, die mehrfach zwischen den beiden Gatten sich abspielten. Man wird den Vorwurf, dem sich Fontane nach dem Erscheinen seiner „Kinderjahre" ausgesetzt sah — daß nämlich das von seiner Mutter entworfene Bild zu ungünstig ausgefallen sei — vermutlich auch gegen uns erheben. Aber mit eben so großem Unrecht. Denn abgesehen davon, daß den von uns mitgeteilten Äußerungen des Unmutes und der herben Kritik, die Fontane an seine Gattin gerichtet hat, andere gegenüber stehen, die der Zärtlichkeit und des Lobes voll sind — abgesehen davon, daß jene Konflikte nur vorübergehende Erscheinungen innerhalb einer von Liebe und Glück getragenen 48jährigen Ehe waren — können wir einem solchen Vorwurf gegenüber auf den Umstand hinweisen, daß die Nächstbeteiligte, unsere Mutter und

Schwiegermutter, eine Verwertung jener Briefe für die Öffentlichkeit ausdrücklich genehmigt hatte.

Verhältnismäßig leichter sind wir über die Bedenken hinweggekommen, die einer Mitteilung der vertraulichen Äußerungen Fontanes über andere Verhältnisse und Personen sich entgegenstellten. Denn hier konnten wir unserer Beurteilung der einzelnen Fälle den Maßstab zugrunde legten, dessen Fontane schon in „Chr. Fr. Scherenberg", „Meine Kinderjahre" und „Von Zwanzig bis Dreißig" sich bedient hat. Es war uns damit ein ziemlich weiter Spielraum gegeben. Trotzdem haben wir alle unmittelbar verletzenden Urteile, von denen wir annehmen konnten, daß Fontane selbst sie niemals vor der Öffentlichkeit geäußert hätte, gestrichen, andere nach Möglichkeit gemildert. In noch anderen Fällen, bei denen es nicht um eine Person als solche sich handelte, sondern diese nur als Vertreterin einer verkehrten Ansicht oder als Opfer einer komischen Situation angeführt war, haben wir dafür gesorgt, sie möglichst unkenntlich zu machen. Wenn wir dabei nicht allen Empfindlichkeiten gerecht geworden sein sollten, so hat es nicht an unserem guten Willen gelegen.

Am wenigsten haben uns die Widersprüche gestört, die in verschiedenen, sich zum Teil schroff gegenüberstehenden Äußerungen Fontanes über allgemeine Fragen auf dem sozialen, politischen und religiösen Gebiete vorliegen. Manche von ihnen erklären sich aus dem Umstande, daß sie aus weit von einander abliegenden Zeitabschnitten stammen, und daß ihr Verfasser inzwischen eine innere Wandlung durchgemacht hatte, die ihn freiheitlichen Anschauungen immer näher führte. Nicht ohne Behagen hat er sich in dieser Beziehung einst in einem Gespräche mit mir einer Lieblingsfigur von ihm, dem alten General von der Quarbitz in Willibald Alexis' letztem Roman „Isegrimm" an die Seite gestellt. Aber diese scheinbaren Widersprüche, ganz ebenso wie diejenigen, welche in seinen Urteilen über einzelne Personen sich finden, entstammen zunächst der innersten Natur Fontanes, die sich dagegen sträubte, auf eine bestimmte Partei oder auch nur auf bestimmte Prinzipien sich einschwören zu lassen, und sich der letzteren sodann als einer bequemen Schablone zu bedienen. Seine Urteile weichen von einander ab, weil er den Gegenstand jeweils von verschiedenen Seiten, in verschiedener Beleuchtung und zuweilen wohl auch in verschiedener Stimmung sah. Und er verteidigte nicht nur diese anscheinende Inkonsequenz, sondern er war geradezu stolz auf sie. Sagt er doch in einem seiner Briefe (160 der vorliegenden Sammlung), nachdem er sich über die Verschraubtheiten und Eigensinnigkeiten lustig gemacht hat, welche die Menschen „Recht oder Prinzip oder Konsequenz" zu nennen pflegen: „Wie niedrig stehen doch alle diese Dinge! Und wie hoch steht daneben die heitere Freiheit, die heute dies tut und morgen das, bloß immer das Richtige."

Waren, 1. November 1904.

K. E. O. Fritsch.

Briefe aus dem Jahre 1852.

Zwischen der Hochzeit Fontanes im Oktober 1850, mit deren Erwähnung er sein Buch „Von Zwanzig bis Dreißig" schließt, und seinem ersten längeren Aufenthalt in London, dem diese Briefe entstammen, liegt ein Zeitraum von 1½ Jahren. Nachdem seine erste, durch W. v. Merckel vermittelte Beschäftigung bei der Preßabteilung des preußischen Ministeriums durch den Rücktritt Merckels von der Leitung des amtlichen „literarischen Bureaus" schon nach kurzer Zeit zu Ende gelangt war, hatte Fontane sich zunächst wiederum als freier Schriftsteller durchgeschlagen, bald aber aufs neue Anschluß an die nunmehr von Dr. Rhyno Quehl geleitete Presse des Ministeriums Manteuffel gefunden, deren damalige Organe die „Preußische Zeitung" und „Die Zeit" waren. Als Angestellter dieser Blätter war er im Frühjahr 1852 zum Studium englischer Verhältnisse auf unbestimmte Zeit nach London beurlaubt worden. Eine Auswahl seiner von dort gelieferten feuilletonistischen Arbeiten ist später von ihm in dem Buche „Ein Sommer in London" (neu aufgelegt i. J. 1900 als Abteilung von „Aus England und Schottland") gesammelt und selbständig veröffentlicht worden.

1) Aachen, d. 6. April 1852.

Meine liebe Frau.

Seit gestern mittag 2 Uhr bin ich hier. Die Reise bis Köln ist eigentlich langweilig oder, richtiger, die Art des Reisens ist es. Um sich darüber hinwegzusetzen, daß man an einer Fülle von interessanten Dingen vorbeifliegt, oder um lediglich die Schnelligkeit des Fortkommens zu preisen, dazu geht es doch noch nicht schnell genug. Man hat das Gefühl: nichts gesehn und sich strapaziert zu haben, wogegen man früher von seinen Reisestrapazen wenigstens eine Ausbeute hatte und in künftigen Zeiten notwendig dahin kommen muß, wenn auch nichts zu sehn, so doch wenigstens nicht gequält zu werden.

Meine Reisegesellschaft war außergewöhnlich gut: drei Leute, mit denen sich reden ließ; dennoch macht' ich von diesem ihrem Talent wenig Gebrauch, weil ich immer mehr dahinter komme, daß der bloße „gebildete Mensch", wenn er sonst nichts hat, eigentlich zu den ledernsten Geschöpfen Gottes zählt. Von jeder alten Bauernfrau, deren Friesrock 120 Falten schlägt und deren Plattdeutsch man ebensowenig versteht wie den Baustil ihres Kopfputzes, hat unsereins mehr Ausbeute.

Am meisten erquickte mich noch die Fahrt durch Westfalen. Es war Sonntag. Schönes, klares Wetter, geputzte rotbäckige Menschen am Wege und auf den Bahnhöfen; der Himmel lachte und die Menschen auch. Es war sehr reizend und ich dachte mir, mit welcher Herzensfreude muß der König durch solche gesegneten Lande fahren, wo selbst das Leblose tausend Geschichten von Glück und Zufriedenheit erzählt und die ganze Landschaft zu einem aufschaut wie ein Auge voll Liebe. Solch' Anblick geht viel über Ehrenpforten und weißgekleidete Jungfrauen.

Um 9 Uhr abends war ich in Köln. Die Stadt ist scheußlich, der Dom das Herrlichste, Großartigste, was ich überhaupt je gesehn. Vom Dome ins Hotel. Es ist so, wie hundert andere. Beefsteaks, Kellner, abgerissene Klingel — alles wie bei uns zu Lande; nur von dem Bett muß ich Dir eine Beschreibung machen. Das Gestell groß, hoch und von einer Solidität der Bauart, als sollten sechs Brautpaare wie König Gunther und Brunhilde ihr Beilager darin halten; dazu ein Deckbett von der Größe eines mäßigen Oreillers, so daß ich mich gezwungen sah, Schlafrock und Mantel als Hilfstruppen heran zu ziehen. Sehr interessant war auch das Watercloset: es ist sehr eng darin, und die Wand vor einem befindet sich so nahe, daß man sie mit der Nasenspitze berühren kann. Diese zudringliche Nähe war von talentvollen jungen Malern, die sonst wohl die Mauern und Wände der Häuser mit gewissen mehr riesigen als naturgetreuen Abbildungen auszustaffieren pflegen, zu ähnlichen Kunstleistungen benutzt worden, die teils aus Bleistiftzeichnungen, teils aus dauerhaften tiefen Gravierungen bestanden. Mitten unter diesen lauteren Schöpfungen der Phantasie und Laune befand sich, wie ein Professor im Bordell, die bekannte Figur des pythagoräischen Lehrsatzes, die mich vor Zeiten auf der Quartanerbank immer sehr traurig gestimmt, heute aber mein hellstes Lachen zur Folge hatte.

Hier habe ich bei Onkel Fritz*) und seiner Familie einen Empfang gefunden, der an Herzlichkeit noch Eure Erwartungen, geschweige denn die meinigen übertraf.

Nun noch ein paar Worte mit und zu Dir, mein liebes, süßes Herz. Wenn dieser Brief keine Liebes- und Sehnsuchts-Versicherungen enthält, so suche die Gründe nicht anders, als wo sie liegen. Ich darf ehrlich behaupten, daß ich vielfach in Worten und immer in Gedanken um Dich und unsern lieben kleinen Jungen**) bin. Des Morgens beim Baden bin ich immer bei Euch, und selbst nachts, wenn ich aufwache, seh' ich Mine in bekannter Attitüde an dem Drei-Handtücherplatz, wie sie sich quält,

*) Fritz Labry, damals Forstmeister bei der Kgl. Regierung in Aachen, ein Bruder von Fontanes Mutter.

**) George Fontane, geboren 14. August 1851, gestorben als Kgl. Hauptmann und Militärlehrer an der Haupt-Kadetten-Anstalt zu Lichterfelde 24. September 1887.

den schlafenden kleinen Fontane zu einer munteren Fontäne zu machen. Küsse mir das Kind und die gute Alte recht herzlich, Du aber schreibe recht bald Deinem Theodor.

---

2) Aachen, d. 12. April 1852.

Meine liebe Mila.

Schon gestern wollt' ich Deinen lieben Brief beantworten; ein Osterkirchgang und hinterher ein paar Besuche ließen mich indes nicht dazu kommen. Was Deinen Brief angeht, so kann ich Dir nichts Besseres darüber sagen, als daß die Briefe der Frau mir doch noch über die der Braut gehn, und Du weißt, daß ich auch die letzteren nie unterschätzt habe.

Seit meinem ersten Schreiben habe ich viel gehört und gesehn; in der Stadt selbst hab' ich das Rathaus und den Dom genauer in Augenschein genommen, beide zum Teil aus der Zeit Karls des Großen herrührend. Im großen ganzen wird mit dem ollen Kaiser hier ein lächerlicher Mißbrauch getrieben: in jedem alten Pfuhl oder Weiher soll er gebadet, auf jedem großen Feldstein gesessen, unter jeder verkrüppelten Eiche geschlafen haben. Es wundert mich fast, daß man die berühmten Schwefelwasserstoff-Quellen hierselbst nicht dadurch erklärt, daß man sie „mit den Blähungen Karls des Großen gesättigtes Quellwasser" nennt. Der gothische, seit kurzem wieder hergestellte, große Rathaussaal, in dem 36 Kaiser gekrönt worden sind, ist von einer außerordentlichen Schönheit und interessierte mich mehr als der achteckige Kuppelbau des Domes, den ich gestern während des Hochamts in Muße betrachten konnte.

Die Umgebung Aachens ist recht hübsch, — „schön" wäre zuviel gesagt. Die Stadt liegt in einem Talkessel, mäßig hohe Hügel umgeben sie von allen Seiten. Von einigen der höchsten Punkte aus genießt man einen reizenden Umblick, und sowohl die Stadt diesseits wie die weite und reiche Landschaft jenseits des Hügelringes gewährt eine Fülle wechselnder, aber immer lieblicher Bilder. Die Landschaft jenseits der Berge hat die allergrößte Ähnlichkeit mit unserm Oderbruch, wenn man vom Selower Berge aus, bei günstiger Beleuchtung, in das Tiefland hineinblickt.

Nun ein Wort über den Katholizismus. Ich verschließe mich nicht gegen das Großartige seiner Organisation, nicht gegen die Herrscherweisheit, die aus seinen Institutionen spricht, nicht gegen die Hoheit und Heiligkeit gewisser Schöpfungen und ihrer Grundprinzipien; ich gebe auch zu, daß aus dem Albernsten und Abgeschmacktesten immer noch ein Teilchen schöner, heiliger Ernst — sei's auch nur mit der Nasenspitze — hervorguckt. Aber das Ganze, wie's daliegt, ist doch nur eine große Volksverdummungs-, im günstigsten Falle eine klug eingerichtete Volksbeherrschungs-Anstalt, und hat nur deshalb ein Recht, zu sein, weil die große Masse zu allen Zeiten dumm und unselbständig gewesen ist und der Katholizismus aus diesem Grunde sich schmeicheln darf, „einem tiefgefühlten Bedürfnis gründlich abzuhelfen“. Der Glanz- und Höhepunkt des Ganzen ist für mich die künstlerische Seite — worunter ich die Pracht der Kirchen und Dome, die Meisterwerke der Malerei an den Wänden und das oft Bezaubernde der geistlichen Musik verstehe. Von dem Moment ab, wo der Klerus aufmarschiert und teils mit alten, mumienhaften, teils mit fanatisch-brutalen, am meisten aber mit stupiden, langweiligen und selbst gelangweilten Gesichtern seine Litaneien herunterplärrt, ist alle Illusion gestört, und die Seele atmet erst wieder auf, wenn der betäubende

Weihrauchduft hinter ihr liegt und Gottes Sonne auf offener Straße lacht und grüßt. Summa Summarum: Der Protestantismus kann einpacken — ich habe den festen Glauben, daß die Menschheit auch mit ihm nicht abschließen, auch ihn überwinden wird — aber gegen den Katholizismus gehalten, muß er unser Freund und unsre ganze Liebe sein; denn wir, die wir ein Stück himmlischer Freiheit gekostet haben, können nur in ihm oder doch durch ihn das finden, was wir gebrauchen.

Am Donnerstag geht es weiter nach Belgien, wo ich fünf Tage verweilen will, und dann ohne Verzug nach London.

Küsse nur unsern lieben kleinen Jungen recht, recht herzlich. Der herzlichste Kuß aber ist für Dich, mein liebes, gutes Herz. Dein

Theodor.

---

3) Brüssel, d. 17. April 1852.

Meine liebe, arme Herzensfrau.

Vorgestern früh verließ ich Aachen. Das erste, was wir im Coupé hörten, waren französische Worte. „Pas pleurer!“ rief ein blaukittliger Wallone, der mit seinen rußigen Eisenarbeiterhänden unaufhörlich bemüht war, sein blasses, weinendes Kind zu beschwichtigen. — Wir kamen nach Verviers; Douaniers durchwühlten meinen Koffer, fünf Minuten lang war ich in scheußlicher Gefahr, meine eignen, neu gebundenen Werke hoch versteuern zu müssen. Mein Französisch litt Schiffbruch; dumm und verlegen stand ich da — endlich klang eine leidliche Grobheit von den beschnauzbarteten Lippen und ich war blamiert, aber — gerettet. „Pas pleurer!“ dacht' ich, und weiter ging es nach Lüttich. Lüttich — wenn es noch keinen Beinamen hat — würd' ich die Leierkastenstadt nennen; über=

all Lahme und Blinde und rechts und links flötentönige Sehnsuchtswalzer. Es war sehr heimatlich, und mit dem Gedanken an die Heimat kam ein flüchtiges Heimweh; mais „pas pleurer!“ dacht' ich, und weiter ging es nach Löwen. Im Hotel de la Cour de Mons ist gutes Nachtquartier; erquickt stand ich auf und sah durchs offene Fenster zum blauen, lachenden Himmel hinauf und dann hinab in den grünen, lachenden Garten. Eine junge Frau in niederländischer Tracht, ihr Morgenhäubchen kokett auf dem Kopfe balancierend, stand unter einem blühenden Aprikosenbaum und lachte ihren bärtigen, rotbäckigen Hausherrn an, der ihr mit der Hand, streichelnd und schmeichelnd, über den krausen Scheitel fuhr. Ich sah's — mais „pas pleurer!“ und weiter ging es nach Brüssel. Das Coupé war ein Nationenkongreß: deutsch, niederländisch, französisch, englisch klang es mal hier, mal dort, aber ich hatte wenig Ohr dafür; ich sah ein freundliches, unserm kleinen George in Wahrheit ähnliches Kind an, das auf dem Schoß der Bonne schlief, — ich dachte dies und das, mais „pas pleurer!“ — Heute früh erhielt ich Deinen lieben Brief, (für den ich Dir danke, so viel Schweres er auch enthielt) und setzte mich auf eine sonnenbeschienene Bank des Parks, um Deine lieben, traurigen Zeilen durchzulesen. Ich las und weinte; mais „pas pleurer!“ klang mir's wieder im Ohr und ich atmete auf und schritt weiter.

Mein liebes, armes Herz, was soll ich Dir für Trost sagen! Ich habe selber nicht viel, und Du weißt, ich kann nichts sprechen und schreiben, was mir nicht von Herzen geht. Ich kann Dir nur zurufen, was ich Dir schon so oft zugerufen habe: „laß uns mit Ergebung tragen, was der Himmel über uns verhängt.“ Wir sind beide nicht vom christlichen Märtyrergeschlecht und werden es schwerlich zur Freudigkeit des Leidens bringen, aber laß' uns wenigstens Fassung darin finden, daß wir nichts andres tragen, als was uns bestimmt ist und von Anfang an bestimmt war. Übrigens sollst Du nicht alles ohne mich durchmachen: entweder — und das gebe Gott — hab' ich die große Freude, Dich schon im Sommer zu mir zu rufen, oder ich verlasse London zu Ende August und steh' Dir in der schweren Zeit, so gut ich's kann, zur Seite. Vorläufig ist mir Deine Reise nach Liegnitz ein großer Trost. Du wirst da manches tun und hören müssen, was Dir nicht gefällt; im großen ganzen aber wird man Dir mit wahrer, herzlicher Liebe begegnen und das bleibt auf die Dauer doch das beste.

Daß Du mal wieder mit der Menschheit zürnst und mir schreibst: „keine Katze habe sich um Dich gekümmert", scheint mir ungerecht zu sein. Ich glaube, wir haben beide den Fehler: von den Menschen mehr zu verlangen, als wir verlangen dürfen, und namentlich mehr, als wir ihnen bieten. Wir haben diesen Fehler nicht von Natur, aber durch die Umstände und Verhältnisse, die uns gereizt und als Folge davon ungerecht gemacht haben. Dir wird die Zeit jetzt lang. Als Du schriebst, waren erst elf Tage vergangen, und wie oft haben wir wochenlang allein gesessen! Wer hat mich besucht, als ich Ende vorigen Jahres krank und niedergeschlagen die Tage abwickelte?! Die Menschen lieben nur das Glück, den Glanz und die lachenden Gesichter, und zuletzt: wer will es ihnen verargen?!

Über meine Reiseerlebnisse und das Hundertfache, was ich in Lüttich, Löwen und Brüssel gesehen und bewundert habe, kann ich mich heut' nicht auslassen, mein Brief würde sonst endlos werden; man reist ohnehin, um zu sehn und nicht, um zu schreiben. Zwei Briefe kosten einen Tag, und ein Tag kostet viel Geld. Nur mit einzelnen

Bemerkungen, die sich mir aufgedrängt haben, will ich nicht zurückhalten. Es ist mindestens ein Fingerzeig, daß die mittelalterliche Kunst und Kultur nirgends herrlicher geblüht hat als in den Bürgerrepubliken der lombardischen und flandrischen Städte, die trotz kaiserlicher Oberhoheit wirkliche Republiken waren und selbst den Arm und die Macht eines Barbarossa oder fünften Karl nicht scheuten, wenn es galt, für ihr Recht und ihre Freiheit einzustehn. Wie sind wir zurückgekommen! Das waren die noblen Tage der Selbstregierung, wonach wir jetzt schreien und wozu wir nicht mehr und nicht weniger mitbringen als — nichts. Die Bürger von damals dachten und taten alles selbst; für unsre feisten Bourgeois muß gedacht und getan werden: der Götze der Bequemlichkeit hat den Gott der Freiheit in den Staub getreten. — Das Mittelalter! Man nennt es eine dunkle Zeit, man spricht von Beschränktheit und der liebe Pharisäer „Gegenwart" schlägt an seine Brust und spricht: „ich danke dir, Gott, daß ich nicht bin wie jene Zeit des Aberglaubens und der Intoleranz." Mag sein! Aber das Zeitalter der Hexenprozesse hatte viel Licht neben seinem Schatten und mit der rohen Überkraft ist uns die Kraft überhaupt verloren gegangen. Mit den Flammen des Scheiterhaufens sind große Tugenden erloschen und es drängt sich mir auf, als bedürfe die Menschennatur der Beschränkung, um das Vollmaß ihrer Kraft zur Erscheinung zu bringen, und als wäre Erweiterung des Gesichtskreises gleichbedeutend mit Schwächung und aller Misere, die sich daran knüpft. Wir bedürfen eines kleinen Kreises, um groß zu sein, und sind klein, wenn wir die Welt umfassen wollen; unser Geist der Sonnenbahnen berechnet, reicht doch wiederum nicht weiter als unsere Arme, und wer es leugnet, überschätzt sich, und wer sich überschätzt, ist — klein. — Den höchsten

Anlauf (um auf etwas andres überzugehn) nahm die Menschennatur, als sie einen gothischen Dom in seiner Vollendung dachte. Aber er ist ein Ideal geblieben und mit Recht; denn das Vollendete muß unvollendet bleiben. Die fertigen gothischen Dome sind nicht vollendet und die vollendeten sind nicht fertig.

Nun leb' mir wohl, küsse den Kleinen und die Mama und schreibe bald Deinem

Theodor.

---

4) London, d. 28. April 1852.

Meine liebe, gute Mama.

Seit fünf Tagen bin ich nun in London. Ich hätte nicht gedacht, daß die Stadt, deren rein äußerliches Leben und Treiben ich wenigstens kannte — mich wiederum so mächtig bewegen würde. Denn noch in diesem Augenblick brauch' ich nur nach den Verbindungsstraßen zwischen City und Westend (hier herrscht das regste Leben) zu eilen, um urplötzlich meine Sorgen von mir genommen zu sehn. Die Großartigkeit dieses Schauspiels hat etwas unendlich Erhebendes; weil man sich überhaupt vergißt, vergißt man auch sein Elend und seine Not und fühlt sich nur gehoben durch das Gefühl, ein Teil jener Gesamtheit, ein Glied jener großen Menschheitsfamilie zu sein, die so lebt und solches schafft. In Bewunderung der Gattung verliert man die einzelne Spezies, und sich mit, ganz aus dem Auge.

Du wirst vielleicht sagen: daran erkennt man den Anglomanen, der seit Jahr und Tag in alles englische Wesen verrannt ist. Ich muß das gerade jetzt bestreiten: vieles behagt mir gar nicht und läßt mich, wenn ich vergleiche, deutlich einsehn, daß wir in aberhundert Dingen weit voraus sind. Zudem hab' ich persönlich noch gar nichts Angenehmes oder Bestechendes erlebt und höre von Deutschen, selbst von solchen, denen es hier gut geht und die gar nicht daran denken, England zu verlassen, daß es in Deutschland eigentlich besser sei. Wieviel daran wahr ist, laß' ich dahingestellt, aber das darf ich bereits versichern, daß mein diesmaliges Urteil über London anders ausfallen wird als vor acht Jahren. Ich war damals unerfahren, gutmütig und, wenn ich so sagen darf, schwärmerisch genug, alles, was ich anders fand, auch sofort besser zu finden.

Heute endlich habe ich einen Brief von Emilie erhalten. Es freut mich ungemein, daraus zu ersehen, daß sie nicht nur wohl, sondern auch wieder heiter ist. Vor allen Dingen mög' es ihr nie einfallen, vielleicht bloß aus Anstand, mit ihrer Heiterkeit hinterm Berge zu halten und eine pflichtschuldige betrübte Miene aufzusetzen. Ich habe nichts so gern wie fröhliche Menschen und kann ich's selber oft nicht sein, so liegt die Schuld wahrhaftig nicht an meinem guten Willen. Am liebsten schlüg' ich den ganzen Tag Rad, spräng' über Tisch und Bänke und wälzte mich im grünen Rasen, den lachenden Himmel über mir.

Meine Tage verbring' ich jetzt in höchster Einfachheit und Regelmäßigkeit, nicht aus Prinzip, sondern aus „Muß". Das wichtigste ist nämlich zunächst, daß ich einzelne Arbeiten an Quehl*) schicke. Ihr glaubt gar nicht, wie mich das gedrückt hat und doch weiß ich am besten, daß es nicht eher möglich war. Bin ich diese Last los, so beginn' ich ein andres Leben und fasse meinen

*) Man vergleiche die Vorbemerkung auf S. 1. Welch' einflußreiche Stellung Dr. Quehl bei dem Minister-Präsidenten v. Manteuffel hatte, ist aus den Bismarckschen „Gedanken und Erinnerungen", Teil I, S. 130—38 zu ersehen.

eigentlichen Zweck: „hier was zu lernen“ mehr ins Auge. Ich werde dann Kirchen, d. h. Predigten, öffentliche Versammlungen, Gerichtssitzungen u. dergl. m. besuchen, um mein Ohr mit der Sprache vertrauter zu machen, vielleicht geh' ich dann auch auf ein paar Wochen nach Brighton.

Lebt alle recht wohl. Gott erhalte Euch und führe alles zum Besten. Dein alter

Theodor.

---

5) London, d. 13. Mai 1852.

Meine liebe Herzens-Emilie.

Für Deine freundlichen Zeilen vom 4. d. M. nimm zunächst meinen herzlichen Dank; daß sie mir zu kurz waren, versteht sich von selbst; doch dring' ich nicht in Dich, das zu ändern, da ich weiß, daß der Reiz Deiner Briefe aufhört, so wie Du auf den zweiten Bogen kommst.

Was Dein Unwohlsein angeht, so können wir uns gegenseitig trösten; nur ist es keine Nervenaffektion, die mich heimgesucht hat, sondern ganz einfach ein kolossal verdorbener Magen, der schließlich bei dieser schandbaren Küche nicht ausbleiben konnte. Immer Lachs und Hammel und Hammel und Lachs ist an und für sich kaum auszuhalten. Sind aber diese Unvermeidlichkeiten auch noch schlecht, wie das leider oft genug vorkommt, so ist kein deutscher Magen diesen Strapazen gewachsen. Ich habe mich durch 48stündiges Hungern, Soda und Lindenblütentee auf gut deutsch kuriert und fühle nur noch eine große Mattigkeit in den Gliedern. Übrigens ängstige Dich nicht: selbst der schlechteste Moment meines Zustandes erlaubte mir immer noch, eine Visite bei Bunsen*) zu machen.

*) Christian, Carl Josias Bunsen (später in den Freiherrnstand erhoben), geb. 1791, von 1841 bis 1854 preußischer Gesandter am englischen Hofe.

Dein Unwohlsein, wenn ich zwischen den Zeilen richtig gelesen habe, wurzelt wohl zum guten Teil in Verstimmung. Ich müßte mich sehr irren, wenn Du nicht wieder auf Klagen über die „Jammerpartie“ gestoßen sein solltest, und hab' ich recht, so bitt' ich Dich, nimm es damit so leicht wie möglich. Ich bin solchen Anzüglichkeiten gegenüber jetzt sehr ruhig: einmal, weil ich Dich leidlich sicher in Händen habe, dann aber, weil ich im Innersten überzeugt bin, solche alten Leute *haben ganz recht*. Jeder will zunächst sein Kind glücklich und geborgen sehn; gesellt sich dann Auszeichnung und Ruhm dazu — tant mieux. Den *bloßen* Ruhm betrachten sie mit Mißtrauen; sie fühlen, wie instinktmäßig, daß er weder seinen Träger noch dessen Umgebung glücklich macht. *Das bloße „Rühmchen“ aber ist ihnen einfach lächerlich*, und noch einmal: sie haben ganz recht. Wenn ich indes auf meine Dichterschaft selber jetzt mit bloßem Hohn hinunterblicke und von keinem Menschen verlange, daß er drei bedruckte Blättchen Papier als Deckmantel für alle sonstigen Mängel betrachte, so verfüg' ich doch, neben dieser leicht wiegenden Poeterei, über ein Etwas, das schwerer in die Wage fällt, und das ist — meine Liebe zu Dir. Ich habe Dir diese zu allen Zeiten und in allen Stücken gezeigt, und *hierauf lege Gewicht*.

Was Du mir über unser Kind schreibst, freut mich immer ungemein. Hat er denn noch keine neuen Zähnchen? Morgen ist er 3/4 Jahr, da wird Großpapa wohl wieder Gelegenheit zu einer Bowle nehmen! Nimm das augenblickliche Wohlleben nur ja mit, vergälle Dir keinen Bissen und denke immer daran, daß wieder schlechtere Tage kommen werden, wenn Gott nicht ganz besonders hilft. Auch tu es des „kleinen Mädchens“ willen; der arme George hat vor seiner Geburt wenig Delikatessen kennen gelernt.

Über mich selbst kann ich mich kurz fassen: ich sitze hier und warte auf Glück! Mein Leben ist im höchsten Maße monoton und bis jetzt wenig ergiebig an sprachlicher und wissenschaftlicher Ausbeute. Von Konstablern, Omnibuskutschern und dem Dienstmädchen (sie ist noch dazu taub), die mir den Kaffee bringt, ist kein Englisch zu lernen — einmal, weil sich die ganze Unterhaltung auf sechs Redensarten reduziert, dann aber auch, weil diese gewöhnlichen Leute ein Englisch sprechen, vor dem man sich zu hüten hat.

Von den Besuchen, die ich auf Grund meiner Empfehlungsbriefe bis jetzt gemacht habe, wird Dich am meisten der bei Bunsen interessieren. Am Montag gab ich Brief und Karte bei ihm ab und schon zum Mittwoch-Frühstück war ich eingeladen; Exzellenz empfingen mich mit ausgesuchter Artigkeit und Liebenswürdigkeit und beim Frühstück lernt' ich die ganze Familie kennen. Leider werd' ich jedoch von Bunsen weniger haben, als unter andern Umständen möglich wäre. Mir ist das erst zu Haus recht klar geworden: aus seinen Reden konnt' ich merken, daß der ebenfalls eingeschlossene Merckelsche*) Brief mich ihm als einen oppositionellen Gesinnungsgenossen vorgestellt und empfohlen hatte. Meiner Beziehungen zur ministeriellen Presse scheint gar nicht Erwähnung geschehen zu sein. Nun müßt' ich mich sehr irren, wenn Bunsen nicht eine Feder zu haben wünschte, die in seinem Interesse Front mache gegen die Angriffe der Kreuzzeitung. Daher wohl zum Teil seine Freundlichkeit gegen mich. Ich kann aber darauf nicht eher eingehn, bevor ich nicht weiß, ob Bunsens Stellung zu

*) Man vergleiche das Kapitel über Wilhelm v. Merckel in Fontanes „Von Zwanzig bis Dreißig“, S. 512 ff.

Manteuffel wenigstens eine leidlich gute ist oder bevor ich nicht durch Bunsen selbst so situiert werde, daß ich mich ruhig dahin stellen kann, wo ich allerdings eigentlich hingehöre. Von Manteuffel aber leben und gegen ihn schreiben, wäre die Steigerung der moralischen Ruppigkeit, der anzugehören die Ehre hat, Dein alter

Theodor.

---

6) London, d. 21. Juni 1852.

Meine liebe Herzens-Mila.

Hoffentlich treffen diese Zeilen gleichzeitig mit Dir in Berlin ein, das Dir unter den augenblicklichen Verhältnissen vielleicht noch trostloser vorkommen wird als ohnehin schon. Nimm Dich nur zusammen und vor allem: verdirb es nicht mit den Menschen. Es ist sehr wahrscheinlich, daß wir in unsre alte Stellung zurückkehren, und wir werden alsdann nötig haben, uns noch mehr in die Welt zu schicken, als wir schon immer getan haben. Wir müssen innerlich ein wenig an uns arbeiten und suchen, milder in unserm Urteil, anspruchsloser in unsern Forderungen zu werden. Wir müssen anfangen, die Leute zu nehmen wie sie sind, und zur Erleichterung dieser Arbeit immer eingedenk sein, daß es in Nord und Süd, West und Ost immer wieder die alte Geschichte ist, und daß wir selber die Fehler teilen, die wir an andern rügen und verdammen. Natürlich mein' ich mit dem Vorstehenden nicht, daß wir anfangen sollen, zu jedem Lumpenhund oder unerträglichen Gesellen „Herr Bruder" zu sagen, aber bemüht wollen wir sein, in dem Kreise derer, die teils nach Wahl, teils aus Zufall unsern Umgang bilden, unsre Tadelsucht und unsre Zunge so viel wie möglich im Zaume zu halten. Also lassen wir Fliegebänder Fliegebänder und widerspruchsvolles Gefasele Gefasele sein. Nehmen wir die

Elle, mit der wir messen, hinfort etwas kürzer und trösten wir uns bei aller Langweiligkeit, die gelegentlich daraus erwachsen muß, mit der Überzeugung, daß wir nur tragen, was Millionen mit uns tragen, und daß es nichts als Eitelkeit ist, für sich immer das Besondere in Anspruch nehmen zu wollen. Ich weiß wohl, daß ich selbst gegen die vorstehende Weisheit sehr oft verstoßen werde, aber es ist doch schon was, wenn man eine Richtschnur für sein Handeln hat und den guten Willen, sich danach zu richten.

Über Bunsens Stellung zu mir bin ich jetzt völlig klar geworden. Nachdem ich vor etwa vier Wochen wieder von ihm eingeladen worden war, hatte ich ihm tags darauf mit einigen Zeilen meine unsterblichen Werke sowie die beiden Lepelschen*) Empfehlungsbriefe (an Bunsen selbst und seinen Sohn Dr. Georg Bunsen) übersandt. Als in den folgenden Tagen keine Antwort kam, war ich darüber zunächst erfreut; in poetenhafter Eitelkeit, von der immer noch ein Restchen sitzen bleibt, bildete ich mir nämlich ein, er wolle erst lesen und dann danken. Als er jedoch weiterhin nichts von sich hören ließ, lag die Annahme nahe, daß der Inhalt jener Lepelschen Briefe daran schuld sei. Lepel hat ihm jedenfalls meine Situation geschildert und vermutlich beim Giftmischer angefangen und beim Quehlianer aufgehört. Beides wird den alten Herrn mit Entsetzen erfüllt haben: der frühere Apotheker ist unter allen Umständen wissenschaftlich nicht ebenbürtig und der ministerielle Zeitungsschreiber ist ein Lump. Lepel hat vielleicht Mitleid erwecken wollen und hat nur Abneigung und doppelte Vorsicht zuwege gebracht.

In voriger Woche nun erhielt ich auf einmal zwei Schreiben von Bunsens, die beide nach meiner früheren

*) Man vergleiche das Kapitel über Bernhard v. Lepel in Fontanes „Von Zwanzig bis Dreißig", S. 447 ff.

Wohnung gerichtet und von meiner alten Wirtin sehr unpünktlich weiter spediert worden waren. Ich antwortete auf der Stelle, klärte mein Schweigen auf und fügte hinzu, daß ich von meinem Wohnungswechsel absichtlich keine Mitteilung gemacht hätte, weil ich aus Gründen, die vermutlich mit dem Inhalt der Lepelschen Empfehlungsbriefe zusammenhingen, mich bereits für einen Aufgegebenen gehalten habe. Es sei mir Bedürfnis, mich hierüber auszusprechen, und ich frage hiermit an, ob Dr. Georg Bunsen, von dem die Briefe herrührten, geneigt sei, die Bekenntnisse einer schönen Seele entgegenzunehmen. In einer längeren Unterredung mit diesem, die ich demnächst hatte, erhielt ich zwar die Versicherung, daß ich mir durchaus falsche Vorstellungen gemacht habe, daß Exzellenz Bunsen die freundlichsten Gesinnungen gegen mich hege und gewillt sei, mir zu helfen, wie und wo er könne. Ich konnte aber sehr wohl merken, daß meine Vorstellungen durchaus richtig gewesen waren, und daß ich auf eine tatsächliche Hilfe von Bunsen nicht rechnen kann. Denn daß er unter Einreichung meiner „Werke" (zwei Bändchen in Duodez) bei den Universitäten von Cambridge und Oxford angefragt haben will, ob dort eine deutsche Professur zu besetzen oder vielleicht neu zu begründen sei, erscheint als eine Lächerlichkeit. Und das Anerbieten einer mit 40 bis 50 Pfund (also gegen 300 Taler) bezahlten Hofmeisterstelle in einem vornehmen Hause kann ich nur als eine unwürdige Zumutung bezeichnen. Denn abgesehen davon, daß mein Verheiratetsein und die Ansprüche, die sich daran knüpfen, mir die Erlangung einer solchen Stelle unmöglich machen würden, muß Bunsen wissen, daß ich in Deutschland verhältnismäßig mehr als doppelt so viel verdiene und nach England gekommen bin, um B e s s e r e s zu suchen.

Diplomatisch kann ich das Zurückziehen Bunsens von

mir nicht finden. Wenn ich wollte, könnt' ich ihm aus wenigen Worten, die er gegen mich fallen ließ, ein Gericht einbrocken, d'ran er sich leidlich den Magen verderben sollte, — doch hab' ich wahrhaftig keine Lust dazu: ich mag eine Zufälligkeit nicht in petziger Weise ausbeuten. Er mußte als Pfiffikus nun mit doppelter Freundlichkeit gegen mich verfahren. Übrigens kann ich Dir versichern, daß mir die Gunst oder Ungunst Bunsens völlig gleichgültig ist; er ist hier auch nur eine Null und jeder andere kann mir dieselben Dienste leisten.

Was den Aufenthalt in meiner Pension betrifft, so lassen der herrschende Ton, das Hauswesen, die Verpflegung und im großen ganzen auch die Bildung der Leute nichts zu wünschen übrig. Daß Mr. O. und Dr. K. mir vorgezogen werden, und daß man nicht erpicht darauf ist, eine Unterhaltung mit mir zu führen, muß ich ertragen und werd' es auch. Die Details, wie ich hier lebe, wirst Du bei Deiner Rückkehr nach Berlin in einem „Londoner Briefe" (siehe Preußische Zeitung), und zwar im fünften oder sechsten „der englische Zopf" *) genau und wahrheitsgetreu verzeichnet finden.

Leb wohl, küsse das Kind und sei selbst geküßt von Deinem

Theo.

---

7) London, den 20. Juli 1852.

Meine liebe, gute Mila.

Deine beiden Briefe erhielt ich gestern; Du hast alles pünktlich, verständig und gut besorgt. Deine Visite bei Quehl ist Deines Ruhmes in derlei Dingen würdig: klar, klug und bescheiden. Ich glaube Dir, daß Du aufatmetest, als Du wieder frische Luft schöpftest und bedaure

*) „Aus England und Schottland", S. 52 ff.

es aufrichtig, daß ich Dir mit solchen Geschichten kommen muß. Dabei ist es freilich außer Zweifel, daß Dein Besuch mehr geholfen hat als zehn Bittgesuche von mir. Danken wir unserm Schöpfer, daß wir unsre alten Merckelschen 40 Reichstaler*) nun wieder flottgemacht haben; es ist immer noch zum Verhungern, aber doch mit Anstand. — Übrigens ist es mir außerordentlich lieb, daß Du der dialogischen Schilderung Deiner Visite noch eine Kritik folgen läßt; wenn Du mir nicht schriebst, daß er „ehrerbietig und wahrhaft herzlich" gewesen sei, so würd' ich das aus dem zitierten Gespräch nicht abgenommen haben. Eine Stunde Dich warten lassen, nicht wissen, um was ich gebeten, dies rapide Sprechen und sogar einzelne Sätze wie: „nun, ich denke, er wird nebenher durch Stundengeben verdienen; das ist ja doch der Hauptzweck seiner Reise" — das alles hätte mich ohne jene Versicherung, nicht eben das beste daraus abnehmen lassen. Nun aber bin ich beruhigt. Was mich speziell dabei angeht, so würd' es mich allerdings gefreut haben, wenn er hingeworfen hätte: „Ihr Mann scheint sich viel Mühe zu geben, dies und das ist ihm gelungen usw." Indes bin ich schon zufrieden, daß er, wie es scheint, auch nichts Gegenteiliges geäußert hat, was er bei schlechter Laune sehr wohl gekonnt hätte. Z. B.: „solch Feuilletonartikel, selbst wenn er gut ist, nützt uns blitzwenig; unsre Federn sollen und müssen der Regierung dienen, und davon ist bei derartigen Arbeiten keine Rede usw."

Nun aber noch ein wichtiger Punkt. Du schreibst: „wenn Du noch bis zum Winter bleibst usw." Ich kann

*) 40 Taler betrug das Monatsgehalt, mit dem Fontane im Herbst 1850 bei der Preßabteilung des Ministeriums eingetreten war und auf das hin er geheiratet hatte.

das nicht in Einklang bringen mit den Quehlschen Worten: „nun so mag er noch Juli und August dort bleiben“. Sind diese Worte ernsthaft gemeint, so muß ich zurück; denn wenn ich auch in den nächsten vier Wochen mehr Glück hier haben sollte, als zu erwarten steht, so ist es doch ganz unmöglich so groß, daß ich mich veranlaßt sehen könnte, meine Stellung in Berlin aufzugeben. Um hier was Reelles zu erreichen, müßt' ich mich Jahr und Tag umhertummeln; es liegt aber auf der Hand, daß Quehl seine Einwilligung dazu nicht geben wird, und wenn er sie gäbe, so würd' ich keinen Gebrauch davon machen, weil die Opfer, die Dir das auferlegte (von mir will ich nicht sprechen), doch ein bischen gar zu groß wären und nur dann gerechtfertigt erscheinen könnten, wenn ich den guten Erfolg verbrieft und untersiegelt in der Tasche hätte. Aber wer kann mir Garantien geben! Das Frühjahr könnte herankommen, und wir wären auf dem alten Fleck. Dazu kommt Deine Entbindung. Ich bin wahrhaftig nicht sentimental, aber es ist hart, einer armen Frau dabei nicht zur Seite (oder wenigstens in der andern Stube) zu stehn. Diesen Punkt erwäg' ich hin und her, und da ich immer schwankend bleibe, so wünscht' ich fast, daß Geldmangel oder ein Quehlscher Machtspruch diesen Kampf entschiede. Läßt sich Quehl aber zur Nachgiebigkeit bestimmen, und find' ich hier noch ein paar Unterrichtsstunden (was doch am Ende wahrscheinlicher ist als nicht), so weiß ich beim wahrhaftigen Gott nicht, was ich tun soll, und jede Stunde denk' ich darüber anders. Jetzt sag' ich: „Du mußt zurück! es ist jämmerlich, eine Frau so lange allein zu lassen! Ein bißchen englisch mehr oder weniger macht den Kohl nicht fett! Und wenn ihr was zustieße — du müßtest dir stets Vorwürfe machen usw.“ Dann sag' ich mir wieder: „Courage! Ausgehalten! Helfen kannst du deiner Frau doch nicht. Du kannst nun 'mal schlechterdings das Kind nicht kriegen, wohl aber ist es ein Unterschied, acht Wochen länger hier oder nicht; denn so sicher wie die Fallgeschwindigkeit eines Körpers sich steigert, so ist es mit dem Lernen einer Sprache. Anfangs merkt man kaum, daß man von der Stelle kommt, bis man mit einem Male das ganze Gebiet durchfliegt und übersieht." In beiden Fällen hab' ich recht, und es wird wohl dahin kommen, daß ich weder Herz noch Verstand, sondern bloße Äußerlichkeiten entscheiden lasse.

Du schreibst mir ferner: Jeder käme Dir (in bezug auf mich) mit seiner Weisheit, tadelte mich und machte Dich gleichsam zum Genossen meiner „verwerflichen Niederträchtigkeit". Ja, ich bin ein scheußlicher Geselle! „Ganz der Alte!" Als wir heirateten, hieß es: „O, er wird dich malträtieren; er wird verliebt sein wie ein Vieh, aber gleichgültiger als ein Vieh gegen seine Kinder. Er wird immer Vergnügen außer'm Hause und im Hause Lampreten und Leckerbissen haben wollen usw." Ich kenne das hundertmal gepfiffene Stück auswendig; Komponist und Virtuos desselben ist meine liebe, gute, hochverehrte Mama, die aber trotz aller Liebe zu mir so ungerecht gegen mich ist, wie kein Zweiter, und die, trotzdem sie einsehn müßte, daß sie sich in den obigen Aufstellungen etwas geirrt hat, doch bei diesem Urteil beharrt. Ich ärgere mich nicht mehr drüber; es ist mir ungleich mehr zum Lachen, um so mehr, als ich zu Deinen zwei Augen im Kopf und zu Deinem gesunden Menschenverstande so viel Vertrauen haben darf, daß Du das Ungereimte solcher Anschuldigungen nachgerade einsehen mußt. Kann ich unser Glück aus der Erde stampfen? Und das ist am Ende doch mein ganzes Verbrechen, daß ich auf Dreiern statt auf Dukaten sitze. Bin ich nicht 'rumgebittstellert bei allem möglichen Volk, als wir auf dem Trocknen saßen? Wenn ich bis auf den letzten Point wartete, eh' ich das berühmte Manteuffel-Gedicht schrieb, so frag' ich jeden Menschen, ob dies Zögern eine Tugend oder ein Verbrechen war?!

Für die kleinen Notizen über Freunde und Bekannte dank' ich Dir; ich weiß doch nun, wo sie zu suchen sind. An Lepel schreib' ich in dieser Woche und schicke den Brief dann am zweiten durch die Gesandtschaft. Eggers*) ist mir unbegreiflich, oder eigentlich doch nicht; er ist so. Ich glaube, sein Herz ist gut, aber „der alte Junggesell'" mit unzähligen Launen und Sonderbarkeiten ist ihm zu früh in die Knochen gefahren. Da bin ich doch besser d'ran; sie halten mich hier wieder alle für vierundzwanzig, und was Dir wichtiger und lieber zu hören sein wird: ich bin, unberufen und unbeschrieen, sehr wohl. Ich habe mich an „Ventilation", was wir ganz einfach „nichtsnutzigen, verfluchten" Zug nennen, durchaus gewöhnt und kriege weder Schnupfen noch Zahnweh. Dazu kommt, daß die weiten Wege meine Waden (die so lappig wie alte Flicken waren) wieder fest und stramm gemacht haben. Mit dem äußeren Menschen, wenn ihm nicht noch was zustößt, wirst Du also wohl durchaus zufrieden sein. Da wir solche Sachen mal besprechen: ich trinke keinen Kaffee und esse viel Salat, was mir beides gewiß gut tut. Der Tee, den ich trinke, ist eigentlich nur gefärbtes Wasser (keine Idee von dem Aroma und ebensowenig von der Wirkung unsrer Pekkoblüten), aber bekommt mir. Dazu eß' ich Toast und gebratenen Speck. Nun aber genug davon.

Daß Dein Zustand Dich so plagt, tut mir aufrichtig leid. Du schreibst: „Du hättest gar keinen Schlaf und

---

*) Über Friedrich Eggers vergleiche man Fontanes „Von Zwanzig bis Dreißig", S. 309 ff.

keinen Appetit." Entsinne Dich noch des Tages, wo Du mir im vorigen Jahre dasselbe klagtest und wo ich schließlich und nach bittendem Examinieren erfuhr, „daß ein klein bißchen Schlaf und Appetit allerdings vorhanden sei — aber kaum der Rede wert!" Nichts für ungut. Du wirst das hoffentlich für bloß harmlosen Spaß nehmen, der Teilnahme wahrhaftig nicht ausschließt. Dabei fällt mir ein, daß es an einer andern Stelle Deines Briefes heißt: „ich hätte Dir geraten, Dir den Herzschlag eines alten Weibes anzuschaffen" oder soll es heißen: ich schriebe an Dich so nüchtern, als ob Du ein altes Weib wärest? Ich glaube, beides trifft mich nicht: ich wünsche mir durchaus kein altes Weib zur Frau, und wenn meine Briefe keine Seufzer bringen, so dächt' ich, wär' das gar so übel nicht. Soll ich durch eine zweite Auflage von Bräutigamsbriefen (die ihrer Zeit ganz gut waren) Dir das Herz rühren und die Trennung um so fühlbarer machen? Wir sind nicht alt, aber für das Absehnen sind wir zu alt, wenigstens für das Geständnis davon.

Interessant ist es mir, daß Du die Rachel in denselben Stücken gesehn hast wie ich im vorigen Jahr. Oder ist es schon zwei Jahre? Ich glaube. Wie die Zeit verläuft! Mein Urteil ist wie Deins; nur heb' ich das Bewundernswerte dieser Erscheinung mehr hervor. Gleich der erste Moment ihres Auftretens, eh' sie noch ein Wort gesprochen hat, ist sechs deutsche Theaterabende wert. Das nenn' ich ein lebendes Bild! Im übrigen leidet sie alle fünf Akte durch an der Nymphomanie (Mannstollheit), was allerdings mehr in die Charité als auf die Bühne gehört. Eine Verirrung! Aber so großartig, daß man zu keiner direkten Verdammung kommen kann.

Mit dem Druck meiner „Londoner Briefe" wird es nun hoffentlich rascher gehn. Bitte, schreib' mir immer, was erschienen ist, und auch, ob und wie es Euch gefallen hat. Die ersten Briefe, glaub' ich, sind die schwächeren, und ich bin schon zufrieden, wenn man ein bißchen Esprit, Klarheit und stilistische Gewandtheit an ihnen lobt. Unter den späteren sind einige, auf die ich mir 'was zugute tue.

Die Zeilen aus dem Briefe des Alten sind wieder klassisch, ich mußte sehr lachen. Es ist doch ein gut Stück Originalität.

Das Schweigen von Scherz*) ist mir nicht unbegreiflich; sie sind alle so. Lepel ist die einzige Ausnahme, und wenn er nicht immer so kann wie er will, so bin ich fest überzeugt: nur seine Frau ist schuld und bindet ihm die Hände. Um Orest und Pylades zu spielen, muß man unverheiratet sein. Wenn ich wohlhabend wäre, Himmelwetter, was würd' ich für ein Kerl sein! — Man liefe uns das Haus ein, aber so wird man gemieden, selbst von denen, die noch eine Spur von Anhänglichkeit im Leibe haben. Immer druff.

Wenn Du ein höchst interessantes Buch lesen willst, so hole Dir das oftgenannte „Vanity Fair" von Thackeray. Du erhälst es gewiß in der Schadowstraße; ich stell' es fast noch über Dickens. Dieser ist, beiläufig bemerkt, mein Nachbar, er wohnt nur drei bis vier Häuser von hier, auch Tavistock-Square. — Nun lebe wohl, grüße alle. Küsse das Kind, das ich mich unendlich freue wiederzusehn und bleibe gut Deinem

Theodor.

---

*) Hermann Scherz, Gutsbesitzer auf Kränzlin bei Neuruppin, der Jugendfreund Fontanes, in dessen Begleitung dieser im Jahre 1844 zum ersten Male England besucht hatte und mit dem er sein ganzes Leben lang in enger Verbindung blieb.

8) Aus einem Briefe, dessen Anfang verloren ist, wahrscheinlich vom Anfang August 1852.

Sei versichert, daß ich mit allen Kräften, mit Kopf und Beinen, bemüht bin, ein bißchen Glück und Unabhängigkeit für uns zu erobern. Dies unterstrichene Wort — Du glaubst gar nicht, wie ich danach dürste, und ich bin entschlossen, allen Plänen und Neigungen zu entsagen, nur um dem unerträglichen Betragen derer zu entgehen, die ein paar Taler mehr besitzen und sich berufen glauben, mitleidig auf den armen Teufel herabzublicken. Wenn ich mir so die ganze Berliner Gevatterschaft — mit wenigen gern zugestandenen Ausnahmen — vor die Seele rufe, so knirsch' ich immer und möchte mich mit verzweifelter Kraft an diese Londoner Langweiligkeit anklammern. Es ist langweilig hier; aber ich lerne einsehen, daß Langweiligkeit durchaus nicht das Schlimmste ist, was dem Menschen passieren kann, und daß geistreiche Zirkel, Tunnel mit guten und schlechten Versen, Cap-Keller und selbst Niquet und Habel nichts sind gegen eine Tasse Tee, aber mit dem Bewußtsein getrunken: Ihr könnt mir alle gestohlen werden. Ich wünsche sehnlich, Dich hier zu haben; aber im Vertrauen gesagt und unter der ausdrücklichen Versicherung, daß ich hier wirklich ein sehr einfaches Dasein führe: ich habe auch nicht die geringste Sehnsucht, nach Berlin zurückzukehren. Muß ich zurück, so werd' ich dem sauren Apfel auch sein Süßes — was er unbestreitbar hat und was ich der Art hier nie finden werde — wieder abzugewinnen wissen. Aber noch in der letzten Minute werd' ich hier bemüht sein, mich von der ledernen Gnade meiner Heimat zu emanzipieren. Denn alles ist Gnade: Die Stellung bei der Zeitung, jeder abgedruckte Artikel, jede Audienz (mit Schauder denk' ich daran zurück), der Tunnel (seit Empfang der 100 Taler), die Freundschaft, die Anerkennung — alles, alles. Es fällt mir zentnerschwer auf den Leib, wenn ich d'ran denke, daß ich vielleicht in vier Wochen schon all' das Unerträgliche wieder zu ertragen habe. Nun, wie Gott will! Aber strampeln will ich dagegen, so lang' ich irgend kann.

Heut' haben meine Stunden bei Miß Hudson ihre Endschaft erreicht; sie kehrt morgen in die Pension zurück. Der Alte hat mich wie ein Gentleman bezahlt und mir weder zwei Stunden, die ich ausfallen ließ (ich war durch seine Vermittlung auf der Brentforder Parlamentswahl), noch was er für Druck eines Zirkularschreibens verausgabt hatte, in Abrechnung gebracht. Die ganze Summe macht 31 Reichstaler, die ich mit Dank und Freude eingestrichen habe. — Der Abschied von dem Hause tat mir, nicht nur des Geldes halber, leid; Vater und Tochter waren beide gleich liebenswürdig, und ich hatte immer meine Freude, wenn der Alte — sie mußte sein Liebling sein — ihr gleichsam die Kur machte. — In den nächsten Tagen endlich werden die gedruckten Briefe in Umlauf gesetzt werden, doch geht mir's damit zu langsam (vier Wochen sind darüber vergangen) und werd' ich morgen eine Annonce in die „Times" geben; sie ist bereits fertig; Miß Jane Wight*) und ich haben sie fabriziert. Ich wünsche von ganzem Herzen, daß das eine oder andre helfen und mir ein paar Schüler verschaffen möge.

Außerdem habe ich noch einen andern Plan, der mich aufs lebhafteste beschäftigt, und der uns — wenn er glückte — mit einem Male all' unserm Jammer entreißen würde. Ich wollte erst zu Dir darüber schweigen, doch

*) Man vergleiche das Kapitel „Miß Jane" in Fontanes „Aus England und Schottland", S. 169 ff.

halt' ich es für geratener, Dich einzuweihn, da Du ja doch möglicherweise auch Rat schaffen könntest. Ich will nämlich hier Apotheker werden. Kann ich eine Summe von vielleicht tausend Taler auftreiben, so geschieht es jedenfalls; denn ich wiederhol' es, ich habe die Gnade satt und würde hier ein ganz raffinierter Geschäftsmann mit Anpreisungen, Zeitungsannoncen, Goldbuchstaben und allem Tod und Teufel sein. O, daß in unsrer ganzen Familie auch nicht einer ist, der eine so lumpige Summe einem anvertrauen könnte! Vielleicht hast Du einen Vorschlag zu machen; tu es sogleich, wenn Du kannst. Auf der andern Seite, laß nicht auf Dich losdozieren, daß das nur wieder ein Einfall und daß ich unbeständig sei, daß ich heute dies wolle und morgen jenes. Allerdings ist das der Fall, aber wer trägt daran Schuld? — Doch wahrhaftig nicht ich! Umhergehetzt von Not und gelockt von Hoffnung bin ich mal hier mal dort und sehne mich beständig nach einem ruhigen Weideplatz, den das Mißgeschick bis heute mir versagte. Nur eins vor allem — wenn Ihr diesen Plan besprecht, so haltet fest: die Schwierigkeiten, die in mir lagen, sind gründlich beseitigt; ich will Geld verdienen, und immer wieder und wieder, und wär' ich allein, so ging ich nach Australien, um es mit meinen Händen herauszubuddeln.

Daß Frau v. Merckel so freundlich ist, hör' ich mit großer Freude; unter so vielen Ärgerlichkeiten schmeckt solche Zeile immer wie Honig. Übrigens hat sie Dir in einem Briefe an Jane Wight das entsprechende Zeugnis gegeben: „Herr Fontane, der eine sehr hübsche, kluge und liebenswürdige Frau hier zurückläßt usw.“ Mehr kannst Du nicht verlangen.

Wenn ich in diesem Briefe manches vielleicht vergessen habe, so entschuldige es; aber ich habe den Kopf sehr voll und muß eilen. Küsse unsern dicken George, dem ich wohl 'was zum Geburtstag schicken möchte, gratulier' ihm, erzähl' ihm, daß ich ihm gut wäre, und bleibe das gute Weib Deines

Theo.

---

9) London, d. 13. August 1852.

Meine liebe Herzens-Mila.

Für Deinen gestern erhaltenen Brief meinen allerschönsten Dank; Du hast Dich redlich bemüht, die Verwirklichung meines Planes zu ermöglichen, und ein Gleiches darf ich von mir selber sagen. Was K. schreibt, ist allerdings richtig von der ersten bis zur letzten Zeile, und ich gehe sogar noch weiter: „Ich bin lieber deutscher Schriftsteller als englischer Apotheker" — und nur, was ich bisher erduldet und erfahren habe, hat mir die deutsche Schriftstellerei — wenigstens die meine — so unleidlich gemacht.

Ich bin heut' abend noch mal bei Pries*) und werde die Giftbudenangelegenheit noch mal (nicht für jetzt, aber vielleicht für die Zukunft) mit ihm besprechen. Ich werde bei meiner Rückkehr nach Berlin mich ganz an meine Zeitungsschreiber-Karriere dran geben und versuchen, was Fleiß und Ausdauer vermag. Sollte aber alles umsonst sein, so bin ich allerdings gewillt, es mit einem „Laden" hier zu versuchen, und ich will mich heut' zu vergewissern suchen, auf wie viel Unterstützung ich in solchem Falle hierorts zu rechnen hätte.

Auf Annonce und Zirkular bisher keine Antwort. Es ist zum Lachen.

---

*) Robert Pries, ein Vetter von Fr. Eggers, an den Fontane durch diesen empfohlen war.

Mehr darüber heut' über acht Tage mündlich. Lebe recht, recht wohl, halte Dich nur noch bis zum 27., küsse das Kind, grüße alles und empfange freundlich und liebevoll Deinen

Theodor.

---

10) London, d. 15. August 1852.

Meine liebe Herzens-Mila.

Du hattest ganz recht, als Du mir schriebst: „wenn Du Glück haben sollst, so holt man Dich noch wieder vom Schiffe herunter und führt Dich unter Paukenschall in ein neues Leben mit 200 £ St. jährlich ein. Nun war ich zwar noch nicht auf dem Schiff, und das Glück hat mir auch noch keine reguläre Visite gemacht, aber ähnliches ist mir wenigstens passiert. Nicht genug, um Dich und mich mit großer Freude zu erfüllen, aber doch genug, um uns wieder einsehn zu lassen, daß jede Minute eine glückliche Wendung bringen kann. Die Sprenkel sind ausgestellt mit den schönsten Ebereschenbeeren, Vögel genug fliegen im Walde umher — man sollte meinen, es müßten sich welche fangen, aber einem unglücklichen Vogelsteller meines Schlages schlägt alles fehl.

Mit der Giftbude ist es zunächst nichts. Rob. Pries war entzückt von dem Plan und sagte mir blank heraus, das sei der Weg, in zehn Jahren ein reicher Mann zu werden usw. Aber der lahme Bote kam nach: das Suchen eines Kompagnons und das Etablieren eines neuen Geschäfts sei nichts, — ich müßte ein altes kaufen. Ich sagte ihm, das könne ich nicht; wenn ich Geld hätte, so hätt' ich in Deutschland längst dasselbe getan usw. Er aber blieb dabei, ich müsse 'was riskieren, ich solle ein Jahr (gegen 100 £ St. Gehalt) hier eintreten, alsdann würde sich entweder ein Kompagnon oder ein anderer Weg zu meiner Etablierung finden. Er erklärte sich bereit, mich mannigfach zu unterstützen, sämtliche Drogen und vieles der Einrichtung woll' er mir auf Pump verschaffen usw. Meine Entgegnung lautete: „Alles sehr schön; ich bin Ihnen unendlich dankbar, aber — Garantien! Können Sie mir sagen: „100 gegen 1, es muß Ihnen glücken!"" Er zuckte natürlich die Achseln und sagte: „Nein! Das kann ich nicht." Einen Augenblick erwartete ich, er würde sagen: „Und wenn sich kein Kompagnon und keine Mittel finden, so verschaff' i ch Ihnen 1000 £ St., die Sie mäßig verzinsen sollen" — aber das große Wort blieb aus und so zerschlug sich alles.

Nun Nr. II — der Sprachmeister. Auf meine Annonce in der „Times", für die ich blutenden Herzens acht Schillinge bezahlte, erhielt ich als Antwort einen einzigen Brief, worin ein City-Kaufmann allwöchentlich eine Stunde verlangte. Ich mußte lachen. Das Zirkular, das Mr. Hudson für mich in die Welt senden wollte und das meiner Meinung nach schon acht Tage lang in Umlauf sein mußte, schien auch resultatlos bleiben zu wollen, und so beschloß ich, nach Deutschland zurückzukehren. Ich kündigte meine Wohnung und war mit meinen Gedanken eigentlich schon wieder daheim. So saß ich gestern früh und schrieb gerade folgendes unsterbliche Gedicht:

An George Fontane
(bei Gelegenheit seines zweiten Geburtstages).

Mein lieber George! und kann ich Dir auch
Am heutigen Tage nichts schenken,
So will ich doch nach altem Brauch
In Versen Deiner gedenken;

In Versen, worin Dein Dichter-Papa
Sich immerdar ergossen,
Wenn ihm, was just nicht selten geschah,
Die Pfennige spärlich flossen.

Ich wünsche Dir tüchtig Fleisch und Speck
Und immer dickere Waden,
Und wächst Dein Herz am rechten Fleck,
So kann das auch nicht schaden.

Dein Vater ist nicht schlecht, nicht gut,
Nur grade kein Menschenfresser;
Drum sage nicht: „es liegt im Blut" —
Sondern werde ein bissel besser.

Die Schulen leisten jetzt so viel,
So klug wird unsre Jugend,
So komm denn auch, du höchstes Ziel
Der eingetrichterten Tugend.

Ach, wenn Du dann in Prima sitzt
Und unter den Sextaknaben
Gewahrest, wie Dein Vater schwitzt —
So wolle Mitleid haben.

Blick auf den Ulx — der Dein Papa —
Mit nachsichtsvollen Augen,
Denn „ehren sollst Du die Eltern ja",
Auch wenn sie gar nichts taugen.

Wer weiß, ob ich dies Reimgeschäft nicht bis zum 104. Verse fortgesetzt hätte, denn ich hatte noch allerhand Vorrat, wie z. B.

Und mache Geld! denn fehlt Dir das
Und mußt Du gar was pumpen,
So ist vorbei der ganze Spaß,
So zählst Du zu den Lumpen usw.

als ich in meiner harmlosen Beschäftigung durch Mr. Hudson unterbrochen wurde, der mir mitteilte, daß sein Zirkular, das er gleichzeitig als Inserat in das „Athenäum" habe einrücken lassen, erst heute versandt werden solle. Er sprach zugleich die bestimmte Hoffnung aus, daß es hier über kurz oder lang was werden müsse.

Auch „Mr. Morris" (der junge Arzt, den ich eine Zeitlang unterrichtet habe), sagte mir gestern einige freundliche Worte, meinte, „wenn ich Unterricht geben wolle, so setze er voraus, daß ich nicht Creti und Pleti, sondern die Söhne von vornehmen Leuten zu Schülern haben werde" u. dergl. m. Ich lege darauf nur Gewicht, weil mir aus solcher Äußerung hervorzugehn scheint, daß ich doch den Eindruck eines halbwegen Gentleman sowohl auf Mr. Hudson und seine Tochter wie auf Mr. Morris gemacht haben und zweitens ihren Forderungen an einen Sprachlehrer höheren Stils einigermaßen entsprochen haben muß. Hudson und Pries glauben auch, mir eine Anstellung an einem Erziehungsinstitut verschaffen zu können. So habe ich mich denn entschlossen, noch acht Tage zu warten. Was aber tun, wenn diese acht Tage resultatlos vergehn? Ich lege die Entscheidung in Deine Hand und will sie Dir nur durch Vorlegen bestimmter Fragen so viel wie möglich erleichtern. Deine Entbindung ist vor der Tür, — bist Du geneigt, es ohne mich durchzumachen? Ferner: wie ist es mit dem Geld? Ihr habt nichts, das weiß ich — soll ich durch Brand- und Bettelbriefe noch 40 Taler aufzutreiben suchen, oder seid Ihr entschieden dagegen? Seid Ihr's, so erledigt sich eigentlich alles andre.

Von kleinen Erlebnissen hier verlohnt sich's nicht zu sprechen. Es steht so viel und so Entscheidendes auf dem Spiel, daß ich mit Bagatellen nicht abschließen mag. Leb wohl, ergeh es Dir gut, wie auch der Würfel in diesen acht Tagen fallen mag, grüß Mutter und Lise, küsse George und verzweifle weder an unsrer Zukunft noch an Deinem

Theodor.

---

11) London, Montag, d. 6. September 1852.

Meine liebe, süße, gute Mila.

Also mit Gott Nr. 2, und wieder ein Junge! Wäre der Witz nicht zu alt, so würd' ich von dem siebenten sprechen, zu dem wir auf gut preußisch den König zu Gevatter bitten wollen*). Daß Du vor- und nachher, wie mir die Mama schreibt, wieder hast wacker aushalten müssen, erfüllt mich mit aufrichtigster Betrübnis. Ich dachte eigentlich, Du hättest Dein Schmerzenspensum das vorige Mal abgearbeitet und erwartete mit ziemlicher Bestimmtheit: es würde diesmal Kinderspiel sein.

Daß der „Wurm“ mir ähnlich sein soll, ist wohl nur so zur Erhöhung der Vaterfreuden, auf gut Glück mit in die Wagschale geschmissen. Ist's aber wirklich so, so wirst Du schließlich eifersüchtig werden, daß die Natur mehr mit meinem Bilde als mit dem Deinigen zu stempeln scheint. Vielleicht wächst er sich in das Rouanetsche Gesicht hinein, wie George — der anfänglich Dir täuschend ähnlich sah — in das Fontanesche.

Wenn Dich diese Zeilen erreichen, wird gerade der neunte Tag sein; gebe der Himmel, daß Du diese Krisis wie jede andre glücklich hinter Dich bringst. Sobald es der Arzt erlaubt — aber auch sicherlich nicht eher —, erwart' ich ein paar Zeilen von Dir, worauf ich, wie Du Dir denken magst, nicht wenig begierig bin.

Leb' wohl, mein gutes, altes Tier, küsse den Großen (der hoffentlich wieder auf den Beinen ist) und den Kleinen, und versprich jedem eine Zuckerdüte im Namen Deines, etwas auf Kohlen sitzenden

Theodor.

---

*) Fontane hat es zwar nicht auf sieben, aber doch auf sechs Söhne gebracht, von denen allerdings nur drei herangewachsen sind. Der im September 1852 geborene Sohn Rudolf sowie die beiden nächstfolgenden, Paul und Ulrich, sind schon in früher Kindheit verstorben.

12) Brighton, d. 16. September 1852.

Meine liebe, gute Herzens-Mila.

Von englischem Boden aus vermutlich die letzten Zeilen! Möchten die freundlichen Umgebungen, unter denen ich sie schreibe, eine gute Vorbedeutung sein, und möchte Deine Seele — das ist der mir zunächstliegende Wunsch — in diesem Augenblick wenigstens so harmonisch gestimmt sein wie die meinige. Leider darf ich mich dieser Hoffnung nicht unbedingt in die Arme werfen: Du leidest wieder, siehst Dich abermals um einen Deiner innigsten und natürlichsten Wünsche gebracht, siehst den Jüngsten nicht recht vorwärts und den Ältesten sogar rückwärts kommen — wo soll die Seele da Harmonie und Genüge finden!

Zunächst indes zu Deinem Briefe. Vorerst laß Dir sagen, daß ich eine herzinnige Freude hatte, als ich Deine Handschrift auf dem Kuvert erkannte; leider wurde sie durch viele Einzelheiten Deines Briefes wieder gedämpft, so daß vom Guten fast nichts übrig blieb als Wilms*) und die Freundlichkeit einzelner lieber Leute, die die Lieblosigkeit andrer mehr lächerlich als ärgerlich erscheinen lassen.

Du wirfst mir vor, mein erster Brief nach Deiner Entbindung sei nüchtern gewesen, und — während ich diese Zeilen schreibe — verurteilst Du gewiß den zweiten noch mehr. Ich muß mir das nicht nur gefallen lassen, ich muß sogar zugeben: Du hast recht, und ich fühlte selbst so 'was. Aber ich bitte Dich inständigst, das nicht meinem Herzen und meiner vielverschrieenen Liebeunfähigkeit in Rechnung zu stellen. Ich habe mich genau nach der Ur-

---

*) Mit Dr. Robert Wilms, dem späteren Chefarzt von Bethanien, war Fontane seit seinem Aufenthalt in dieser Anstalt befreundet. Man vergleiche „Von Zwanzig bis Dreißig", S. 637 ff.

sache gefragt und ich kann lächerlicherweise keine andre finden als — Mutter Kummer*). Wenn ich in spätestens 14 Tagen zurück bin und Du den Brief der guten Frau liest, sollst Du selbst urteilen, ob ich recht habe oder nicht. Du kennst den Ausspruch, daß ein witziger Mensch einem Langweiligen gegenüber selbst geistlos oder im besten Falle stumm wird. Dasselbe gilt vom Gefühl: auch das leichtbeweglichste Herz kommt nicht aus seinem gewöhnlichen Pendelschlag, wenn man ihm eine Schreckensgeschichte unter Gähnen und mit den Zeichen äußerster Gleichgültigkeit erzählt. Der Brief der Mama ist so geschrieben, als wenn sie mir mitzuteilen gehabt hätte, daß das Feuerwerk in Treptow wegen heftigen Regens unterbleiben mußte, und jedenfalls lag ihr die durch mich zu besorgende Kiste von Tootal & Browne mehr am Herzen, als der eben geborene kleine Fontane. Daß ich nicht übertreibe, sollst Du später selbst sehen; auch wirst Du's ohnehin glauben, denn ich habe schon tollere Szenen mit der Frau durchgemacht, wo ihr meine knirschende Verzweiflung gleichgültiger war als eine Pfeife Tabak des alten Kummer. Doch genug davon; wir haben heut' mehr und bessres zu tun, als alte Geschichten aufzuwärmen.

Nächsten Dienstag ist unsrer guten Mama Geburtstag: gratulier' ihr in meinem Namen und in den herzlichsten Worten, die Du hast. Das einzige Geschenk, das wir ihr machen können, ist das sichre Versprechen unausgesetzter Kindermuhmenschaft bei allem, was noch kommen mag.

Th. F.

---

*) Die zweite Frau des „Rates Kummer", von dem Fontanes Gattin als Kind adoptiert worden war — eine treffliche, aber etwas nüchterne Herrenhuterin, von der Fontane für einige seiner späteren Romanfiguren wertvolle Züge entlehnt hat.

Briefe aus den Jahren 1855—1858.

Nach der Rückkehr von seinem ersten Londoner Aufenthalte im November 1852 hatte Fontane seine frühere Stellung in der Redaktion der „Preußischen Zeitung" wieder angetreten, in welcher ihm nunmehr vorzugsweise die Berichte über die politischen Ereignisse in England anvertraut waren. Daneben entfaltete er nicht nur eine rege Tätigkeit als Mitarbeiter einiger anderen Zeitungen, sondern erteilte auch Privatunterricht in der englischen Sprache, in Literatur, Geschichte, Geographie usw. und hielt vor einigen ausgewählten Kreisen der Berliner Gesellschaft Vorlesungen aus dem Gebiete der Literatur- und Weltgeschichte. Der Entschluß der preußischen Regierung, zur Unterstützung ihrer Politik eine „Deutsch-Englische Korrespondenz" zu begründen, führte ihn im Herbst 1855 auf's neue nach London, wo er — zunächst als Herausgeber dieser Korrespondenz und nach deren Eingehen als Mitarbeiter der zu der preußischen Regierung in Beziehung stehenden englischen Zeitungen — mit kurzen Unterbrechungen bis zum Januar 1859 verblieb. Während dieser Zeit lieferte er zugleich fortlaufende Beiträge sowohl für die ministeriellen Organe, die „Preußische Zeitung" und „Die Zeit", wie auch für die „Kreuz-Zeitung", die „Vossische Zeitung", das „Kunstblatt" u. a. Der wertvollste Teil dieser Aufsätze ist von ihm zu dem Buche: „Aus England. Studien und Briefe über Londoner Theater, Kunst und Presse." (1860) vereinigt worden.

13) London, d. 11. September 1855.

Meine liebe Herzens-Mila.

Ich habe eben acht Seiten (als Anfang eines Briefes) an Dr. Metzel*) geschrieben und bin dadurch teils müde geworden, teils mit meiner Zeit in die Brüche geraten. So werden denn meine Mitteilungen spärlicher ausfallen, als meine Absicht war.

---

*) Geh. Rat Dr. Metzel, der spätere langjährige Bureaudirektor des preußischen Herrenhauses, war als damaliger Direktor des „literarischen Bureaus" des Staatsministeriums der unmittelbare Vorgesetzte Fontanes.

Der Anfang meiner Reise war recht hübsch. Mir gegenüber im Coupé saß Frau O., eine reiche Jüdin aus Hamburg, die mich ganz gut unterhielt und nur in den letzten Stunden etwas unbequem wurde, weil gewisse Muskeln ihres Organismus nicht mehr luftdicht schlossen. In Hamburg verzieh ich ihr diese kleine Schwäche wieder, weil ich nie in meinem Leben so etwas von zärtlichem Empfang gesehn habe. Ihre Kinder waren auf dem Perron, und, während der Zug noch lief, schrie sie schon: meine süße Mathilde, meine einzige Mathilde, mein zuckersüßes Kind rc. Die ganze Nachkommenschaft, männlich und weiblich, trabte neben dem Zuge her und von Zeit zu Zeit klemmten sich zwei Lippen mit Todesverachtung durch den Fensterspalt und erhaschten einen Kuß von der unermüdlich mit ihren Lippen im Anschlag liegenden, vor Freude zitternden Mama. Es war lächerlich, aber doch hübsch. Das Beste ist heutzutage überhaupt lächerlich. — Der Rest der Coupébesatzung bestand aus einer dänischen Familie und einem schwedischen jungen Ehepaar. Was dies letztere angeht, so könnte man von demselben sagen: es leistete in ehelicher Zärtlichkeit dasselbe, was die O. in Mutterliebe prästierte. Ich muß Dir bekennen, daß mir ein paarmal bange wurde und der Gedanke in mir aufstieg: wie nun, wenn Du der Zeuge einer alleräußersten Szene wirst? Ich blieb im Zweifel, ob ich für diesen Fall die Notfahne heraushalten oder mein Haupt im Schoß der alten O. verbergen sollte. — Von der dänischen Familie ist weiter nichts zu sagen, als daß der Alte sehr häßlich und die Alte sehr böse aussah; — die Tochter war blond, verschämt und strickte Filet.

Hamburg gefiel mir wieder sehr; die Stadt hat etwas Reiches, Vornehmes, Gediegenes und läßt einem Zeit, sich umzusehn, während man hier in London ein gut

Teil Dinge gar nicht kennen lernen kann, weil man 150mal überfahren sein würde in jenen fünf Minuten, die etwa dazu gehören, eine Haus- oder eine Kirchenfaçade Revue passieren zu lassen. Um neun Uhr begab ich mich aus der Stadt an den Hafen, aber erst nach Mitternacht waren wir an Bord: Allerlei Gentlemen, insbesondere Kaufleute, Damen, Hunde, acht Ochsen und ein schleswig-holsteinischer Offizier, der in die englische Fremdenlegion einzutreten beabsichtigte. Es ist schade, daß ich auch nicht im entferntesten Zeit habe, alle die Szenen und Schnurren aufzuzeichnen, die mit seiner Hilfe den Anfang und das Ende unsrer Überfahrt (in Elbe und Themse) durchaus interessant machten.

London ist wegen der Siegesnachrichten aus der Krim in großer Aufregung, die sich einem natürlich mehr oder minder mitteilt. — Gestern nachmittag besuchte ich (es war mein erster Gang) Tavistock-Square. Es berührte mich doch eigentümlich, als ich den Ahornbaum wiedersah, unter dem ich so oft gesessen, nach Highgate hinunter geblickt und an die Heimat gedacht hatte. Die Jalousien (wie immer, wenn die Familie out of town ist) waren heruntergelassen; alles zu, alles verschlossen, nur das Fenster, drei Treppen hoch, stand halb auf, dasselbe, an dem ich so viele Briefe wie diesen, auch immer in Hast und Eile, auch immer mit schlechten Federn und auch immer an einem schändlichen, sechs Zoll breiten Tischchen geschrieben habe. Vieles hat sich seitdem geändert, mit Dankbarkeit füg' ich hinzu — gebessert und nicht eben die kleinste Ursache dieses glücklichen Wechsels erblick' ich darin, daß wir zwei Hauptpersonen uns endlich in Wahrheit näher gekommen sind. Mög' es so bleiben, das wünscht von Herzen Dein

Theodor.

14) London, d. 14. September 1855.

Meine liebe, gute Mila.

Ich kann in gar keiner besseren Stimmung an Dich schreiben; ich bin nämlich ein bißchen fißlich und lache in einem fort. Was doch ein Glas Grog alles machen kann, und noch dazu aus dem philiströsesten Menschen von der Welt! Denn im Grunde bin ich doch nur ein Philister. — Mein augenblicklicher Zustand, der eigentlich mehr auf Boxen, Tanzen, Kopfstehen usw. aus ist als auf Briefe schreiben, hat folgende Entstehungsgeschichte. Ich habe mich gestern im Prinzeßtheater (König Heinrich VIII. [Shakespeare] wurde gegeben) etwas erkältet und kam vor einer Stunde, nachdem ich an Mr. Hudson und Mr. Schweitzer*) geschrieben, auf den glücklichen Gedanken, Grog zu trinken. Der Oberkellner, ein kapitaler Kerl, meinte, er wolle mir ein Glas mit einem Segensspruch (der sein Privateigentum sei) zusammengießen — vor solchem gefeiten Grog risse jeder Schnupfen aus wie Schafleder. Natürlich bat ich ihn, das Seine zu tun, aber der ganze Segensspruch scheint in nichts anderm als in einer doppelten Ladung Rum bestanden zu haben und so schreit' ich denn auf dem schlüpfrigen Pfade der Besoffenheit der Genesung entgegen. O, dieser himmlische Zustand! Was wäre mir jetzt nicht alles gleichgültig? Ob ich hier eine neue Zeitung begründe oder wieder für die harmlose Westfälische von Berlin aus korrespondiere, ob ich ein berühmter Mann werde oder im großen Haufen rettungslos verloren gehe, ob ich Manteuffeln befriedige oder zur Verzweiflung bringe, ist mir alles ganz gleichgültig, und es ist in der Tat der größte Beweis meiner Liebe zu Dir, daß ich selbst in diesem

*) Apotheker Schweitzer, ein Bekannter Fontanes aus früheren Tagen, war schon während dessen ersten Aufenthaltes in England sein zuverlässigster Anhalt gewesen.

meinem seligen Zustand noch eine besondere Freude an Dir habe und wohl wünschte, Du säßest vor mir und könntest Dich über diese harmlose, leider flüchtige Ausgelassenheit Deines endesunterzeichneten Mannes ärgern oder freuen, oder beides zugleich. Was macht mein kleines Georgechen? Bewundern ihn die Leute in seinem schottischen Kittel, oder ist er so ungezogen, daß alle Bewunderung aufhört? Ich denke oft an Euch, auch nüchtern, und mit herzlicher Freude, und bin ordentlich überrascht, daß Du mir doch mehr fehlst als der Junge. Du wirst an dieser Stelle vielleicht weinen und ausrufen: „Wenn er nüchtern ist, sagt er mir so etwas nie!“ Aber finde darin Deinen Trost, daß in der Unbewachtheit des Rausches der eigentliche Mensch erst zutage tritt, und freue Dich über diese Geständnisse, selbst wenn sie Dir Tränen kosten. Nun aber sei es genug. Die Tischglocke (die hier in einem großen kupfernen mexikanischen Schilde besteht, dessen Töne immer an den 1. Akt von Ferdinand Cortez erinnern) wird bald rufen, und so sei denn abgebrochen, um auf dem nächsten Bogen einer nüchternen Betrachtung Raum zu lassen. Leb wohl für heut'; Dein

Theodor.

---

15) London, d. 4. Oktober 1855.

Meine liebe Frau.

Heut' früh erhielt ich Deinen liebenswürdigen Brief, für den ich Dir herzlich danke. Dieser Dank ist um so aufrichtiger und lebhafter, als das Ausbleiben jeder Mitteilung aus der Heimat einer Zersplitterung meiner Dankeskräfte nur allzu glücklich vorgebeugt hat.

Vier Wochen in Berlin, wenn man Frau und Kind um sich her hat und seinen Geschäften nachgeht, vergehn jedem im Nu und nur der freiwillig Exilierte, der den ganzen Tag auf einem kleinen Rohrstuhl sitzt, der keinen Kaffee und keinen Schlafrock hat, der sich langweilt und sich noch viel mehr langweilen würde, wenn er sich nicht auch zugleich ein bißchen ängstigte — nur solch Verbannter findet, daß vier Wochen eine sehr lange Zeit sind.

Ich habe auch diesmal wieder kein besonderes Glück in England. Versteh mich recht, ich hab' auch kein Unglück; aber jene glücklichen Ohngefährs, jene prächtigen Minuten, wo einem die Götter 'mal in guter Laune 'was in den Schoß werfen — mit einem Wort, die berühmten „gebratenen Tauben" bleiben aus. Nach mehr als einer Seite hin bin ich allerdings auf wirkliches Pech gestoßen. Es fing damit an, daß James Hudson meinen Brief nicht beantwortete; es setzte sich fort, indem James Morris von Preßangelegenheiten nichts wußte und wenig Neigung zeigte, mit Aufopferung eines Vormittags sich die erforderliche Kenntnis anzuschaffen; es erhielt sich auf seiner Höhe, als gewiegte englische Literaten, an die ich mich wandte, mir erklärten: „sie wüßten in diesen Dingen nicht aus und ein", und es scheint sich auch jetzt noch nicht erschöpft zu haben, da z. B. Max Müller*) in Oxford keine Miene macht, mir auf einen Brief zu antworten, den ich ihm am Sonntag geschrieben habe. — Nach andrer Seite hin kann ich mich über meinen diesmaligen Aufenthalt in London nicht beklagen. Die zwei alten Jungfern, bei denen ich wohne, sind eigentlich liebenswürdig und auch die drei alten abgetakelten 74er, die außerdem noch hier vor Anker liegen, sind gar nicht so übel. Sie ärgern mich wenigstens nicht, und das ist schon viel. — Außerdem ist

*) Dr. Max Müller, der berühmte Oxforder Professor, ein Freund Fontanes aus dessen Leipziger Tagen. Man vergl. „Von Zwanzig bis Dreißig", S. 152 ff.

Schweitzers Anwesenheit von großem Nutzen für mich. Ich habe doch Sonntags einen Menschen, mit dem ich ein Wort sprechen und in dessen Gesellschaft ich Tee trinken kann. Aus demselben Grunde ist mir auch Morris wichtig. Er beutet mich zwar aus und setzt mir nicht einmal eine Tasse Tee vor; trotzdem muß ich froh sein, ihn zu haben, denn er ist freundlich und fein gebildet.

Küsse mir unsern lieben Jungen, schreibe bald und sei tausendmal geküßt von Deinem

Theodor.

---

16) London, d. 12. Oktober 1855.

Meine liebe Frau.

Die letzten Mußestunden, die ich in Campden House Road finde, sollen Dir und der Beantwortung Deines gestern erhaltenen, liebenswürdigen Briefes gehören. Morgen (Sonnabend, den 13.) verlaß ich diese meine Sommerwohnung und ziehe nach 23 New Ormond Street in die Nähe der City. Die Geschichte meiner Übersiedlung ist folgende: Der Weg von hier in die Stadt war mir immer unbequem und kostspielig; ich hatte gewöhnlich einen Schilling, oft auch zwei pro Tag an den Omnibuskutscher zu zahlen, eine kleine Summe, die ich mir ganz und gar ersparen kann. Außerdem entbehrt' ich von Anfang an in meinem Zimmer der so sehr geliebten Bequemlichkeit. Als Schlafzimmer ist es reizend: geräumig, freundlich, sauber und mit einem wahren Prachtbett ausgerüstet; aber ich friere den ganzen Tag, weil sich nicht gut ein Feuer machen läßt, und vermisse vor allem ein Sofa, ein gepolstertes Brett, auf dem ich mich strecken kann. Dennoch hätt' ich hier noch wochenlang ausgehalten, wenn ich mich nicht über eine 70jährige Mitbewohnerin des Hauses weidlich geärgert hätte. Diese alte Dame ist in ihrer Art gar nicht übel und überragt die übrige Gesellschaft an Geist, Witz und Kenntnis. Da sie aber die Schwester eines Admirals und die Tante eines Kapitäns in der Armee ist, so hat sie die bekannte englische Repräsentationskrankheit und verlangt die Rücksichtsnahmen eines geschlossenen aristokratischen Zirkels. So brummelte sie denn auch letzten Sonnabend, als ich mich zum Frühstück einfand, verständlich vor sich hin: no shaving! (nicht rasiert!), was mich schändlich ärgerte. Zugegeben, daß sie recht gehabt hätte, sich über mein nicht ganz glattes Kinn zu beschweren, so ist es doch sicherlich auch nicht fein, solche Bemerkung vernehmlich zu äußern, und vor allem will man für sein schweres Geld dieser Art von Gêne und Kontrolle nicht unterworfen sein. Auch hilft es einem nicht, wenn man solche Reprimande als die natürliche Strafe eines kleinen Verstoßes hinnimmt; denn man wird immer aufs neue verstoßen. Die Engländer sind von der absoluten Vortrefflichkeit ihrer Sitte und ihres Tuns durchdrungen und jede Abweichung davon, selbst die berechtigste, erscheint ihnen als ungentlemanlike. Diese Borniertheit auf die Dauer zu ertragen, ist unmöglich, und es bleibt einem nichts anders übrig, als ihr zu entfliehn. Man muß es ihnen lassen, daß sie uns in aristokratischen Formen weit voraus sind, aber in jener schönen Toleranz, die den wahren Adel charakterisiert, sind sie um ebensoviel hinter uns zurück. Wir können von ihnen lernen, aber ich denke, sie noch mehr von uns.

In meinem Groll ging ich in die Stadt und mietete mir die angegebene Wohnung in einer Gegend zweiten Ranges, bei einer Frau dritten Ranges, was alles recht gut wäre, wenn nur das Sofa nicht vierten und das Bett sogar fünften Ranges wäre. Sie haben hier unglückliche weiße Bettdecken, als eine Art Zierstück, um die wollene Decke darunter zu verbergen, aber das Zierstück zeichnet sich immer durch seine Isabellfarbe aus und erheischt die Toleranz eines Kontinentalen, um darunter zu kriechen. Dennoch freu' ich mich auf den Tausch, der mir bevorsteht; in eine „Familie“ begeb' ich mich nicht wieder.

Am Dienstag erhielt ich ganz unerwarteterweise einen Besuch von meinem Freunde Dr. Müller. Mein an ihn gerichteter Brief war ihm nach Dresden nachgeschickt worden, wo er vier oder sechs Wochen bei seiner Mutter gewesen war. Noch ein andrer deutscher Gelehrter war in seiner Begleitung. Wir plauderten zehn Minuten und fuhren dann in die Stadt. Im Theater war nicht viel los, und so entschlossen wir uns, einige echt englische Kneipen von zweifelhaftem Ruf zu besuchen. Es war sehr interessant.

Die große Frage: Bleiben oder nicht? ist noch immer nicht entschieden. Das ganze Unternehmen steht 'mal wieder auf der Kippe, ja (im Vertrauen gesagt) es muß auf der Kippe stehen, weil es von Anfang an verkehrt angefangen worden ist. Alle Chancen waren und sind gegen mich. Wie ich vor kurzem hier erfahren habe (und ich halte die Angabe eher für richtig als falsch), werden von der bereits existierenden „Korrespondenz“ nur 40 Exemplare täglich abgesetzt. Vierzig Abonnenten muß ich aber gerade haben, um die Kosten (versteht sich Gehalt und alles) gedeckt zu sehn. Ich müßte also den Leuten ihre sämtlichen Abonnenten abjagen. Wie ist das möglich? Beide Männer (Schlesinger und Kauffmann) sind gescheit, schriftstellerisch gewandt, umsichtig, seit sechs oder sieben Jahren hier, des Englischen völlig mächtig und mit vielen hundert Leuten liiert. Wie kann ich dagegen aufkommen? Wenn sie hundert Abonnenten hätten, so könnt' ich ihnen zwanzig abjagen, weil man annehmen kann, der fünfte Mensch ist immer unzufrieden mit dem, was er hat, und wünscht sich zu verändern. Aber der fünfte Mensch von vierzig gibt nur acht, und ich glaube in der Tat nicht, daß ich mehr in mein Lager herüberziehn werde. Die Regierung muß entschlossen sein, es jahrelang durchzusetzen; dann ist vielleicht was zu machen, aber in sechs Wochen kann ich meine bevorzugten Gegner nicht stürzen. Ist man in Berlin aber schlaff oder eigensinnig oder verstimmt oder unbefriedigt — nun so muß ich's ertragen, wie ich schon so viel ertragen habe. Eine lächerliche Niederlage ist und bleibt es; darüber bin ich mir völlig klar. Mir bleibt aber das Bewußtsein, den besten Willen gehabt und meine Schuldigkeit getan zu haben. Dein

Theodor.

---

17) London, d. 10. November 1855.

Meine liebe Frau.

Es waltet schon seit mehreren Wochen ein eigner Unstern über meinen Briefen an Dich; entweder hab' ich nur eben noch Zeit, einen Zettel zu schreiben, oder gar Unwohlsein plagt mich und nimmt mir die rechte Schreibestimmung. Heut' ist es nun gar beides; ich bin noch immer nicht gesund und habe zweitens bei einem Towerbesuch einige Stunden verprudelt. Die Wahrheit zu gestehn, kam mir der ganze Towerbesuch etwas verquer, da sowohl meine dicke Backe als auch die übermorgen erscheinende erste Probe-„Korrespondenz" meinen Gedanken eine Richtung gibt, die wenig zu der Stimmung paßt, die mich sonst wohl angesichts der „weißen Steine", drauf das Haupt Anna Bulens fiel, zu beschleichen pflegt. Sie blieb auch diesmal aus. Auf der andern Seite wär' es ungezogen gewesen, Dr. Wentzel*), der infolge meiner Krankheit noch blutwenig von mir gehabt, seinen Wunsch abschlagen zu wollen; dieser Wunsch lief nun aber mal auf meine Begleitung hinaus.

Nächsten Mittwoch ist Dein Geburtstag. Was ich Dir zu diesem Tage zu sagen habe, ist etwa das: daß ich mich von Herzen freue, Dich zu besitzen, daß ich den 16. Oktober 1850 nicht zu den Unglückstagen meines Lebens rechne, daß ich Dir und mir Freude an unserm Kinde wünsche, daß ich Dich bis zu unserm endlichen Wiedersehn in Geduld auszuharren bitte, und daß ich Dir, je älter wir werden, immer mehr meine Liebe zu Dir zu betätigen hoffe. Ich wünsche von Herzen, daß Du den Tag heiter und vergnügt verbringen mögest. Mutters Herzlichkeit und guter Wille werden Dir gewiß einen Festtag bereiten. Wenn ich bis dahin wohl bin, werd' ich es wie Ts. machen, die bekanntlich immer die Gesundheit wassertrinkender Anverwandten in Wein oder Bowle ausbringen. Sei geküßt von Deinem

Th. Fontane.

---

18) London, d. 17. November 1855 (Café Divan).

Meine liebe Frau.

Die Zeilen sollen nicht viel andres als meine Freude über Deinen heut' erhaltenen Brief und die Mitteilung enthalten, daß ich wieder ziemlich auf den Beinen bin. Ich sage „ziemlich", weil mir immer noch ein Rest von Erkältung in den Gliedern sitzt, ein böser Feind, den ich im Laufe dieses Winters auch schwerlich ganz los werden werde. Ich habe so eben unten bei Simpson im Zug ge-

*) Dr. Wentzel war vom „literarischen Bureau" als Mitarbeiter Fontanes bei Begründung der „Deutsch-Englischen Korrespondenz" bestallt worden. Nach dem Eingehen dieses Unternehmens wurde er nach Berlin zurückberufen und übernahm dort die Redaktion der „Zeit".

gessen und, während ich eine Treppe hoch diese Zeilen schreibe, sitz' ich wieder im Zug. Wenn ich zu Hause bin, muß ich im Zuge arbeiten und mich anziehn und im Zuge schlafen. Die Engländer nennen das „Ventilation“; was sie „Zug“ nennen, deckt die Dächer ab und würde in der ganzen übrigen Welt Sturmwind heißen. Hätt' ich die kalten Bäder, so möcht' es gehn; aber ohne diese ist es für mich sensiblen Menschen eine harte Nuß. Was mich rettet, ist der Pelz. Mag seine Entstehungsgeschichte in Dunkel gehüllt sein wie die Geburt aller großen Erscheinungen, — gleichviel er ist da und er beglückt. Oft seh' ich ihn wehmütig an und gedenke des hartgeschmähten Lepel, der nun 'mal ein Sohn der Charitas und ein Jünger der Musen, aber freilich kein Liebling der Grazien ist. Beiläufig bemerkt, macht der Pelz hier völliges Furore, hier, wo sonst nichts Aufsehn zu erregen vermag. Ich könnte hier die erste Zeitung der Welt redigieren und niemand würde mich kennen; ich könnte mir brennende Räucherkerzchen so lange in die Nase stecken, bis ich tot wäre, und nichts würde mein Lohn sein als ein Leitartikel in der Times; aber diesem Pelz kann London auf die Dauer nicht widerstehn, und bald wird the foreigner with the fur (der Fremde mit dem Pelz) zwischen Queens Square und Strand eine gekannte Größe sein. Who is your tailor (Wer ist Ihr Schneider?) brüllte mir neulich ein Cabkutscher nach, und im allgemeinen hält man mich für einen im Bomarsund gefangen genommenen russischen Offizier, der jetzt Erlaubnis erhalten hat, sich London anzusehn.

Ob es Dir möglich sein wird, diesen Brief zu entziffern, mögen die Götter wissen. Nun, Du hast ja Zeit. Schreibe bald wieder Deinem

Theodor.

19) London, d. 2. Januar 1856.

Meine liebe Frau.

Für Deinen liebenswürdigen Geburtstagsbrief dank' ich Dir von ganzem Herzen. Die Feier des Tages begann diesmal gleich nach Mitternacht. Als wir gegen 1 Uhr zu Hause ankamen, sagt' ich: so wär' ich denn also 36. Wentzel ging dann ins Nebenzimmer, putzte sein Geschenk, zwei niedliche Blumenvasen, mit Holly (Stechpalme) aus, steckte zu den zwei Lichtern noch zwei andre an und baute mir Deinen Brief auf. Ich war in bester Laune und betrachtete es als ein gutes Omen, so heiter und glücklich in mein neues Lebensjahr zu treten. Am andern Nachmittag fuhren wir nach Hampstead und kneipten Natur. Es war ein apart schöner Tag, die Landschaft — trotz des Winters — reizend, und dazu ein prächtiger Sonnenuntergang. Im übrigen passierte nichts besonderes, und der Tag war gerade so intensiv langweilig wie alle andern. Am Silvesterabend kamen wir mit Punsch und Humor ins neue Jahr. Der erste Januar dagegen war ein ganz erbärmlicher Tag, so einer, wo einem alles verquer geht, wo man das Tintenfaß statt der Sandbüchse aufs Papier streut, wo man 20 Schwefelhölzer braucht, eh' eins brennt und einem ein Schnitt mit dem Rasiermesser so sicher ist wie Amen in der Kirche. Wenn sich die andern Tage des Jahres nicht besser anlassen, so hast Du wenig Liebenswürdigkeit von mir zu gewärtigen. Und doch hab' ich vor, so liebenswürdig wie möglich zu sein.

Das wichtigste für uns ist Dein Besuch bei Metzel. Ich muß wissen, woran ich bin. Ich will mich nicht übereilen und durch deutliche Sprache, die ich allenfalls zu führen verstehe, nichts verderben; aber eben so gewiß will ich dies Hundeleben nicht länger führen, wenn ich nicht weiß, zu welchem Zweck ich es führe. Für Erfolge unsres Unternehmens kann ich nicht einstehn. Will man aber, gleichviel ob „Erfolge" da sind oder nicht, die Geschichte fortsetzen, so stell' ich die Bedingung, daß man mich wenigstens drei Jahre hier beläßt. In drei Jahren kann ich hier trotz der entsetzlichsten Plackerei so viel lernen, wie ich zu lernen vorhabe; aber ein Jahr ist nichts und die Zeit in bezug auf mich rein vergeudet. Und ich wiederhole es: ich bin nicht dazu angetan, das bloße Werkzeug, vielleicht der Dupe andrer Leute zu sein.

Lebe sehr wohl. Dein

Theodor.

---

20) London, d. 3. Januar 1856.

Meine liebe Frau!

Es ist bekannt, daß, wenn man bei allen Heiligen schwört: „nie einen Kümmel mehr", man sich am andern Tage in Nordhäuser Korn betrinkt. Junge Spröden, die alles hassen, was fünftehalb Haare unter der Nase hat, verloben sich an demselben Tage, wo sie ihren Haß vor versammeltem Volk ausgesprochen haben, und wer sich rühmt, nie ein Glas zerschlagen zu haben, stolpert sicherlich zwei Stunden später in einen Wandspiegel.

Wenn Du meinen beiliegenden Brief von gestern abend gelesen haben wirst, so wirst Du wissen, was diese Einleitung besagen will. Ich habe es gestern abgeschworen, mich ein Jahr lang (wenn es nur ein Jahr sein soll) hier festnageln zu lassen, und bin nun doch froh darüber, daß die Nägel eingeklopft werden.

Leider muß ich hinzusetzen, daß ich gestern — nach menschlicher Berechnung — mehr recht gehabt habe als heute. Ihr werdet in einem Jahre kein Englisch lernen, und aus mir wird auch nicht der perfekte Englishman werden, der ich werden möchte und werden muß, wenn die 16 Monate (vom September v. Jahres an) nicht wieder, wie so viele Jahre meines Lebens, weggeschmissen sein sollen. Etwas Politik, etwas London, etwas Englisch — nutzt mir nichts; an halben und viertel Dingen hab' ich genug in mir, und das Leben erheischt von uns, daß wir etwas Ganzes sind.

Auf der andern Seite steht die süße Hoffnung, deren Stimme nie schweigt. Ich denke, nimm erst ein Jahr, die andern finden sich vielleicht. Einigen Segen wird mir solch ein Jahr ohnehin wohl bringen. Verdirb es nicht mit Deinen Vorgesetzten! ruft mir eine zweite vernünftige Stimme zu. Und zuletzt kann ich nicht ganz leugnen, daß mir das Zurückmüssen — wenn sich auch nach einigen Monaten das Bittere ins Süße verwandelt hätte — höchst peinlich gewesen wäre. So will ich mir denn das schöne Glas Wein, das Du mir in Deinem Briefe so freudig und vertrauensvoll reichst, nicht durch Sorgen und allerhand Mäkeleien selbst verderben. Und so sei mir denn von ganzem Herzen hier willkommen! Du wirst Dich oft nach Deutschland zurücksehnen, und Deine Begeisterung wird oft unter den Nullpunkt sinken, aber Du wirst auch viel Großes und lauter Neues, Überraschendes kennen lernen, und das ist am Ende auch etwas. Heut' abend noch werd' ich wegen einer Wohnung Schritte tun.

Küsse unsern Jungen von Deinem

Theodor.

21) London, d. 14. März 1856.

Meine liebe, gute Mama*).

Zunächst bitt' ich Dich, Sommerfeldt**) und Frau, oder aber Jenny und ihren Mann zu grüßen und beiden in meinem Namen für ihre letzten Zeilen bestens zu danken. Aus Lieschens Briefen wirst Du das Wesentliche ersehn, was seit vier Wochen hier vorgekommen ist. Ich war unwohl (überarbeitet und Brustschmerzen infolge davon) und Emilie ist es jetzt. Sie hat sich gründlich erkältet, um so gründlicher als Du ihren Eigensinn kennst, wenn man ihr irgendeinen vernünftigen Rat gibt. Heute schickt' ich zu Morris; es ist nicht bedenklich, und nach 14 Tagen, denk' ich, wird sie nicht nur wiederhergestellt sein, sondern, was auch von Wichtigkeit ist, die Dinge hier mit freundlicherem Auge ansehn. Im allgemeinen muß ich sie loben; hundert Frauen würden sich viel schlimmer benehmen und ihrem Mann jeden Tag versichern: sie könnten hier nicht leben; es gäbe hier keinen Weißkohl und die Kartoffeln konsumierten zu viel Butter.

Daß Lieschen mitgekommen ist, ist in der Tat ein großes Glück; — es würde sonst gar nicht gehn. Ihre Ruhe, resp. ihre Pomade ist hier durchaus angebracht; auch hat sie wohl jenen Fontaneschen Charakter, der sich in alles findet, in Klugheit und Dummheit, in Noblesse und Gewöhnlichkeit, in Freundschaft und Gleichgültigkeit, vorausgesetzt, daß er selber nicht malträtiert wird und genug zu essen hat. Ich habe auch viel davon und ertrage drum

---

*) Ende Januar 1856 war Frau Fontane mit ihrem Söhnchen George und ihrer jüngsten Schwägerin Elise Fontane nach London gekommen, wo sie bis Mitte Mai verweilten.

**) Apotheker Hermann Sommerfeldt (damals in Letschin, später in Berlin), der Gatte von Fontanes ältester Schwester Jenny.

die Trennung von meinen Berliner Freunden, die ich herzlich und aufrichtig liebe, viel leichter als Emilie.

Auch über Lieschens Wesen und Benehmen will ich mir erlauben, Dir ein Wort zu sagen. Vielleicht, daß Du es für richtig hältst und eine Art Gebrauch davon machst. Ich glaube nämlich, daß sie zu den Naturen gehört, die man völlig sich selber überlassen muß. Sie ist dickköpfig, rechthaberisch und kann nicht den kleinsten Tadel ertragen. Das ist ihre Natur so. Darunter versteh' ich: sie ist, sich selber und ihrem bessern Einsehn zum Trotz, leicht gereizt und braucht Zeit, ihren augenblicklich aufsteigenden Ärger durch ihr Rechtsbewußtsein zu überwinden. Solche Naturen muß man nicht ziehn wollen, und selbst die Autorität der Eltern scheitert daran. Umgekehrt, überläßt man sie sich selbst, so entwickeln sich alle jene Eigenschaften, die Dickköpfe zu haben pflegen. Sie erfassen das eine oder andre mit Eifer und lassen nicht eher los, als bis sie's überwunden haben. Sind sie vier Wochen lang faul, so lasse man sie faul sein; sie werden dafür in den nächsten vier Wochen desto fleißiger sein. Verwahrloste Menschen gibt es wenige, und gute Kräfte liegen in jedem von uns. Diese guten Kräfte werden Herren über unsre Schwächen und schlechten Eigenschaften, wenn die letzteren nicht durch Dinge, die von außen herantreten, künstlich gesteigert werden. Strenge ist gut und Tadel ist gut; aber es gibt Naturen, die beides nicht ertragen können und die der steten Aufmunterung und selbst übertriebener Anerkennung bedürfen. Was sind unsre Grundfehler, immer vorausgesetzt, daß wir nicht von Natur bösartig sind? Wir sind faul, bequem, begierig, rechthaberisch. Den einen kuriert man mit Maulschellen und er küßt einem nachher dankbar die Hand. Bon. Der andre kann diese Kur und alles, was ihr ähnlich sieht, nicht ertragen. Da muß man Zeit, Leben, Verhältnisse wirken lassen, und sie wirken allemal. Wer sich nie gewaschen hat, wird sich waschen, wenn seine Eitelkeit oder sein Talent ihn in eine Gesellschaft führt, wo es Mode ist, sich zu waschen; wer nie zur rechten Zeit aufsteht, wird die Stunde nicht verschlafen, wenn er vorhat, in die sächsische Schweiz zu reisen; wer nie eine Handarbeit gemacht hat, wird eine Börse zusammenprudeln, wenn der berühmte Liebesfrühling kommt, und wer nie Strümpfe gestrickt hat, wird sie stricken, wenn zwei kleine Jungens da sind, die Strümpfe gebrauchen. Ich könnte Dir an meinem eignen Leben am besten dartun, wie Rechtsbewußtsein, Pflichtgefühl, Eitelkeit, Ehrgeiz, einzelne (aber sehr wenige) Neigungen in Kunst und Wissenschaft, durchaus reformierend auf meine ganze Natur eingewirkt und mich aller Faulheit usw. zum Trotz schließlich — mit der gewöhnlichen Elle gemessen — zu einem passablen Menschen gemacht haben. Wie mir aber, so ergeht es der Mehrzahl aller Menschen. Ich war auch außer mir, als ich einen Säbel und einen — Ochsenziemer zu gleicher Zeit geschenkt erhielt, und eine ähnliche Independenz steckt wohl in uns allen.

Wenn Du Liesen ruhig gewähren läßt, bild' ich mir nicht ein, daß sie plötzlich viel fleißiger und liebevoller sein wird! *Aber sicherlich auch nicht weniger*, und wenn man dasselbe Resultat *ohne* Schelte haben kann, warum *nicht*? Nimm dies nicht als Klugschmuserei auf. Am allerwenigsten bilde Dir ein, daß Lieschen geklagt hätte; *das liegt gar nicht in ihrem Charakter.* Ich schreibe es nur, weil ich au fond *gegen* Lieschen eingenommen gewesen bin und jetzt erprobt zu haben glaube, wie man verfahren muß, um ganz gut mit ihr fertig zu werden. Und nun leb wohl. Wie immer Dein Theodor.

Sonnabend. Ich schrieb den Brief gestern abend;

in der Nacht kamen mir allerhand Bedenken, ob ich ihn abschicken solle. Emilie las ihn eben durch und meinte: Du würdest die gute Absicht nicht verkennen. Das laß mich denn hoffen. Auch glaub' ich, daß man in einem gewissen Alter solche Fragen mit seinen eigenen Eltern besprechen darf. Dein

Theodor.

---

22) London, d. 20. Mai 1856.

Meine liebe Frau.

Gott sei Dank, daß das Wasser hinter Euch liegt. Ihr werdet's wohl so bald nicht wieder passieren! Gebe Dir Gott eine weitere glückliche Reise und vor allem einen frohen Empfang. Ich denke, man wird Dich nicht im Stich lassen und den Mut und die Vernunft anerkennen, die wir an den Tag gelegt haben. Verzweifle nur nicht gleich, wenn Dir irgend ein Blick mißfällt oder irgend ein Wort minder freundlich an Dein Ohr schlägt, als Du es glaubst erwarten zu dürfen. Ich bin nach der Seite hin ohne Sorge; das Glück kann man nicht zwingen, aber die Liebe und Anerkennung der Menschen kann man sich erobern, und was wir davon hatten, haben wir nicht verwirkt.

Am Sonntag aß ich bei Schweitzer. Wir gingen zu ihm, ohne den weiten Weg über mehr als 20 Worte zu sprechen. Er war ganz mürbe und ich, im Verhältnis zu dem armen Teufel, eine lustige Figur. Bei Tisch holte er eine Flasche Marsala, die ihm sein Vetter geschickt hatte. Beim dritten Glase wurde ihm besser, und er erklärte mit geröteter Nase, daß es doch für alles ein Heilmittel gebe. Seine ganze Unterhaltung bezeichne ich am besten, wenn ich sie eine ununterbrochene Reihenfolge versteckter Liebeserklärungen (nicht gegen mich) nenne. Zuletzt bracht' ich ihn wieder in Ordnung und er sprach wie ein vernünftiger

Mensch. Mich würde sein Zustand mehr zum Mitleid stimmen, wenn ich nicht wüßte, daß er in solchen Anfällen Routine hat, und daß sein Leiden nur so lange dauert, bis eine andre reine Flamme in ihm glüht.

Gestern, wie Du durch Direktor Metzel bereits erfahren haben wirst, hab' ich an dem ziemlich fleischlosen Knochen der Sonnabend-Festlichkeit*) zu nagen gehabt. Es ist langweilig und eigentlich unter meiner Würde. Wer sich überzeugen will, daß ich ein Fest beschreiben kann, der lese meinen „Ball in Paris" und lasse mich dann in Ruh. Ich fühle, daß ich mehr Poet als Bedienter bin. Auch Spaltenfüllen ist nicht mein eigentlicher Beruf.

In 23 New-Ormond Street ist alles beim alten. Beide Zimmer haben sich eher etwas verschönt, oder ich finde sie erträglicher, weil sich mein Auge an diese englischen Räuberhöhlen mehr gewöhnt hat. Schlimm ist's, daß ich mich vor allem ekle und selbst dem Wasser, mit dem ich Gläser und Tassen zuvor säubere, nicht recht traue. Gestern bei Simpson war auch alles schlecht. Ich freue mich auf Paris, auf seine Galerien und — seine Küche. Doch das bleibt vorläufig noch unter uns. Hier dauernd zu leben, scheint mir mehr und mehr unmöglich. Ein Dutzend der verschiedensten Dinge wirken zusammen und körperliche Ursachen kaum minder als geistige. Ich wäre unglücklich, wenn ich noch fünf Jahre lang zwischen beef und mutton abwechseln müßte. Du Glückliche, die Du nun wieder weiße Rüben hast und reellen Kalbsbraten und gelegentlich ein Glas Wein.

Laß bald von Dir hören und sei der steten Liebe versichert Deines

Theodor.

---

*) Ein von dem preußischen Gesandten, Grafen Bernstorff veranstaltetes Fest.

23) London, d. 2. Juni 1856.

Meine liebe Frau.

Ich habe heute früh Deinen Brief erhalten, der sehr lieb und gut und vernünftig ist. Ich bedaure, daß ich nicht ausführlicher darauf antworten kann.

Man wünscht entschieden, daß ich bleibe; ja, man wünscht es so entschieden, daß man mir in gewissem Sinne droht, und zwar dadurch und insoweit, daß man mir keine verbesserte Lage bei meiner Rückkehr in Aussicht stellt. Mit großen Herren ist schlecht Kirschen essen und der arme Teufel muß sich zuletzt drein finden. Es ist auf der andern Seite auch kein Zweifel, daß man die besten Absichten dabei hat und mir Gelegenheit geben will, mich so tüchtig und brauchbar zu machen, wie nur möglich. Das dürfen wir nicht vergessen.

So denn also Trennung bis Weihnachten. Laß uns das zunächst festhalten. Wird noch mehr gefordert, so haben wir wenigstens ein vier- bis sechswöchentliches Wiedersehn in Aussicht. Das Traurigste ist und bleibt, daß Du wieder einer schweren Zeit entgegengehst, ohne mich zur Seite zu haben. Suche Dich darin mit Ergebung zu finden und vertraue auf Gott und gute Menschen. Gib Dir Mühe, es von der leichten Seite zu nehmen; man kann sich selber zureden und sich das Unplausibelste plausibel machen. Sage Dir, daß es gut für mich sei, nicht direkt die Junggesellenschaft mit der Wochenstube zu vertauschen; male Dir aus, wie nett es sein kann, wenn ich zur Taufe komme; rufe Verstand und Phantasie zur Hilfe gegen das Gefühl. Unser Leben soll nun 'mal anders sein, wie das andrer Leute, und in letzter Instanz ist es gut, daß es kein Alltagsleben ist.

Grüße und Küsse Dir und dem boy von Deinem

Theodor.

---

24) London, d. 5. Juli 1856.

Meine liebe Frau.

Über Deinen heut' früh erhaltenen Brief hab' ich eine rechte Freude gehabt. Das Unwohlsein des Kindes ist, denk ich, von keinem Belang. Solch Fieber jagt andre Krankheiten fort; nur muß es sorglich traktiert werden, d. h. Rückfälle dürfen nicht vorkommen.

Daß Du an Deiner Wohnung Freude hast, freut mich mit, und daß Du wohl und munter und vertrauensvoll bist, freut mich noch viel, viel mehr. Alle Duckmäuserei und Kopfhängerei ist mir verhaßt; einen respektablen, ordentlichen Schmerz weiß ich zu achten, aber jeder Schmerz, der doch zuletzt nichts andres ist wie Verstimmung und der jede Minute in Heiterkeit umschlagen kann, ist mir mindestens langweilig. Ich wünsche recht sehr, daß Du ein gesundes Kind zur Welt bringst; das Geschlecht ist, vorläufig, gleichgültig, und alles wird dankbar akzeptiert. Nur keine allzu elenden Würmerchen; es ist eine Art Ehrensache. Also nimm Dich zusammen und tu das Deine. Man schreibt mir sonst auf den Grabstein: seine Balladen waren strammer als seine Kinder.

Morgen (Sonntag) reis' ich nach Canterbury, einmal um Canterbury zu sehn, und zweitens, um meinem guten B. auf 24 Stunden zu entfliehn. Es gibt doch wenig Menschen, mit denen man es aushalten kann. Ein guter Kerl, aber total schiefgewickelt. Ein bißchen Talent wie Bärme im Leibe und doch klietschig geblieben.

Laß bald wieder von Dir hören, halte Dich tapfer, küsse den Jungen, grüße Merckels und sei geküßt von Deinem

Theodor.

25) London, d. 15. Juli 1856.

Meine liebe Frau.

Am Sonnabend Abend kam ich von einem Ausfluge nach Minster nach London zurück, und zwar im schönsten Fieber von der Welt. Auf dem Tisch lag ein Brief von Metzel. Ich dachte, er würde mich kurieren. Ich ärgerte mich aber (zum Teil, wie ich gern zugebe, eine Folge meines fieberhaften Zustandes) furchtbar über den ganzen Brief, selbst über die Stellen, die es gut mit mir meinen, und ganz besonders über die unerhörte Knauserei im Geldpunkt, die soweit geht, daß, wenn es sich um die Zurückerstattung von ausgelegtem Gelde handelt, mir ganz ruhig der Bescheid gegeben wird: man wolle sehen. Das ewige Geld=Erbitten ginge nicht; man hoffe indes, das sich die Sache werde arrangieren lassen. Mir schwindeln die Sinne dabei; ich versteh' das nicht, will es auch nicht lernen. Was ich dabei fühle, ist nur immer wieder das Eine: der preußische Staat hat so lange ohne literarische Kommandite in England bestanden, daß er vermutlich auch ferner ohne eine solche fertig werden kann. Wenn er aber (und ich will ihm das hoch anrechnen) anders über die Sache denkt, wenn er hier einen Agenten mit offnen Augen und Ohren wünscht, so muß er den Agenten danach behandeln. Wenn das arme Luder aber (als wie icke) immer nur daran zu denken hat, ob er auch Geld genug behält, sich die Stiebeln besohlen und die Flanelljacken waschen zu lassen, so ist es mit allem freien Geist, mit aller wahren Beobachtungsmöglichkeit vorbei und das ganze Filial ist keinen Schuß Pulver wert.

Heut' hatt' ich einen Brief vom Alten. Mich rühren immer seine 7 Sgr., die er spendiert. Doch glaub' ich, halb schreibt er aus Liebe und halb, um dem dummen Volk in Freienwalde zu zeigen, daß er mit London in

Korrespondenz steht. Die Aufschrift ist nämlich heut' mit Riesenbuchstaben gemacht.

Viele Grüße an meine gute Mama und Lieschen, wenn sie gerade in Berlin sein sollten. — Von einem Fall, den ich in Margate getan, hab' ich mich wieder erholt, wiewohl der halbe Arm braun und blau ist. Aber Fieber hab' ich noch immer und möchte jedem die Zunge 'rausblöken. Dein

Theodor.

---

26) London, d. 19. Juli 1856.

Meine liebe Frau.

Mein gestern geschriebener Brief an Dr. Metzel schließt folgendermaßen ab:

„Ich habe zugesagt, bis Neujahr hier zu bleiben und gleichviel ob mit, ob ohne Schulden, ob unter anständiger Existenz oder unter Entsagung — ich werde mein Wort halten. Aber wenn dann nicht Rat geschafft wird, so kann ich keine weitere Veranlassung haben, um jahraus, jahrein entfernt von Heimat, Frau, Kind und Freunden zu leben und — mutton chops zu essen. Wenn die Fonds nicht reichen, nun so lasse man die Filiale wieder eingehn. Es gäbe noch ein andres Mittel, mich, unter den äußersten Entbehrungen selbst, hier zu fesseln. Man zeige mir eine bestimmte Aussicht, man sage mir: „das ist Dein Lohn"; aber unter Sorgen hier leben, um mit Sorgen schließlich in die Heimat zurückzukehren, ist wenig verführerisch. Ich fürchte nicht, daß Sie das alles unbillig finden werden. Das Kurze vom Langen ist: ich halte hier aus; wenn man aber will, daß ich länger hier bleiben soll, so tue man auch etwas, entweder um mir das Leben hier erträglich zu machen oder um mich durch die Aussicht auf eine Zukunft die Gegenwart und ihre Entbehrungen vergessen zu lassen."

Ich darf wohl sagen, daß ich ein gutes Recht habe, so zu sprechen. Die poplige Unteroffizierswirtschaft der preußischen Verwaltung ist einfach lächerlich. Wollen sie einen Menschen, der nun 'mal ein Offizier ist, in ihrer Beamtenarmee verwenden, so sollen sie ihn nicht traktieren wie einen Gefreiten. Diese Impotenz aller Maßregeln, dies Wollen und nicht Können, dies Bestreben, einen literarischen Gesandtschaftsattaché aus mir zu machen und mich zu bezahlen wie einen Gesandtschaftsbedienten — das alles widert mich an. Es hilft mir nichts, daß 1200 Taler in Berlin viel Geld sind; hier ist es wenig. — Wenn Gott mich gesund erhält (dies ist das Allerwichtigste), so ist mir vor meiner Zukunft nicht bange. Wenn ich tüchtig arbeiten will, so tüchtig wie ich hier es muß, so komm' ich auch in der Heimat erträglich durch. Literaturmachen ist mir ein Greuel, aber Stundengeben in Dingen, die ich verstehe, ist mir eine Freude. Unter „Literaturmachen" versteh' ich natürlich bloß das Schreiben für's tägliche Brot und das 'Rumhökern mit so und soviel Manuskripten unter'm Arm. Mein gesunder Sinn lehnt sich auf gegen diese Schmadderei.

An Mutter und Lieschen die herzlichsten Grüße. Dein

Theodor.

---

27) London, d. 28. Juli 1856.

Meine liebe Frau.

Heut' früh erhielt ich Deine freundlichen Zeilen vom Sonnabend. Daß sie einigen Krieg und Streit enthalten, schadet nichts, wenigstens nicht die Mitteilung davon; denn ich mute Dir nicht zu, mir immer Rosen und Lavendel zu schicken.

Du hast einen großen Fehler in Deinem Charakter, der mir in bezug auf meine Person nachgerade lächerlich geworden ist, der aber von andern (die das nicht voll so oft durchgemacht haben) nicht ebenso humoristisch getragen werden kann — das ist das äußerste Schwanken in Deinen Gefühlen für und in Deinen Ansichten über andre Menschen. So lange Leute Dich gleichmäßig freundlich behandeln, geht alles seinen guten Weg; so wie Du aber mal einen Tadel, ein hartes Wort, einen abschlägigen Bescheid, eine kleine Zurücksetzung oder zufällige Vernachlässigung hinnehmen sollst, so ist es vorbei. Ich muß auch hier wieder sagen, daß das eine allgemeine menschliche Eigenschaft ist und daß ich selber ein gut Teil davon habe. Aber während andre Menschen (wenn sie Bildung und Einsicht genug besitzen) ihrem Ärger den Zügel anlegen und ihn bemeistern, läßt Du ihm völlig freien Lauf, und wer heute noch ein Engel war, kann morgen in Deinen Augen ein Teufel sein. Was Dir fehlt, ist eine billige und gerechte Erwägung der Erscheinungen und Nachsicht und Duldsamkeit. Halte immer fest, daß wir alle selten hinter unserm Rücken gelobt werden; und wenn uns solch' Tadel später zu Ohren kommt, so müssen wir ihn tragen können. Die beste Antwort ist die, daß man nichts von den Eigenschaften zeigt, die einem vorgeworfen werden.

Alle Menschen, die nicht fest sind in ihrem Gefühl und ihrem Urteil über andre, werden nur selten schwach genannt (wiewohl es in den meisten Fällen Schwäche ist), sondern falsch. Mit falschen Menschen hat aber niemand gern was zu tun, und wenn sie nicht anderweite glänzende Eigenschaften haben, die solchen moralischen Fehler vergessen lassen, so geht man ihnen aus dem Wege. Ich glaube, daß Du diesem harten Urteil vielfach ausgesetzt gewesen bist, und doch hab' ich persönlich die Überzeugung, daß Du weniger falsch bist als die große Mehrzahl der Menschen. Gerade wenn Du falsch wärest, würdest Du

Deine Empfindungen mehr verstecken; aber das Hin- und Herschwanken zwischen Liebe und Haß, zwischen Lob und Tadel gilt nun mal für Falschheit und nicht für Unbeständigkeit. — Doch nun sei es genug davon.

Was Du mir über Papa mitteilst, ist nicht erbaulich. Doch hab' ich mich schon daran gewöhnt, alle Nachrichten aus jenem Quartier mit Vorsicht aufzunehmen. Laß ihn noch ein paar tausend Taler verkräschen, wenn's ihm Spaß macht. Laß den alten Herrn seine zehn Jahre noch leben, und wenn er Appetit auf holländische Sauce hat, so gib ihm noch ein Eidotter extra. Alles, was die Leute gegen ihn beibringen, ist doch zum größten Teil nur Klugschmuserei.

Gestern war ich also auf Picknick. Wieder im Hampton-Court, auf derselben Wiese, an derselben Stelle. Mein Körper war noch mal jugendlich; ich lief mit Schweitzer um die Wette, sprang und kletterte wesentlich besser und warf ihn beim zweiten Ringen (trotz aller seiner Künste) zum Jubel der Versammlung hin. Ich merkte deutlich, daß ich au fond viel stärker war; denn ich purzelte das erste Mal nur durch eins seiner Kunststücke und weil ich die Attacke machte; das zweite Mal war ich bereits halb erschöpft und warf ihn doch ohne besondre Anstrengung. Es ist eigentlich nicht Eitelkeit, daß ich Dir das schreibe, sondern eine Art kindliche Freude darüber, daß die alten Gebeine immer noch halten, und daß man es selbst mit dem jungen Volke siegreich aufnehmen kann. Geisteskraft ist gut, aber Körperkraft ist auch nicht übel. Als ich zu Hause kam, war ich noch zwei Stunden bei Wilmots, die, glaub' ich, die Hoffnung unterhalten, die „Gemeinde" durch einen „foreigner" zu erweitern. Der foreigner ist aber wie ein Aal und hat andre Majestäten gesehn; auch das Baptistentum wird ihn schwerlich bekehren. Mir gegenüber saß eine Miß White, eine junge Dame von 22, die als Missionärin nach Ostindien geht, bildschön, wahrhaftig wie ein Engel, und die unaffektierte Vornehmheit einer Fürstin. Ich weiß nicht, wo sie's hernehmen. Wenn ich an die Gräfin H. denke! himmlischer Vater — der reine Nähspuz dagegen. Es hilft alles nichts, nicht die einzelnen Menschen und nicht ihr Geist, aber die ganze Race ist uns leiblich überlegen. Es ist ein feinerer Schlag Menschen. Miß White geht vermutlich nur nach Indien, um nach 14 Tagen verheiratet zu sein; das soll nämlich jedesmal stattfinden. — Küsse den boy und sei geküßt von Deinem

Theodor.

---

28) London, d. 2. August 1856.

Meine liebe Frau.

Ich sitze hier in der prallen Vormittagssonne und koche ganz leise wie ein Topf am Feuer. Es ist unmöglich, „bei die Hitze" lange Briefe zu schreiben.

Daß mit Mutter wieder das alte gute Einvernehmen hergestellt ist, freut mich aufrichtig. Glaube mir, es ist besser. Erinnere Dich namentlich auch daran, daß sie in verzwickten Situationen immer Dir und nicht mir zur Seite gestanden hat. Du kannst Dich also über schwiegermütterliche Parteilichkeit und Ungerechtigkeit im allgemeinen nicht beklagen. In betreff einer Amme kann ich von hier aus wirklich keinen Rat geben. Alle Ammen sind greulich, aber notwendig. Darin liegt ohngefähr mein Rat, d. h. nimm eine und bezwinge Deine Abneigung in dem Gefühl, daß solche lebendige Milchquelle nötig ist. Fühlst Du vorher, daß Du das nicht kannst, so nimm lieber keine. Sonst entsteht Ärger, Du wirst krank, die Amme auch und schließlich auch das Kind. Nur so viel sei schon heute gesagt: laß Dich nicht durch Ökonomie und Geldrücksichten abhalten, eine Amme zu nehmen. Es muß beschafft werden, und so viel werd' ich doch wohl von hier aus zuverdienen.

Das Fortepiano kaufe ja; es ist ja halb geschenkt, und wenn wir, was Gott verhüten wolle, in Not kommen sollten, können wir eine ähnliche Summe immer wieder erhalten. Übe Dir doch die Freischütz-Ouverture ein. Ich hörte sie am Mittwochabend in Surrey-Gardens, wohin ich einsam hinausgefahren war. Es ist eine Musik, als ob Himmel, Erde und Hölle miteinander sprächen. Ich weiß nicht, ob ich diesen Satz aufgeschnappt und mich seiner bloß wieder erinnert habe oder ob ich in dem Augenblick es so empfand. Es ist großartig. Daran, daß ich anfange, an Musik Gefallen zu finden, merk' ich deutlich, daß ich alt werde. „Geist" hat seine angestaunte Rolle ausgespielt und „Jeist" kann mir völlig gestohlen werden. Musik und die schönen Linien einer Statue fangen an, mir wohl zu tun; die Sinne werden feiner, und die erste Regel des Genusses lautet: nur keine Anstrengung. In der Jugend ist das alles anders.

Über meinen Simpson hab' ich mich geärgert, weil der alte Kerl mich mit einer gewissen Absichtlichkeit vernachlässigt. Für einzelne Menschen muß ich in meinem Wesen etwas Unleidliches haben. Viele, glaub' ich, halten mich für hochfahrend, und das bin ich doch eigentlich nicht. Ich will als ein Gentleman gelten und behandelt sein; das ist alles, was ich fordere. Diese Eß- und Tischfrage ist für mich sehr wichtig, ohngefähr wie die Dienstmädchenfrage für eine Hausfrau. Man kann drei Tage lang schlecht essen, aber fünf Monate lang, das geht nicht; dem ist mein Magen nicht mehr gewachsen. Fahr' ich nach Piccadilly oder Regent-Street, so ist es noch teurer, macht

Fahrkosten und liegt außerhalb meines Wegs; denn ich muß des Lesens halber in den Diwan zurück. — Es ist ein schnurriges Leben, das ich hier führe, — beneidenswert und trostlos zugleich. Wenn es hinter mir liegt, werd' ich an seine großen Vorzüge mit Sehnsucht zurückdenken, aber in der Gegenwart fehlt ihm doch das Beste: Frau, Kind, Heimat, geistige Gemeinschaft und die Achtung und Anerkennung, die man sich in der Heimat erworben hat. So lange man reist, entbehrt man das alles nicht, wenn man aber in der Fremde lebt, fühlt man beständig diesen Mangel. Geld ist das einzige erträgliche Rettungsmittel, und das hab' ich nicht. Mitunter bin ich wütend darüber. Man könnte mir antworten: Freund, wo ist die Grenze? Darauf erwidre ich einfach: Lothar Bucher*) erhält 2000 Taler, jedes Feuilleton extra bezahlt und z. B. während seines vorjährigen Aufenthalts in Paris noch einen Zulage-Napoleon d'or pro Tag. Ich gebe gern zu, daß Bucher in seiner Art ein ausgezeichneter Mensch ist, und daß ich ihm auf den meisten Gebieten nicht das Wasser reiche. Aber diese größere oder geringere Verdienstlichkeit hat mit der Geldfrage nichts zu schaffen. Man gibt ihm so viel, weil er so viel braucht, und wenn die Regierung hier eine Art Trutz-Bucher haben oder heranbilden will, so muß sie ihn nicht schlechter bezahlen. Kurz gesagt, anstatt hier wie ein Gentleman leben zu können (was ich müßte, wenn ich meine Aufgabe in Wahrheit erfüllen wollte), leb' ich wie ein armer deutscher Literat, mit klumpsigen Stiefeln, altmodischem, etwas abgeschabtem Frack und gar keinen oder schmutzigen Handschuhen. Daß mir persönlich an

*) Damals Korrespondent der Berliner „Nationalzeitung" in London.

solchem Bettel nichts liegt, weißt Du; ich weiß aber, daß, um in der Gesellschaft zu leben, man gewissen Vorschriften und Forderungen auch in bezug auf seinen äußern Menschen nachkommen muß, und das kann ich nicht. Man nennt uns hier ohnehin „dirty Germans“; bis zu einem gewissen Grade haben sie recht.

Küsse den Süßen und sei herzlich geküßt von Deinem

Theodor.

---

29) Paris*), d. 14. Oktober 1856. Hotel du Louvre.

Meine liebe Frau.

Seit heut' früh fünf Uhr bin ich hier. Das Großartigste, was ich von Paris bis jetzt gesehn habe, ist das Hotel, in dem ich wohne. Im übrigen läßt sich mein Entzücken halten. Etwas mag an meiner Stimmung liegen, aber nicht alles. Es kommt mir alles so räuberhaft vor; eine Unmasse konfiszierter Gesichter, und bei aller Pracht und Schönheit doch auch furchtbar viel Plunder. — Mein Entzücken wird schwerlich sehr wachsen. Die Größe der Stadt imponiert mir nicht, denn gegen London ist es ein Quark; die Kinkerlitzchen und „geschmackvollen Arrangements“ aber lieb' ich nicht, wenn sie nicht mehr sind als Schein. Für 20 Francs kann ich nicht essen, einmal weil ich das Geld nicht dazu habe, und zweitens, weil es allein nicht schmeckt; und was nun gar die Kneipenwirtschaften und das geputzte Elend angeht, so hab' ich ein Grauen davor und wollte, ich hätte die pflichtschuldige

---

*) Fontane hatte im August 1856 den von ihm für die preußische Politik gewonnenen Eigentümer des „Morning Chronicle“, Mr. Glover, auf einer Reise nach Berlin begleitet und sich dort eines zweimonatlichen Urlaubes erfreut. Die Rückreise erfolgte in Gesellschaft des Direktors Dr. Metzel über Süddeutschland (Bamberg, Nürnberg, München, Ulm, Stuttgart, Mannheim) und Paris.

Besichtigung dieser Sehenswürdigkeiten hinter mir. So bleiben denn nur die Kunstschätze, und von ihnen hoff' ich das Beste. Es ist sehr unwahrscheinlich, daß ich 14 Tage hier bleibe, länger gewiß nicht.

Tausend herzliche Grüße Euch allen von Eurem

Theodor.

---

30) Paris, d. 16. Oktober 1856.

Meine liebe Frau.

Heut', an unserm Hochzeitstage, muß ich doch ein paar Zeilen schreiben; ich versäume auch nicht viel, denn eigentlich ennuyir' ich mich. Um nicht ungerecht zu sein: die Schuld liegt an mir und nicht an Paris. Die Stadt — wie ich mich nun im Laufe von drei Tagen überzeugt habe — ist beides, schön und großartig, aber bleibt — und das ist ihr einziger Fehler — an Großartigkeit, und meinem Geschmacke nach auch an Schönheit, doch hinter London zurück. Überall, das sei wiederholt hervorgehoben, bemerk' ich etwas Diebshöhlenhaftes, oder im günstigsten Fall einen prahlenden, aber verdächtigen Lappen, der die Blöße oder den Schmutz nur so obenhin verbirgt. Vielleicht finde ich London nur deshalb schöner, weil es interessanter ist. Der Montblanc ist nicht absolut schöner als die Müggelberge; er ist nur imposanter und dadurch schöner. Als ich vor 4½ Jahr nach London ging, hatt' ich dort auch nichts und war noch dazu unendlich viel bedrückter als jetzt. Nichtsdestoweniger hatt' ich Momente äußerster Befriedigung, wenn ich meine oft beschriebenen Themse- oder Omnibusfahrten machte. Wär' ich damals statt nach London nach Paris gegangen, so würde der Eindruck ziemlich derselbe gewesen sein; aber das ist nun doch 'mal nicht geschehn, und London hat die

5*

Fettaugen meiner Begeisterung abgeschöpft. Wer zuerst kommt, mahlt zuerst.

Paris hat auch gar nicht die Absicht, an Großartigkeit des Lebens und Treibens mit London zu konkurrieren. Es will vor allem bilden, belehren, unterhalten. Ich bin fest überzeugt, daß es darin, besonders was das „Pläsir" angeht, London unendlich überlegen ist, aber ich bin nicht in der Lage, von dieser Überlegenheit zu profitieren. Ob die hiesigen Museen und Galerien besser sind als die englischen, ist, beiläufig bemerkt, noch sehr die Frage. Aber zugegeben, daß sie's sind, so gehört doch ein monatelanger Aufenthalt dazu, um diese Vorzüge völlig als solche zu erkennen und zu würdigen. Diese Galerien sind mein Trost, aber sie können doch nicht *alles* tun. Nun kommt die Hauptsache: das Vergnügen, die Unterhaltung. Ja, du lieber Himmel! Wenn ich 20 Jahre wäre und ein junger Graf (oder ein brillant bezahlter Kommis, was so ziemlich dasselbe ist) und eine Grisette hielte und eine Loge im Theater hätte und leichten Sinnes wäre und Schulden machte und gut französisch spräche — ei, da möchte das ein kostbares Leben sein, ein Leben, an das man noch mit Freuden zurückdenkt, wenn man die Gicht hat und mit dem Kopfe wackelt. Aber aus einem Kaffeehaus in's andere fallen und immer wieder schwarzen Kaffee trinken und „Constitutionel" buchstabieren, das ist doch wirklich ein erbärmliches Vergnügen und mehr eine Arbeit als ein Genuß. Um sich hier zu amüsieren, bedarf es gewisser guter und schlechter Eigenschaften, die ich *beide* nicht habe. Zunächst muß man französisch können, und das ist die eine große Tugend, die ich nicht habe. Außerdem muß man Libertin sein, Hazard spielen, Mädchen nachlaufen, Rendezvous verabreden, türkischen Tabak rauchen, das Billardqueue zu handhaben wissen usw. Wer von alledem nichts hat und weiß, der ist ein verlorenes Subjekt und tut gut, seine Koffer zu packen, wenn er sich den Schwindel angesehn und seine Kunstvisiten im Louvre und in Versailles beendigt hat. Ich gehe erst wieder hierher, wenn ich genug französisch weiß, um an dem geistigen Leben und Treiben einigermaßen teilnehmen zu können, und dann geh' ich nicht allein her, sondern in Gesellschaft, und zwar, so Gott will, mit Dir.

Diesen Brief, sei so gut, an Papa zu schicken. Schreib' ihm dabei, er sollte noch einen eignen Brief empfangen; ich trüge indes Sorge, daß mein nächster an ihn gerichteter Brief weniger ausführlich werden könnte, und so läge mir daran, daß ihm die heute deponierte Weisheit nicht entginge. In der Tat kann ich schwerlich was anders oder gar Neues schreiben, und bringt man dieselbe Ware zum zweiten Male zu Markte, so ist sie durch langes Stehn eher schlechter als besser geworden.

Nun leb' mir sehr schön wohl; tausend Küsse Euch allen: Mama, Lieschen, dem boy und Dir von Eurem

Theodor.

---

31) Paris, d. 19. Oktober 1856.

Mein lieber, guter Papa.

Emilie hat Dir hoffentlich meinen letzten Brief zur Durchsicht geschickt, und Du weißt beim Eintreffen dieser Zeilen bereits, daß ich die große Frage „London oder Paris" zugunsten Londons beantworte. Es ist schwer zu sagen „warum". Diese lange Linie vom Louvre bis zum Arc de l'Etoile ist schön und groß und hat in London nicht ihresgleichen; die Boulevards, das Palais Royal und die neue Rue Rivoli (wo man, ohngefähr so lang wie unsre Linden sind, unter Arkaden geht) sind einzig in ihrer

Art; und die Plätze sind teils größer, teils schöner, teils interessanter, als sie London aufzuweisen hat. Aber all' das kann meine Totalansicht nicht umstoßen. Wer mit einem Dampfer von Hamburg kommt und die Themse erst bis zur Londonbrücke, dann bis zur Westminsterabtei und den neuen Parlamentshäusern hinauffährt, der hat mehr gesehn, als ganz Paris ihm bieten kann. Paris ist ein vergrößertes Berlin, London ist eben London und ist mit gar nichts andrem zu vergleichen. Paris ist eine sehr große Stadt, London aber ist eine Riesenstadt, d. h. sie macht den Eindruck, als sei sie nicht von schwachen Menschen, sondern von einem ausgestorbenen Geschlecht gebaut, dessen kleinste Leute alle sechs Fuß maßen.

Begiebt man sich in die Straßen, so fällt einem, je nach dem Stadtteil, den man passiert, entweder die Schlichtheit und Anspruchslosigkeit oder die Gediegenheit und der immense Reichtum auf. Paris macht im Verhältnis dazu einen dürftigen, gezierten Eindruck, was der Berliner „poplig“ nennt. Man sieht viele Tausende von blitzenden Läden, aber man hat keine Courage, irgendwas darin zu kaufen, weil man die Reellität der Leute bezweifelt. Es kommt einem vor, als sei alles auf Beschwatzung und Verführung abgesehn. Die Läden haben die Form einer länglichen Wurst und sind auch wirklich nicht viel größer; Gas und Spiegelscheiben tun das Beste. Dahinter ist noch ein Käfterchen von der Größe einer Nußschale; das ist das Familienzimmer. So leben viele, viele Tausende. Manchem mag das gefallen, aber mir wird nicht wohl dabei. Wenn ich nun London dagegen nehme. Ja, da passier' ich halbe Meilen lange Strecken, in denen man gar nichts sieht, aber das schadet auch nichts. In den östlichen Vorstädten wohnen Hunderttausende von armen Leuten; sie sind nichts, sie haben nichts, aber sie wollen auch nichts scheinen. Man nimmt gar keinen Eindruck mit heim, weder einen schlechten noch einen guten; man weiß einfach, man hat eine halbe Stunde lang in einem Armenviertel zugebracht. Nur Schnapskneipen (und das ist allerdings ein Übelstand) hat man bemerkt. Kommt man nun aber nach der City, welche Gediegenheit da in dem ganzen Stadtteil, der die St. Paulskirche umgibt! Die Kaufläden strotzen von Warenreichtum. Und nun im Westend, in Oxfordstreet und Regent-Street! Alles funkelt von Gold und Silber, von Samt und Seide, und es funkelt so, daß man gleich merkt: ha ha, hier ist was dahinter. Kommt man dann in die wahrhaft noblen Quartiere, in das Westend des Westends, so fällt die Buntheit der Läden fort, aber endlos ziehen sich nun die Wohnungen der reichen Leute hin. Man kann von diesen Wohnungen nicht behaupten, daß sie im einzelnen besonders schön oder besonders imposant seien, aber ihr gemeinschaftliches Auftreten (20, 40, selbst 100 solcher Wohnungen bilden oft ein riesiges Ganze, das nun aussieht etwa wie das Berliner Schloß, nur oft noch mal so groß) erzeugt in dem Vorübergehenden die Vorstellung, daß er eine endlose Stadt von Palästen passiere. Ja „endlos“, und das ist die zweite Seite, wodurch diese westlichen Stadtteile Londons wirken. Man stutzt schon, wenn man stundenlang die Quartiere armer Menschen durchwandert; aber daß dies London auch Stadtteile hat, wo man stundenlang an den Palästen steinreicher Leute vorüberschreiten muß, das ist mehr als alles andre angetan, einem eine Vorstellung von der Macht dieser Stadt und Englands überhaupt zu geben. Dergleichen hat Paris nicht. Gediegner Reichtum tritt hier sporadisch auf, etwa wie bei uns. In London ist er, innerhalb gewisser Gesellschaftsschichten, Regel.

Nun leb' mir wohl, mein lieber Papa und gedenke in alter Liebe Deines

Theodor.

Nachschrift.

Wie es mir immer geht, wenn ich ein Urteil ausgesprochen habe, so auch diesmal — kaum steht es da, so fang' ich an, die Richtigkeit zu bezweifeln. Gestern, nachdem ich den vorstehenden Brief an Dich geschrieben hatte, begab ich mich wieder (aus purer Langeweile) auf die Boulevards. Es war Sonntag und das Leben auf den Straßen doppelt rege und lebendig. Die Boulevards mit ihrem Lichtermeer und der dichtgedrängten Menschenmasse gaben ein täuschend ähnliches Bild von unsern „Linden“, wenn Königs Geburtstag ist und Illumination und Feuerwerk. Was wir alle Jahr an Licht und Menschen 'mal zusammensehn, das sieht man hier alle Tage; außerdem sind die Boulevards von der Madeleinekirche bis zum Bastilleplatz viermal so lang als unsre Linden. Auch London hat, in bezug auf das Café- und Kneipenleben, nichts entfernt ähnliches aufzuweisen. Bis gestern kannt' ich nur die Kneipenmasse als solche und war durch die Menge, die Überzahl derselben eher verstimmt als befriedigt. Ich dachte bei mir: sechs ordentliche Restaurants wären besser als diese 300, unter denen die meisten nichts taugen. Gestern bin ich nun aber dahintergekommen, daß diese Lokale doch größer, reicher, gediegner sind, als ich's bis dahin geglaubt hatte. Die Zimmer ziehen sich oft durch zwei, drei Etagen, und man muß überall gewesen sein, um über solch' Etablissement ein richtiges Urteil zu fällen. Ich aß gestern im Café Riche, einem der besten Restaurants am Boulevard des Italiens, und muß einräumen, daß alles vortrefflich war — schmackhaft, kräftig und reiche Auswahl. Das Fehlen der letzteren ist der große Übelstand der englischen Küche, — immer und ewig dasselbe. Teuer ist es natürlich über die Maßen und selbst die Londoner Preise verschwinden dagegen. Ich hatte, Suppe, Filet, Fisch, Huhn und eine halbe Flasche Bordeaux; ich bezahlte dafür elf Franken, also ca. drei Reichstaler.

Ich schreibe Dir das so ausführlich, weil Dich all' so was interessiert; — ich schreib' es aber hauptsächlich, um daran die Bemerkung zu knüpfen, wie mir nun allgemach klar wird, daß die Fremden und die Engländer selbst das Pariser Leben dem Londoner so unendlich vorziehen. Gestern war Sonntag; wenn ich einen englischen Sonntag dagegen halte: welche furchtbare Öde und Langeweile! Auf den Boulevards aber lachten und scherzten gestern viele Tausende; vor den blitzenden Cafés saß man im Freien und dampfte die Zigarre und spielte Domino; drinnen klapperten unaufhörlich die Kaffeetassen und oben hörte man die Billardbälle hin- und herfahren und das dixhuit à quarante des Kellners. Ich persönlich mache mir nicht viel aus diesem Schwindel, aber es gibt doch ein hübsches Bild, und ich lerne begreifen, daß andre dafür schwärmen können.

---

32) Paris, d. 21. Oktober 1856.

Meine liebe Frau.

Habe Dank für Dein gestern erhaltenes Briefchen. Was Du mir über Lübke und Roquette*) schreibst, ist mir eine große Freude gewesen. Bitte, laß Lübke das gelegentlich wissen. So kommen sie alle unter Dach und Fach, und nur der alte Friede**) irrt noch immer umher.

---

*) Wilhelm Lübke, der sich damals verlobt hatte, und Otto Roquette gehörten zu dem in der „Ellora" vereinigten näheren Freundeskreise Fontanes.

**) „Friede" ist der vertrauliche Name für Friedrich Eggers.

Er hat sich dem Kunstblatt ergeben,
Das kostet ihm das Leben.

Außerdem leidet er am Rostocker Patriotismus. Als Mensch und Preuße wär' es ihm besser geglückt.

Sehr freu' ich mich, daß Menzels Bild*) Furore macht. Hab' ich mich doch also nicht geirrt. Ich sagte ihm gleich: lieber Menzel, ich gratuliere! Daß es übrigens dem Publikum gefallen würde, war mir noch durchaus nicht sicher. Laß ihn doch direkt oder indirekt wissen, daß mir erst in Versailles klar geworden wäre, wie gut und wie bedeutend sein Bild sei. Es gibt nur zwei Arten, diese Dinge zu traktieren, entweder ganz im großen historischen Stil, oder aber mit Humor. Das erstere tut Gros, das andre tut Menzel. Die Schlacht bei Eylau (im Louvre) und die Schlacht bei Abukir (in Versailles) sprechen für das eine, Hochkirch spricht für das andre. Vernet ist doch eigentlich nur eine genialere Ausgabe unsres Professor Krüger. Die Mehrzahl seiner Sachen sind geradezu langweilig und beweisen wieder, daß es die bloße Virtuosität nicht tut und daß alle fabrikmäßige Schmiererei sich rächt, sie geschehe nun mit der Feder oder mit dem Pinsel.

Wenn Du diese Zeilen erhältst, treff' ich, so Gott will, gerade in London ein. Den Jardin d'Hiver, (der erst morgen abend, gerade wenn ich abreise, eröffnet wird) muß ich bei der Gelegenheit schießen lassen, doch liegt mir blitzwenig daran. Mit allem übrigen bin ich so ziemlich fertig, und wenn ich's auch nicht wäre, so mag ich doch um irgendeinen alten Palast nicht noch einen oder zwei Tage länger hier bleiben. Ich habe jetzt völlig, was ich haben wollte —

*) Es handelt sich um Adolf Menzels großes Bild: Der Überfall bei Hochkirch.

ein Bild von Paris; außerdem eine für mich ausreichende Kenntnis seiner Galerien.

Mit herzlichen Küssen an Euch alle Dein

Theodor.

---

33) London, d. 1. November 1856.

Meine liebe Frau.

Habe Dank für Deine eben erhaltenen freundlichen Zeilen. Sie haben mich insofern enttäuscht, als ich eigentlich gedacht hatte: es sei da. Der nächste Brief wird wohl Mutters oder Lieschens Handschrift auf der Adresse tragen; gebe Gott, daß sein Inhalt ein freudiger ist. Vielleicht wird das Kind am 4. November geboren; das ist der lang erwartete Tag, wo in Nordamerika die Präsidentenwahl stattfindet. Wenn es ein Junge ist, wollen wir ihm den Namen des Siegers als Vornamen geben; oder vielleicht ist es nobler und humaner, das Gemüt des Besiegten durch solche Huldigung wieder aufzurichten. Theodor Buchanan Fontane, wie hübsch das klingt! Ja, die Sache geht noch weiter; es paßt auch, wenn es ein Mädchen ist: der eine Kandidat heißt „Fillimore", das klingt ganz weiblich und hübsch dazu und erinnert an die reizende „Fennimore" in einem Roman der guten Paalzow. Was es also auch sein mag, für aparte Namen ist wenigstens gesorgt.

Wollte Gott, daß für alles andre ebensogut gesorgt wäre. Das bringt mich mit einem tüchtigen Sprunge von der poetischen Paalzow direkt auf den prosaischen Geldpunkt. Es steht bedenklich damit, weil ich in den nächsten zwei Monaten größere Ausgaben habe, während die Einnahmen oder richtiger die Besitzstände unverhältnismäßig gering sind. Ich muß durchaus einen dicken Rock haben; in meinem dünnen Pelissier hab' ich so jämmerlich gefroren, daß ich mich erkältet habe, und den Pelz kann ich aus allen möglichen Gründen nicht mehr tragen. Ich stehle mich mit ihm nur in der Schummerstunde durch die Straßen und bin jeden Abend einsam zu Hause, weil ich in diesem altdeutschen Ratsherrnaufzug weder Klub noch Meeting noch Theater besuchen kann. Und ein klein bißchen Zerstreuung täte mir so wohl.

Not brauchen wir trotz der augenblicklichen Verlegenheit nicht zu fürchten. Zunächst gibt es vom 1. Januar ab mehr Gehalt. Dazu kommen die Zeitungseinnahmen. Aufsätze, die ich von hier aus schreibe, werden immer ihren Abnehmer finden. Nur leugne ich nicht, daß ich zum Aufsatzschreiben weniger Neigung habe als zum sogenannten „Korrespondieren". Früher war es gerade umgekehrt. Dieser Wechsel meines Geschmacks hat, glaub' ich, bloß im Geldpunkt seinen Grund. Ein Aufsatz, wenn er irgendwelchen neuen Gedanken enthält, will hin und her erwogen sein und kostet unverhältnismäßig viel Zeit und Mühe; ein Korrespondenzartikel ist verhältnismäßig leicht geschrieben. Man berichtet entweder eine neue Tatsache, oder man zieht Schlüsse aus gegebenen Fakten; beides macht sich rascher und ist drum profitabler. Dazu kommt noch, daß der Zeitungsbedarf ungleich größer ist als der schönwissenschaftliche; eine Zeitung, in ihrem politischen Teil, kann täglich einen Artikel von mir bringen, in ihrem Feuilleton höchstens wöchentlich einmal.

Über Dein Kommen im Mai, so Gott will, schreib' ich das nächste Mal. Ich freu' mich sehr darauf und bange doch fast ebenso davor. Es ist hier langweilig und wird es immer bleiben. Die Engländer selber finden es, und wie soll es nun gar erst einem Fremden ergehn, der (wie Du) nicht einmal die Times versteht und Zweifel unterhält über die unbedingte Berechtigung des leg of mutton. — Und nun sei Gott mit Dir und gebe Dir ohne viel Angst und Schmerzen ein gesundes Kind, aber nur eins wenn ich bitten darf. Lebt alle wohl. Viel tausend Grüße und Glückwünsche von Deinem

Theodor.

---

34) London, d. 5. November 1856.

Meine liebe Frau, meine liebe Mama, mein liebes Lieschen.

Habt alle Dank! Eure Anstrengungen sind zwar verschieden gewesen, aber nichtsdestoweniger Dank für Euch alle, für Kind, Hilfe und Brief. Nehme sich jeder davon, was ihm zukommt. Daß es vorüber ist, preis' ich aus ganzer Seele mit, denn ich bin diesmal halb mit entbunden worden. Man wird immer feiger, und der jugendliche Leichtsinn, der einen glauben läßt: „ei was, es stirbt sich nicht so leicht", geht immer mehr verloren.

Also doch wieder ein Junge*)! Es scheint, daß wir auf Mädchen Verzicht leisten müssen, und wir wollen uns auch weiter keine Mühe drum geben; das weibliche Geschlecht verdient es nicht einmal. In zehn Tagen wissen wir, ob wir ihn Buchanan oder Fillimore nennen; er ist zwar einen Tag zu früh geboren, aber das schadet nichts.

Wenn Du nur mehr Regelmäßigkeit in die Sache brächtest! Erst mit dem Kopf zuerst, dann mit den Beinen, nun gar mit dem Allerwertsten; wohin soll das schließlich noch führen?!

Ich bin sehr froh, daß ihr so rasch eine Amme bekommen habt. Gebe Gott, daß sie gut einschlägt und daß das Kind gedeiht. Eine Schönheit scheint es wieder nicht

---

*) Theodor Fontane, z. Z. Wirkl. Geh. Kriegsrat und Intendant des XI. Armeekorps in Kassel.

zu sein, wenigstens kann ich mir nicht denken, daß Schönheit und „Ähnlichkeit mit Wentzel" nebeneinander bestehn können.

Du, liebe Mama, sei nur recht streng und achte darauf, daß Emilie den Schlachtenruhm der Entbindung nicht wieder durch Torheit und irgendwelche Übereilung einbüßt. Du, teure Gattin, geselle zu allen Deinen Tugenden auch die der Vorsicht und des Gehorsams. Lebt alle wohl! Für Dich, liebe Frau, noch tausend aparte Wünsche. Gott lenke alles zum besten! Euer

Theodor.

---

35) London, d. 12. Dezember 1856.

Meine liebe Frau.

Von meinem Unwohlsein will ich nicht weiter sprechen; Schweitzer sagte mir gestern, ihm sei ganz ähnlich zumute gewesen, es läge gewiß an der Witterung, die jetzt wieder so mild ist, als wäre Frühling vor der Tür. Ich will auf verschiedne Punkte Deines Briefes in aller Kürze antworten. — Daß es Mutter Kummer so schlecht geht, tut mir leid, doch glaub' ich, daß es ein Stück verdiente Strafe ist. Du weißt, daß ich den Alten nie geliebt habe, es ist aber doch die Frage, ob dies äußerste Maß von Härte und Lieblosigkeit, und zwar durch Jahre hin, nicht des Guten etwas zu viel war. Oder ich will lieber so sagen: wenn er diese Strafe verdiente, so war doch die Strafe selbst wieder eine Schuld, die neue Strafe nach sich zieht.

Für George halte Dir doch ja Pastillen im Hause. „Abführen" ist dreiviertel aller Heilkunde, und jede Krankheit tritt milder auf, wenn man ihr von Anfang an mit Offenheit entgegentritt.

Von mir selber habe ich absolut gar nichts zu melden; ich war sehr verstimmt und ungeduldig in den letzten Tagen — das ist alles! Niemand macht sich eine Vorstellung von der äußersten Einfachheit und Schlichtheit meines Lebens hier. Ich würd' es auch faktisch nicht ertragen können, wenn diese Art zu leben nicht einigermaßen zu meinen Neigungen stimmte; ein andrer Mensch von gleichen Ansprüchen und gleicher Verwöhntheit könnt' es nicht aushalten. Aber das Leben, das mir mitunter als Ideal einer Existenz vorgeschwebt hat, hab' ich eigentlich hier: still sitzen, wenig Störung, schreiben, lesen und Kaffee trinken. Ich brauche nicht zu sagen, daß mir's nicht genügt, daß ich denn doch noch mehr gebrauche, aber eine große Vorliebe für ein uniformes Abwickeln meiner Tage steckt allerdings in mir, und dieser deutsche Studiercharakter rettet mich hier vor äußerster Unbefriedigtheit und wachsendem Trübsinn.

Anfang April will ich Urlaub nehmen. Ich bleibe dann wieder vier oder fünf Wochen und reise entweder mit Euch zusammen oder reise vorauf, um alles hier instand zu setzen.

Schlägt man mir den Urlaub ab, schlägt man mir eine Reise- oder Übersiedlungs-Unterstützung ebenfalls ab und vermeidet man nach wie vor (gleichviel ob weil man nicht will oder weil man nicht kann), mir für die Zukunft eine feste Zusage zu machen, so erklär' ich ihnen, daß ich nicht länger Lust hätte, meine Gegenwart einer völlig unsichern, durch nichts garantierten Zukunft zum Opfer zu bringen und bleibe ohne weitres in Berlin oder reise hin, wenn diese Unterhandlungen von hier aus geführt werden sollten. Ich habe dann znnächst gar nichts. Aber das schadet nichts. Gott und Menschen werden mich nicht verlassen; denn ich habe das Beste gewollt, und jedes reelle

Streben findet seinen bescheidnen Lohn. — Das wäre alles. In der nächsten Woche mehr. Küsse die Kinder und sei geküßt von Deinem

Theodor.

---

36) London, d. 8. Januar 1857.

Meine liebe Frau.

Meine Absicht war, heute ausführlich an Dich und namentlich auch an Merckels zu schreiben; ich hatte aber (seit einer Stunde ist es besser) so heftigen Schwindel, daß ich wie halbbetrunken umherschwankte. In solcher Verfassung zu schreiben und das Blut immer mehr nach dem Kopf zu pumpen, wäre Torheit gewesen. Ich war gestern beim Gesandten zum Diner; es war recht nett, und die französischen Speisen und deutschen Weine haben mir nicht nur geschmeckt, sondern geradezu wohlgetan. Ich denke nämlich, mein Zustand von heute morgen war wie eine Krisis, und der Rheinwein und Champagner haben dem Ganzen eine Wendung zum Guten gegeben. Das klingt sehr lächerlich, ist aber mein voller Ernst.

Ich habe sehr viel zu tun, mehr als gut ist, und die Neufchateller Frage fängt an, mir langweilig zu werden. Ich fürchte, daß wir uns schließlich doch noch blamieren. Man soll die Freilassung der Gefangenen als unerläßliche Bedingung fordern. Bon, es ist Ehrensache, darauf zu bestehn; den Quark von Canton aber soll man der Schweiz lassen und froh sein, daß man ihn los ist. Will man auch das nicht, so werden sich alle Mächte von uns abwenden, und wir werden die schönste Schmiere besehn. Wir selber werden das in der Ordnung finden, und das Volk wird nicht Lust haben, seine Knochen für einen Nasenpopel zum Opfer zu bringen. Und das heißt dann die Illoyalität des Liberalismus.

Du fragst, wie mir meine Arbeit zusagt. Ich danke für gütige Nachfrage und Patient befindet sich den Umständen nach wohl. Dies ist nicht Spaß, sondern Ernst. Ich bin eigentlich nach der Seite hin ganz befriedigt und lerne endlich einmal das schöne Gefühl kennen, in einem Berufe heimisch zu sein. Das Dichten ist eine herrliche Sache, und ich werde mich nie den Eseln zugesellen, die hinterher das Feld bespotten, auf dem sie Fiasko gemacht haben. Aber nur große dichterische Naturen haben ein Recht, ihr Leben an die Sache zu setzen. Ich bin gewiß eine dichterische Natur, mehr als tausend andre, die sich selber anbeten, aber ich bin keine große und keine reiche Dichternatur. Es drippelt nur so. Der einzelne Tropfen mag ganz gut und klar sein; aber es ist und bleibt nur ein Tropfen, kein Strom, auf dem die Nationen fahren und hineinsehn in die Tiefe und in das himmlische Sonnenlicht, das sich drin spiegelt. Ich bin eine gute Sorte Sonntagsdichter, der sein Pensum Wochenarbeit zu machen und dann einen Reim zu schreiben hat, wenn ihm Gott einen gibt, der aber die Welt weiter nicht kränkt, wenn er's unterläßt. Ich glaube, daß ich über meinen gegenwärtigen Beruf nicht immer so vorteilhaft denken werde wie in diesem Augenblick, aber zunächst wenigstens bin ich zufrieden.

Mög' es Euch allen wohlergehn und Deiner langen Krankheit eine schöne Gesundheit folgen. Küsse die Kinder und sei geküßt von Deinem

Theodor.

---

37) London, d. 25. Januar 1857.

Mein lieber George.

Deine Bleistiftzeichnungen sind mir gestern zugegangen und haben mich sehr erfreut. Die Vieren sind von der äußersten Porträtähnlichkeit und berechtigen zu den schönsten Hoffnungen. Werde unter den Malern, was Dein Vater unter den Dichtern ist, und Du wirst als Nachtwächter Dein gutes Brot haben. Den Prediger, den Du gezeichnet, würd' ich gewiß als solchen erkannt haben, wenn er nicht einem Wickelkinde ähnlich sähe. Vielleicht ist das ein feiner Gedanke von Dir, eine Schelmerei; Du betrachtest die Geistlichen als Wickelkinder des lieben Gottes, während wir andern wild aufwachsen oder schief gewickelt sind. — Im Baumschlag bist Du glücklich; Du malst ihn, eh' er da ist und gibst statt dessen eine einzige Knospe, die, nach ihrer Dicke zu schließen, die ganze Pracht des Frühlings enthält. Niemand kann Dir beweisen, daß die Blätter, die darin verborgen sind, nicht alles aus dem Felde schlagen, was die Landschaftsmalerei bis jetzt geleistet hat. — Eine besondre Aufmerksamkeit hast Du dem „Hotel" gewidmet, was ich nur billigen kann. Der Rauch steigt aus zwei Schornsteinen in die Höhe und läßt auf eine gute Küche schließen. Flasche und Glas stehn auf der Straße und scheinen anzudeuten, daß der Wirt ein splendider Mann ist, der nicht blaß wird, wenn sein Gast einen Teller zerbricht. Die beiden Bäume, von denen der eine im zweiten Stock, der andre gar sich auf dem Dach befindet, sind mir nicht völlig klar; doch muß denn alles klar sein? Dummes Zeug! Alles Große hüllt sich in Dunkel, und alles Dunkle (nur muß es *sehr* dunkel sein) darf auf die Größe pochen, die sich in ihm verbirgt. Wir wollen mündlich unsre Gedanken über diesen Gegenstand austauschen.

Empfiehl mich Deiner Mama und Großmama sowie auch dem kleinen Theodor und harre aus in der Kunst. Wie immer Dein Vater

Th. Fontane.

38) London, d. 1. Februar 1857.

Im Februar.

Dies ist der liebe Februar,
Der nicht mit 31 quält,
Der einz'ge Mond im langen Jahr,
Der richt'ge 28 zählt.

Ich brauch' nur 28mal
Zu meinem teuren Simpson gehn
Und kann den boy und mein Gemahl
Drei Tage früher wiedersehn.

Meine liebe Frau.

Erlaube mir, den zwei Strophen drei seidne Kleider beizupacken, um sie dadurch etwas wertvoller zu machen. — Das gerippte (15 engl. Ellen) ist für Dich; laß es elegant machen, denn der Stoff scheint mir gut.

Das andre Stück sind 26 Ellen (englische). Es war nicht mehr davon da, und der Kaufmann hat mir auf Wort versichert, es reiche zu zwei Kleidern aus und wenn die Damen noch so groß wären. Vielleicht kannst Du es in 13½ und 12½ Ellen teilen. Du mußt Dich dabei aber nicht irren, was bei dem verschiedenen Ellenmaß sehr leicht möglich ist. Da ihr Frauen alle erbärmliche Rechner seid und keiner von euch das Regula de tri-Exempel richtig 'rauskriegen würde, so proponier' ich das: Du breitest das Zeug aus, legst es wie einen Schal genau in der Mitte zusammen, schneidest es aber drei oder vier Handbreit nach links oder rechts durch; dadurch erhälst Du zwei ungleiche Hälften.

Lebe wohl und küsse die Kinder. Dein

Theodor.

39) London, d. 9. Februar 1857.

Meine liebe Frau.

Wenn Du diese Zeilen erhältst, ist hoffentlich alles wieder in erträglich gutem Geleise. Ich wünsche Dir von Herzen, daß diese dritte Amme eine gute Person sein und die wirklich schwere Zeit endlich ein Ende haben möge, die Du hast durchmachen müssen. Du wirst Dich dann auch bald wieder erholen. Eigentlich ist es doch eine miserable Existenz, und wenn ich mir diesen Jammer so ansehe, so erfüllt er mich neben aufrichtigem, herzlichen Mitleid mit einer Art Ingrimm. Es ist alles so sehr mierig, so niederdrückend. Wenn man in schwere Not kommt, wenn ein Kind auf den Tod liegt, wenn Frau oder Mann sterben, so sind das harte Schläge, schwere Prüfung für die, die es trifft. Aber es ist etwas relativ Erhebendes darin; man fühlt: Das schickt Dir Gott. Wenn man aber dazu verdammt ist, sich mit Ammen und Dienstmädchen, Nachbarn und Hauswirten dreiviertel des Lebens hindurch zu ärgern, so erscheint das nicht wie eine Auferlegung Gottes, sondern wie ein schlechter Spaß Sr. Majestät des Deibels.

Lies aus dem Vorstehenden nicht etwa einen kleinen versteckten Hieb heraus. Im allgemeinen muß ich einräumen, daß Du von der schwarzen Karline an bis herunter zur alten Brocken immer recht gehabt hast. Aber es ist auf der andern Seite allerdings meine Meinung, daß es irgendwo hapern muß, und ich bin mir nur noch nicht klar darüber, ob es in den Verhältnissen oder an den Frauen und ihren Forderungen liegt. Was ich an dieser Stelle sagen will, bezieht sich nicht auf die Vorfälle mit der Amme, die, wie ich nicht bezweifle, ganz gewiß ein Biest gewesen ist. Aber es hat allgemeine Gültigkeit, und ich sprech' es hier aus, weil bis auf einen gewissen Grad das Glück meines Lebens davon abhängt. Ich kann nämlich nicht leugnen, daß mich diese Stänkereien mit gemeinem Pack geradezu zur Verzweiflung bringen. Auf Kommando mit Seelenruhe Ohrfeigen austeilen und dann weiter frühstücken, kann ich nicht und werd' ich weder noch will ich es lernen. Ich kenne nur einen räsonnablen Weg, und das ist der: ich toleriere, was irgend zu tolerieren ist und wenn es endlich zu viel wird, sag' ich ohne alle Heftigkeit: packen Sie Ihre Sachen und — sich selbst. Ich weiß zwar, daß meine Bitten nichts helfen werden (denn die Menschen bleiben wie sie sind, gleichviel ob man sie bittet oder nicht), aber ich bitte Dich dennoch: mache Dir diese Regel soviel wie möglich zu eigen. Daß es schwer ist, sie immer zu befolgen, glaub' ich gern. Andre Leute haben Dienstboten fünf, zehn, fünfzehn Jahr, aber es würde sehr hart sein, auf solche Fälle hinzuverweisen und von Dir dasselbe zu verlangen. Nimm z. B. Kuglers*). Ja, zur Frau Geheimrätin geht ein solcher Feger wie die Bombardierschwester gar nicht hin. Solche vornehmen Leute kriegen immer gute Dienstboten; und höheres Lohn, hübsche Geschenke und gute Trinkgelder werden Ursache, daß sie gut bleiben. Wir kriegen nur zweite und dritte Sorte, also entweder eine brauchbare, die liederlich, oder eine tugendhafte, die unbrauchbar ist. Ist sie brauchbar und tugendhaft, so ist sie heftig, und ist sie nicht heftig, so ist sie vergeßlich, dumm oder schmutzig, oder sie ist lecker, frißt Gelee oder klatscht auf der Treppe, daß sie so magere Bissen kriegt.

So wird es immer sein; die untergeordneten Verhältnisse, in denen man lebt, bringen es so mit sich. Ist man nun eine gewöhnliche Schusternatur, so wird eben gekeift, geohrfeigt, weggejagt. Hat man aber ein Anstands-

*) Über Franz Kugler und seine Familie vergleiche man: „Von Zwanzig bis Dreißig", S. 292 ff.

gefühl, wie es ein Geh. Rat nicht besser haben kann, so ist man in einer schlimmen Lage; denn während man auf Dienstmädchen erster Klasse zugeschnitten ist, kriegt man sie zweiter und dritter Klasse. Was da tun? Da man den Schusterkomment unmöglich einführen kann, muß man sich mit Geduld wappnen, muß man die Situation begreifen lernen und dahinter kommen, daß man diese Mißlichkeiten am leichtesten trägt, wenn man sie scheinbar ignoriert und sich tagtäglich die Worte wiederholt: „es kann nicht anders sein.“ Wird's dann zu viel, dann rasch weg damit. Ich habe mich in dieser Kunst des Ertragens hier wieder bewährt. Unendlich vieles könnte besser sein; mein letztes Tischtuch hatt' ich sieben Wochen, und es war schon unsauber, als ich's kriegte, mal fehlt dies, mal das, die ganze Einrichtung ist nur kümmerlich und war es vor vier oder sechs Wochen noch viel mehr. Ein paarmal dacht' ich, es ginge nicht länger, — dennoch hab' ich's ertragen und ich bin herzlich froh darüber. Ich wiederhole: was irgend zu ertragen ist, das ertrage man eben und tröste sich damit, daß das Kommende leicht möglicherweise schlechter ist. In diesem „Ertragen“ bist Du kein Meister. Dein Benehmen gegen W. und was Du bei der Gelegenheit alles von mir fordertest, hat das am klarsten bewiesen. Du hattest ganz recht; es war eine harte Nuß, es war beinah' nicht zu ertragen, aber die Besonderheit der Verhältnisse ließ keinen Zweifel darüber, daß es ertragen werden mußte.

Diese lange Auseinandersetzung hat gewiß viel Lächerliches. Aber ich schreibe darüber so breit zu Deinem und meinem Besten. Es ist wahr, daß Dienstleute einem das Leben vergällen können, und so muß man's denn ordentlich studieren, wie es anzufangen ist, daß einem dieser Ärger nicht über den Kopf wächst.

Wenn Du schreibst, es sei recht gut, daß ich diese Misere nicht hätte mit durchmachen müssen, so hast Du — ich sprech' es frei von jedem verächtlichen Motive aus — darin vollständig recht. Helfen hätt' ich wenig können; wahrscheinlich hätt' ich nicht einmal Deinen berechtigten Unwillen gemindert, weil ich nicht leugnen will, daß ein bis zur Schwäche sich steigerndes Billigkeitsgefühl, das auch dem Gegner nie Unrecht tun will, mich zu einer sehr zweifelhaften Stütze in solchen Sachen macht. Mein Fernsein von allen diesen Vorgängen hat, so Gott will, wenig geschadet, aber, wenn mich nicht alles täuscht und trügt, mir Segen gebracht. Du weißt, daß ich das aufrichtige Streben habe, mir eine bescheidene Position in der Welt zu erringen — eine Stellung, die mich und die Meinigen ernährt. Dazu ist Arbeit, Tätigkeit, Lernen unerläßlich nötig, und zwar rasch und mit Aufgebot aller Kraft, weil ich verhältnismäßig alt bin und keinen Tag mehr zu verlieren habe. Ich glaube, daß ich auch in diesen letzten vier Monaten wieder Fortschritte gemacht und mich dem Ziele nähergebracht habe, das doch das beste von allem bleibt, nämlich dem: nötigenfalls auf eignen Füßen stehn zu können. Das wäre absolut unmöglich gewesen, wenn ich all' die Not, Krankheit, Sorge und den Ärger hätte mit durchmachen sollen. Wenn mir von all' diesen Sachen, wie ich nicht zweifle, noch ein gut Stück vorbehalten ist, so möcht' ich wohl, die Götter warteten damit so lange, bis ich fest im Sattel sitze und die Sachen durchmachen kann, ohne dadurch geradezu meine ganze Zukunft und Existenz gefährdet zu sehn.

Ich zweifle nicht, daß Du diese Zeilen in demselben freundlichen Sinne aufnehmen wirst, in dem ich sie schreibe.

Mr. Collins (ich schrieb Dir wohl schon von ihm) hat meinen „Sommer in London" entdeckt, den ich natürlich vor dem Auge jedes Engländers verberge, und will ihn, wie ich höre, übersetzen. Hoffentlich ist es nur sein Spaß. Morgen denk' ich ihn zu sprechen.

Gebe Gott Dir nun endlich ruhigere und sonnigere Tage, das ist der aufrichtige Wunsch Deines

Theodor.

---

40) London, d. 10. März 1857.

Meine liebe Frau.

Dem Diktierer und Schreiber zunächst meinen Dank. Ich wünsche, daß Dich diese Zeilen wohl antreffen mögen, wohler als der ist, der sie schreibt. Ich habe mir am Sonnabend, nach länger denn Jahresfrist, die Haare schneiden lassen und habe diesen Verschönerungsakt mit einer Erkältung bezahlen müssen. Das Schicksal neckt einen mitunter auf unglaubliche Weise. Es war schönes, stilles Wetter, als ich um neun Uhr abends mit meiner langen Mähne in den Friseurladen trat, und es war kalt, naß, windig, als ich eine Viertelstunde später mit wenig Haar und viel Pomade aus demselben Laden herauskam. Da kriegt' ich's denn. Vielleicht steckte es mir auch schon in den Gliedern. Ich war nämlich am Freitag abend bei Sch. (meinem alten Gegner) zum Tee. Es gab auch Damenunterhaltung. Mit Sch. jüngster Schwägerin (einem hübschen dalbrigen Dinge mit viel mehr Busen als Verstand) behandelte ich die üblichen Themata: Sein und Scheinen, Tugend und Genuß, Lady Rotschilds Hochzeit, Lenaus Gedichte, Krinoline, Unsterblichkeit u. dgl. m. Als es vorbei war, hatt' ich einen Schwindel. Das Sch.sche Ehepaar war sehr freundlich; nichtsdestoweniger gehör' ich nicht dahin. Ich saß da wie eine Taube im Habichtsnest. Da war Dr. Meyen, der vor ohngefähr vier Wochen gesagt hatte: „ach, was geht mich dieser

Regierungs-Schweinhund an!" (Das bin ich nämlich.) Da war Dr. Herzen, von dem man nicht weiß, ob er ein verrückter Sozialist oder ein russischer Spion ist. Da war Dr. Althaus, ein lederner Gothaer, der da glaubt, daß jeder liberale Privatdozent einen kapitalen Minister abgeben würde, und da war — mit dem die Liste schließen soll — ein schieläugiger Jude, der mir auf dem Wege mitteilte: „ich habe auch das Unglück, ein Preuße zu sein;" worauf ich natürlich antwortete: „na, das läßt sich tragen."

Heut' ist der Geburtstag von Betas*) Frau, und morgen ist grand diner bei Mrs. Collins. Zu beiden war ich eingeladen, habe aber beiden Leuten abschreiben müssen, da ich mich nicht einer neuen Erkältung aussetzen möchte. Beta und Collins sind eigentlich zwei interessante Gegensätze: Dürftigkeit, Schlafrock, Hemdzipfel, Sauerkraut, burschenschafterliche Reste, wirkliche und eingebildete Ehrlichkeit — das ist Beta; Wohlhabenheit, Eleganz, Form, Portwein, kosmopolitische Gedanken und doch englische Gefühle, etwas Humbug, aber auch kein Pochen auf unbeugsame Gradheit und Erhabenheit — das ist Collins. Die Deutschen sind wirklich besser, aber sie fangen es dumm an und machen sich dadurch lächerlich. Ein Engländer sagt: „Für 300 £ tu ich das" und tut's hinterher. Der Deutsche sagt: „Meine Überzeugung? Nicht für die Welt." Hinterher läßt er sich handeln und tut's für zehn Reichstaler. Der Engländer erklärt rund heraus: „Ich bin ein Geldmensch"; wir aber sprechen mit Verachtung vom Gelde und reißen uns nachher um eine Summe, die ein passabler Engländer als Trinkgeld gibt. Wir haben alle den Bettelstolz, solange wir gar nichts

*) Dr. Heinrich Beta, der i. J. 1848 als Flüchtling nach London übergesiedelt war und dort als Schriftsteller lebte, hatte damals Beziehungen zu der preußischen ministeriellen Presse angeknüpft.

haben; so wie wir aber mit dem verführerischen Golde in Berührung kommen, so verlieren wir die Contenance, werden ungeschickt und uns selber untreu. Die Schuld liegt nicht in uns (denn in den Deutschen steckt ein aufrichtiger idealer Zug), sondern in unsrer Armut. Mit Geld verkehren ist eine Kunst wie mit Frauen verkehren; wer es 'mal nicht hat, der lernt es schwer.

Was ich über Lepel höre, freut mich bis auf einen gewissen Grad. Ich glaube gern, daß er nicht in allen Stücken recht hat und jetzt in seiner Bitterkeit zu weit geht. Aber man hat ihn dahin gebracht. Au fond ist er ein Mensch wie ein Kind, und lange ist er faktisch am Gängelbande gewesen. Es freut mich immer zu beobachten, sei es am einzelnen oder an einem ganzen Volk, daß sich die Menschennatur nicht malträtieren läßt, und daß zuletzt in dem lammfrommsten Gemüte Kräfte wach werden, gute und schlechte, die des äußersten fähig sind. Wen das Schicksal so stellt, der ist unglücklich, und ich wünschte meinem alten Lepel wohl, er hätte ein andres Los gezogen; aber ich seh' ihn lieber so, wie ich ihn sehe, als daß ich der Alfanzerei den Triumph gönne, einen vernünftigen Menschen mit ihrem frommen Quark (der nie und nimmer wahre Frömmigkeit ist) vermuckert zu haben. —

Ich freu' mich sehr, Dich wieder zu sehn*). Sorge nur für klare Augen; das Rattenschwänzchen kannst Du ja unter einer Morgenhaube verstecken. Küsse Lieschen und die Kinder und sei geküßt von Deinem

Theodor.

---

*) Fontane trat Ende März 1857 wiederum eine Urlaubsreise nach Berlin an, um die endgültige Übersiedelung seiner Familie einzuleiten, und kehrte erst Ende April nach London zurück.

41) Manchester*), d. 8. Juli 1857.

Meine liebe Frau.

Nur wenige Worte. Morgen will ich hier fort und denke also, am 9. abends (Donnerstag) in London zu sein. Am 10. werd' ich erst ein bischen arbeiten, an die Kreuzzeitung schreiben und dann ausgehn, um eine Wohnung zu mieten. Wenn die niedlichen Häuschen, von denen ich früher sprach, weg sein sollten, nun, so nehm' ich andre; es ist wirklich ganz gleich. Wenn man sich nicht selber ein Haus bauen, bestellen, herrichten und zum Heimatshaus für Lebenszeit machen kann, so kommt es wirklich nicht drauf an, ob man in einer grünen oder gelben Stube schläft und ob das Haus diesseits oder jenseits der Themse liegt. Hammelkeulen, black tea und Omnibusse gibt es überall, und das heißt: leben in London. Ich schreibe das in bester Laune und in aufrichtigster Freude, Euch alle, so Gott will, bald um mich zu haben, aber das Leben in der Fremde ist doch nun 'mal so und Du wirst Dich früh genug davon überzeugen. Übrigens weiß ich sehr wohl, daß dies Leben auch sein Schönes und Gutes hat.

Ein Brief von Alberts**) hat mir gestern mitgeteilt, daß meine Angelegenheit jetzt geordnet ist. 1980 Taler Gehalt, auf drei Jahr bewilligt, 1000 Taler Vorschuß. Ich denke, Du gehst zunächst zu Metzel und sagst ihm freundlichst, übrigens maßvoll, meinen und Deinen Dank für die glückliche und schließlich doch ziemlich rasche Abwicklung der Sache.

---

*) Fontane befand sich damals in Manchester zum Studium einer englischen Kunstausstellung, über die er eingehend berichtet hat (vergl. das Buch: „Aus England"). Die Ankunft seiner Familie in London erfolgte am 27. Juli 1857.

**) Der langjährige erste Sekretär der preußischen Gesandtschaft in London.

Leb' wohl, überanstrenge Dich nicht, rege Dich nicht auf, grüße alle Freunde und sei herzlich geküßt von Deinem

Theodor.

---

42) London, d. 18. September 1857.

Meine liebe, gute Mama.

Diese Zeilen treffen hoffentlich gerade an Deinem Geburtstag bei Dir ein.

Unter den stehenden Gratulationswünschen kehrte (natürlich mit Ausnahme von „Jesundheit und langes Leb'n") keiner regelmäßiger wieder als der, „daß es Dir vergönnt sein möge, Freude an Deinen Kindern zu erleben". Der Wunsch war um so berechtigter und wurde um so aufrichtiger geäußert, als die Chancen auf Erfüllung desselben eigentlich schwach waren. Gott hat es inzwischen gnädig hinausgeführt; in London und in Kriescht*) haben die Fontanes satt zu essen, und daß dies die Hauptsache ist — namentlich wo dieser Zustand der Dinge durchaus nicht vorausgesetzt wurde — darüber sind die Gelehrten in der Mehrzahl und die Mütter ohne Ausnahme vollkommen einig. So lautet denn heute der Wunsch, „daß es für Dich und uns nicht schlimmer werden möge." Vielleicht arrangiert sich alles noch so glücklich, daß selbst die „Kaffees mit Apfelsinensalat" aufhören, eine Sorge für Dich zu sein. Im übrigen erhalte Gott Dich Dir und uns.

Über unser Leben hat Emilie bereits geschrieben. Es ist (doch bitt' ich, das für Dich zu behalten) durchaus beneidenswert. Die Vorzüge und Reize sind groß, die

*) Fontanes jüngerer Bruder Max hatte kurz vorher die Apotheke zu Kriescht (Reg.-Bez. Frankfurt a. O.) gekauft.

Sorgen und Unannehmlichkeiten gering. Natürlich werden auch schlimme Tage kommen: die Kinder oder wir selber werden krank werden, ich werde 'mal Ärger auf der Gesandtschaft haben, man wird mir von Berlin aus 'mal ein Mißfallen äußern, es wird ein Eßlöffel verloren gehn und ein Dienstmädchen wird 'mal weggejagt werden — aber ohne solche Zwischenfälle existiert überhaupt kein Leben. Wenn man über eine Lebensstellung, in der man sich befindet, ein Urteil abgeben soll, so hat man eben nur diese selbst und was unmittelbar damit zusammenhängt, zu beurteilen; man hat sich die Frage vorzulegen, ob einem der zuerkannte Beruf eine Freude ist oder eine Last, ob er erhebt oder niederdrückt, ob er den Mann ernährt oder ihn hungern läßt, ob er seine Zeit und Kräfte verzehrt oder ihm Muße läßt. Alle diese Fragen hab' ich Ursache, im günstigen Sinne zu beantworten. Selbst die Trennung von der Heimat drückt mich weniger, als man bei meiner Liebe zur Heimat wohl schließen dürfte. Ich bin fest davon durchdrungen, daß die Schul- und Lehrzeit, die ich, noch dazu in an und für sich komfortabler Weise, hier durchzumachen habe, durchaus nötig für mein späteres Leben in der Heimat ist. Dieses klare Einsehn macht es mir leicht, die Schattenseiten, die nicht wegzuleugnende Gemütlichkeitsdürre zu tragen. Ich befinde mich in der Lage eines Menschen, der um sechs Uhr nachmittags Appetit hat, aber diesen Appetit mit Freuden bis zu hellem Hunger steigen sieht, weil er annehmen darf, daß er um sieben Uhr eine gute Brühsuppe mit mehreren andern Gottesgaben auf seinem Tische vorfinden wird. Emilie schreibt Dir von meiner „nervösen Kränklichkeit", was ein milder Ausdruck für das ist, was man kribblig nennt. Das bin ich nun allerdings; ich kann aber nicht zugeben, daß das in Kränklichkeit seinen Grund habe, eher in

Gesundheit, nämlich in jener Gesundheit des Geistes, die immer weiß, was sie will, klare verständige Auffassung liebt und sich in fünf Minuten nicht dreimal widerspricht.

Mit herzlicher Freude geb' ich Emiliens Benehmen das beste Zeugnis; direkt quält sie mich so gut wie gar nicht, und unsre Ehe hat sich nach der Seite hin sehr glücklich gestaltet. Du weißt aber, daß ich sie für witzig, espritvoll, klug und umsichtig gekauft habe. Witzig ist sie wirklich, aber sie ist zu gleicher Zeit in allem, was sie sagt, so hin- und herhuschig, so planlos, so unselbständig, so abhängig vom Moment und von jedem neuen Einfall, der ihr durch den Kopf geht, daß eine Unklarheit entsteht, die mich mitunter aufs höchste ärgert. Ich mag darin oft hart und ungerecht sein, aber der Grund ist au fond schmeichelhaft für Emilie und liegt darin, daß ich von ihren Fakultäten eine zu gute Meinung habe. Die Kinder sind wirklich sehr nett; der Kleine scheint mir, wie Onkel August zu sagen pflegt: „etwas mit dem Dummbeutel gekloppt". George ist Liebling; leider ziert er sich und hat eine völlig diplomatische, um nicht zu sagen intrigante Natur. Ich bin neugierig, was daraus wird. Erziehen läßt sich da nichts; erziehn und doktern heißt in der Regel — verderben. Man steht vor all diesen Dingen wie vor Rätseln und weiß eigentlich gar nichts. — Vom Alten erwart' ich seit Wochen einen Brief; er schreibt aber nicht. — Grüße alle lieben Verwandten nah und fern. Dir und den Geschwistern und Neffen und Nichten die herzlichsten Küsse von Deinem

Theodor.

---

43) London, d. 27. Juni 1858.

Meine liebe, gute Mama.

Die heutige Sonntagsruhe soll mir endlich eine Stunde hergeben, um mit Dir, meine liebe Mama, plaudern zu können. In fünf Wochen hoff' ich, in Berlin zu sein, komm' auf einen Tag nach Ruppin hinüber und hole dann manches nach, was im Laufe dieses letzten Jahres versäumt worden ist, auch wohl zu lang und zu schwierig war, um in gelegentlichen Briefen erzählt zu werden.

Wie es uns geht? Gut und schlecht. Wenn der Mensch bloß eine Freß- und Verdauungsmaschine wäre, so ließe dies Leben hier nichts zu wünschen übrig, obschon, nebenbei bemerkt, wir um kein Haar breit besser essen als zu Haus, wohl aber wesentlich schlechter verdauen. Der Hauptsegen indeß, der nicht geleugnet werden kann, ist der, daß uns der Rinderbraten, der auf den Tisch kommt, weniger Sorge macht als zu Haus, und daß das klägliche Umherschnopern nach einem Fünftalerschein in den Taschen andrer Leute nicht voll mehr so im Schwunge ist wie zuvor. Es geht uns nichts weniger als glänzend; selbst bescheidene Wünsche können kaum befriedigt werden, aber man kommt wenigstens einigermaßen aus und steht nicht mehr unter dem unerträglichen Druck der Pfennigwirtschaft. Dazu ein reizendes Häuschen, Dienstleute, die anständig sind und im großen ganzen befriedigen, freundliche aufgeweckte Kinder und Muße zum Genuß der Natur, zu Lektüre und dieser oder jener Lieblingsbeschäftigung. So weit wäre alles gut. Aber der „zivilisierte Mensch" ist ein sehr kompliziertes Ding und hat eine Unzahl kleiner, feiner Bedürfnisse, auch wenn er weder raucht noch Billard spielt. Was ich hier auf die Dauer nicht ertragen kann, das ist das Alleinstehn, die geistige Vereinsamung. Wie schön, wie segensreich könnte dieser Aufenthalt sein und wie wenig ist er es. Wie vieles könnt' ich lernen, sehn, arbeiten, und wie wenig ist es verhältnismäßig, was ich sehe, lerne und arbeite. Ich bin müde, abgespannt und beinah' ohne Streben, weil ohne Hoffnung. Es fehlt mir aller Zuspruch, alle Aufmunterung, alles Mitbestreben, alles, was wohltut, erfreut, erhebt, begeistert. Lau und flau gehen die Tage dahin. Wer mir sagen wollte: „Die Schuld ist Dein, Du bist verwöhnt, empfindlich, kränklich; eine stärkere Natur überwindet das alles usw.,“ dem antwort' ich bloß: „Mach' es mir vor.“ Es kann es keiner. Ich las neulich sehr wahr und richtig in einem Buch: „Es ist ein Unsinn, einen Dichter zu erwarten, wo niemand hört, und einen Maler, wo niemand sieht. Die Indifferenz der Umgebung ist der Tod aller Kunst, alles Strebens überhaupt; nur wo ein Interesse ist und ein Wettkampf der Kräfte, da kämpft man mit und freut sich der eignen Kraft.“ Von solchem Interesse existiert hier nichts, und die Heimat ist zu fern. Die Verbindung mit ihr ist zu lose und locker. Was man sagt, verhallt wie in der Wüste. Nach sechs Monaten vernimmt man per Zufall, daß ein befreundetes Ohr das Wort gehört und sich daran erfreut hat; aber nun ist es zu spät, um noch eine Aufmunterung zu sein. Kurz und gut, wir haben hier zu essen und zu trinken, aber es fehlt das geistige Bad, ohne dessen Frische das Gemüt krank wird und verdorrt. Wir sind eine Pflanze im fremden Boden; es nutzt nichts, daß man alle Sorten von Mist um sie herpackt, sie geht doch aus, weil sie nun 'mal an andres Erdreich gewöhnt ist, und wenn es auch nur der vielverschrieene märkische Sand wäre.

Wenn ich Dich heute mit Allgemeinheiten und nicht mit Details unterhalten habe, so mußt Du das verzeihn; Du kennst ja doch die Leute nicht, mit denen wir hier verkehren. Wenn ich Dich wiedersehe, werd' ich Dir mit möglichst lebhaften Farben einige Bilder malen. Stoff genug ist da. An Papa schrieb ich vor drei oder vier Wochen und sagte ihm unter anderem, daß ich das Karrieremachen aufgegeben hätte. Hierauf hat er noch nicht geantwortet, während er sonst beinah' umgehend zu antworten pflegt. Ich glaube, er ist ärgerlich, daß ich nicht mehr Minister werden will. Er hatte sich das gewiß reizend gedacht. Wie immer, Dein Dich herzlich liebender

Theodor.

---

44) London, d. 17. September 1858.

Meine liebe, gute Mama.

Wenn meine ersten Sommerwünsche, die auf Salzbrunn standen, in Erfüllung gegangen wären, so säß' ich in diesem Augenblick vielleicht unter Freunden in Berlin und bezahlte morgen oder übermorgen mein Billett auf der Hamburger Eisenbahn, um in guter Zeit zu Deinem Geburtstage bei Dir einzutreffen und Dir mündlich meine herzlichsten Glückwünsche zu bringen. Statt dessen nun erhältst Du sie schwarz auf weiß und aus der üblichen 100 Meilen-Entfernung; ob aber schriftlich oder mündlich, nah oder fern, es sind immer dieselben, und sie lauten kurz dahin: Erhalte Dich Gott noch lange Deinen Kindern und Enkeln und gebe Dir rechte Freude am Leben und an uns, worunter ich alle die Fontanes und Sommerfeldts verstehe, die Dir mittelbar oder unmittelbar ihre Entstehung verdanken; es ist schon ein ganz nettes Häufchen.

Hier ist alles beim alten, im guten und schlechten. Man frißt sich durch, hat keine direkten Sorgen, kann mal einen Pfropfen aus der Weinflasche und einen Extra-Sixpence aus der Börse ziehn, aber die Verschlagung, das Exil, die Öde, die Langeweile wird immer größer, und man darf von sich in Bausch und Bogen sagen: man gähnt sich anständig durch die Welt.

Lepel traf Anfang August hier ein; einige Tage später traten wir unsre gemeinsame Reise nach Schottland an*). Es waren schöne Tage (16), und wenn ich, so Gott mich leben läßt, längst ein alter Krepel sein werde, der die Vossische liest und „bei Odeums" Kaffee trinkt, werd' ich alten Staatshämorrhoidarien mit einem letzten Rest von Feuer — während sie ihre Sechserzigarre rauchen — von Edinburg erzählen und von Stirling und Perth, und von Inverneß und dem Schlosse Macbeths, drin König Duncan ermordet wurde. Wenn dann die alten Jungen das Maul aufsperren und die letzten Haare, die ihnen Gott gelassen hat, sich in die Höhe sträuben, werd' ich dieser schottischen Reise, an der Hand eines lieben und nachsichtigen Freundes, in Wehmut und Dankbarkeit gedenken und mit größerer Dankbarkeit vielleicht als in diesem Augenblick, wo mich eine Reihe unerfüllter Wünsche mehr beschäftigen als das, was genossen ist und hinter mir liegt, und wo die Schwere englischer Luft aller Freude den rechten Lebensatem nimmt.

Und nun genug; von den Kindern wird Emilie morgen schreiben, überhaupt sich aller Mängel dieses Briefes gnädiglich erbarmen. Sie ist passabel wohl mit Ausnahme davon, daß der im allgemeinen verschlossene Charakter ihres Unterleibs ihr häufig was zu schaffen macht. Mit Rücksicht auf diese Zustände muß ich eigentlich einräumen, daß sie sehr liebenswürdig ist. An gewissen Dingen scheitert zuletzt alles, und man muß nicht unbillig sein. Dir und Liesen die herzlichsten Küsse von Deinem

Theodor.

---

*) Die noch in London begonnene, aber erst i. J. 1859 vollendete Schilderung dieser Reise, welche unter dem Titel „Jenseits des Tweed" erschienen ist, bildet in ihrer neuen Auflage einen Teil des Buches „Aus England und Schottland".

45) London, d. 6. November 1858.

Meine liebe, gute Mama.

Als ich vorgestern an Sommerfeldt schrieb, wußt' ich schon von dem Sturze Manteuffels; Du magst daraus, daß ich darüber schwieg, am besten abnehmen, daß es mich nicht wie ein Schreckensschlag getroffen hat. Gegenteils, ich bin ganz ruhig darüber. Aus früheren Briefen weißt Du, daß mein Verbleiben hier — und wenn es bis in die aschgraue Pechhütte gedauert hätte — auch nicht segensreich auf die Gestaltung meiner Verhältnisse daheim eingewirkt haben würde. Nach Jahren, wenn ich darum petitioniert hätte, hätte man mir vielleicht einen ihrer ledernen Subalternposten in irgendeinem Ministerium bewilligt; ich zieh' es aber, selbst einschließlich aller Sorgen und Gefahren, durchaus vor, als Lehrer, Artikelschreiber und Stundengeber mich arm, aber unabhängig durchzuschlagen. Du, als das Kind einer andern Zeit, hast noch die hohen Vorstellungen von „Beamtenschaft", „sichrem Brot" usw., ich versichere Dich aber, daß es damit nichts ist. Die alten Vorstellungen gelten nicht mehr; Einfluß, Ansehn, Auskommen, Selbständigkeit usw. liegen ganz wo anders.

Meine Gesundheit ist nicht besonders, aber sie ist wohl eigentlich nicht schlechter als früher; ich achte nur mehr auf mich, entbehre eines ordentlichen Arztes und erscheine deshalb in meiner Vorsorglichkeit vielleicht kränker, als ich bin.

Wegen der Leibrentengeschichte mache Dir doch keine Sorge. Es kommt ja nur darauf an, daß Ihr Euer Auskommen habt. Auf „Erbschaft" hab' ich schon lange nicht mehr gerechnet.

Laß bald von Dir hören. Dein Theodor.

Briefe aus den Jahren 1859—1869.

Der Sturz des Ministeriums Manteuffel hatte Fontane veranlaßt, auf seine Stellung in England zu verzichten; doch blieb er auch in Berlin, das er fortan nicht mehr auf längere Zeit verlassen sollte, fürs erste noch in Beziehungen zur offiziösen Presse. Im übrigen erteilte er wiederum Unterricht in der englischen Sprache, hielt öffentliche Vorlesungen über englische Literatur usw. und war ständiger Mitarbeiter mehrerer Blätter. An größeren Arbeiten beschäftigte ihn zunächst die Vollendung seiner Bücher „Aus England" und „Jenseits des Tweed". Doch begannen schon im Jahre 1859 seine märkischen Studien, die — durch mehr als zwei Jahrzehnte fortgesetzt — ursprünglich im Feuilleton verschiedener Zeitungen erschienen und sodann in den „Wanderungen durch die Mark Brandenburg" vereinigt wurden. Am 1. Juni 1860 trat Fontane, durch die Vermittlung seines Freundes Hesekiel, in die Redaktion der Neuen Preußischen (Kreuz-)Zeitung ein, deren Mitarbeiter er schon von London aus gewesen war. Die Muße, welche diese Stellung ihm übrig ließ, gab ihm Gelegenheit, nicht nur seine „Wanderungen" kräftig zu fördern, sondern auch einer noch größeren und schwierigeren Aufgabe, der Darstellung der beiden Feldzüge von 1864 und 1866 sich zu widmen. Auch konnte er in seiner verhältnismäßig günstiger gewordenen Lage nunmehr öfter die Erholung einer Reise oder des Aufenthaltes in einer Sommerfrische sich gönnen.

46) Berlin, d. 19. Januar 1859.

Meine liebe, gute Frau*).

Mein heutiger Brief, wenn auch kurz, wird dafür um so stoffreicher ausfallen.

Am Montag war ich halb-heimlich bei Metzel gewesen, den ich freundlich gegen mich, aber doch ziemlich verbittert vorfand. Überhaupt Haß, Heftigkeit, Grobheit,

*) Frau Fontane und ihre beiden Kinder waren bis zur endgültigen Ordnung der neuen Verhältnisse zunächst in London zurückgeblieben.

Bitterkeit überall; wir gehen mutmaßlich tollen Zeiten entgegen.

Gestern früh fuhr ich nach Bethanien*), nachdem ich mich vorher bei Landsberger equipiert hatte (Rock 16 Taler, Überzieher 17 Taler; also doch keine Londoner Preise). Ich fand Mutter ziemlich wohl, Lieschen wurde am Abend erwartet. Emilie Schultz ein strammer Backfisch, Georg ein blasser, langer Sekundaner; sie, die Schultz, ganz nett und beweglich, er unterhaltend, munter, freundlich (zu mir) wie immer, aber vollgesogen von politischem Gift und Groll.

Heut' früh zu Herrn v. Jasmund**). Er sah mich hinter mir herkommend, zufällig auf der Straße und war freundlich genug, mich anzusprechen und zu begrüßen. Wir hatten dann oben, in demselben Zimmer, d'rin Metzel einst herrschte, ein halbstündiges Zwiegespräch. Er war sehr nett; eigentlich beschlich mich jedoch ein wehmütiges Gefühl, wie ich ihn so vor mir sitzen sah; sie werden nicht lange am Ruder sein, und es scheint mir, sie fühlen es. Die Leute sind alle zu anständig, und das Regieren ist ein schmutziges, miserables Geschäft, wie ich nur immer wieder und wieder behaupten kann. Zunächst werd' ich ein Mitarbeiter des Feuilletons der „Preußischen Zeitung" sein; späterhin soll ich die Redaktion desselben übernehmen. Das Fixum beträgt 600 Taler; 400 Taler dazu zu verdienen, scheint mir keine Hexerei. Jedenfalls scheint mir die Situation nicht ungünstig und es wird sich mit Gottes Hilfe alles machen.

Ergeh' es Dir gut, küsse die Kinder und sei herzlich geküßt von Deinem

Theodor.

---

*) Fontanes Mutter verweilte damals zum Besuch bei dem alten Freunde der Familie Prediger Schultz in Bethanien.

**) Direktor des ministeriellen „literarischen Bureaus" unter dem Ministerium Auerswald.

47) Berlin, d. 25. Januar 1859.

Meine liebe, gute Frau.

Man kommt doch nun ins alte Register, wird zärtlich, sehnsüchtig und beschäftigt sich mit Frau und Kindern. Vielleicht ist es auch nicht so schlimm, vielleicht steckt einem bloß Unwohlsein und allerhand nervöse Verstimmung in den Gliedern, und weil niemand da ist, der einem eine Wärmflasche ins Bett packt, sweet spirit of nitre eingibt und Backpflaumen kocht, so bekrittelt man die unkomfortable Gegenwart und wird zärtlich.

Ich fühle mich doch ein bißchen fremd hier, aber es ist meine Schuld, nicht die Schuld der Leute. Sie sind eigentlich alle freundlich, entgegenkommend und unverändert, und wenn mir trotzdem nicht ganz wohl ums Herz ist, so liegt das eigentlich wohl daran, daß mein Körper allen diesen Strapazen doch nicht recht gewachsen ist. Was macht man sich aber aus der Liebe der ganzen Menschheit, wenn man Zahnweh oder Migräne hat? Der Trubel seit jenem Sonnabend, wo ich von St. Augustins Road Abschied nahm, geht eigentlich über meine Kräfte. Erst die Reise; dann die Einladungen, Rütli, Eggers' Vorlesungen, die weiten Märsche, eine etwas schmerzhafte Zahnoperation, ein neues Gebiß, das drückt und wehtut, zweimaliger Umzug, Suche nach Wohnungen und zu dem allem Sorgen mancher Art — dabei kann einem wahrhaftig sehnsüchtig ums Herz werden.

Nun aber genug der Klagerei. Es ist nicht bloß Mangel an Komfort, daß ich so schreibe wie ein alter Staatshämorrhoidarius, nein, Ihr fehlt mir wirklich: Du, der boy und der Kleine und, daß ich's nur gestehe, Du am allermeisten. Wenn es doch bestimmt wäre, daß uns dies gute Einvernehmen, das glückliche Verhältnis der letzten anderthalb Jahre erhalten bliebe! Ich würde fest daran glauben, wenn wir hier einer einigermaßen gesicherten Existenz entgegengingen, aber es ist doch mindestens fraglich, ob unsrer eine solche harrt. Wie sich aber die Sache auch gestalten mag, Du mußt nicht glauben, daß ich mutlos bin. Ich fühle — in pflichtschuldigster Bescheidenheit sei das gesagt — daß ich etwas gesehn und gelernt habe, und es müßte toll zugehn, wenn mir das nicht schließlich eine angemessene Verwendung und ein bescheidnes Einkommen sichern sollte. — Morgen mehr. Für heut' Dein

Theodor.

---

48) München, d. 2. März 1859.

Meine liebe Frau.

Ich hatte gestern ein längeres Gespräch mit Paul Heyse über die schwebende Frage*). Was er sagte, war sehr vernünftig und stimmt mit meinen Ansichten und Wünschen völlig überein. Es würde sich, wenn es sich bloß darum handelte, eine Audienz beim König zu erhalten, diese Sache ohne alle Schwierigkeit machen lassen; was man aber wünscht, ist nicht bloß eine Audienz als solche, sondern eine Audienz, die 'was hilft. Der König kennt mich nicht, und die letzten Wochen haben keine Gelegenheit gegeben, ihn in unbefangener Weise mit mir bekannt zu machen. Wollte man ihn jetzt bestürmen, so würde das den Eindruck eines Komplotts machen. Ich will nicht leugnen, daß ich doch gedacht hatte, die Dinge etwas vorbereiteter hier anzutreffen; es ist aber nichts

---

*) Es handelte sich um den von Fontanes Freund Paul Heyse ausgehenden Plan, jenen in den um König Maximilian II. von Bayern gescharten Münchener Dichterkreis zu ziehen, was durch die Berufung Fontanes zum Sekretär des Königs in literarischen Angelegenheiten ermöglicht werden sollte.

vorhanden als der gute Wille, mir zu helfen. Ich bin gegen niemand ärgerlich deshalb — aus vielen Gründen ist es mir lieb, daß es so ist, wie es ist — nur wäre ich am Ende doch nicht gereist, wenn ich eine Ahnung davon gehabt hätte, daß ich hier ein absolut unbekannter Mensch sei, der jeden Schritt breit Land sich erst erobern müsse. Die beiden Damen*) fühlen das auch und sind von großer Liebenswürdigkeit zu mir. Paul ist prächtig wie immer, hat auch in seinem Briefe nichts versprochen, was er jetzt nicht bereit wäre, zu halten, hat aber manches doch wohl zu leicht genommen und namentlich vergessen, daß ich nicht mehr ein bloßer Garçon bin, der ebensogut vier Wochen in München, wie anderswo leben kann.

Wie lang' ich hier noch bleibe, kann ich nicht sagen. Hoffentlich nicht lange mehr. Ehrlich gesagt, ich wünsch' es nicht einmal, daß aus der Audienz schließlich noch etwas wird. Man hält mich hier für einen guten Kerl, aber doch auch nicht für viel mehr; es fehlt also an der rechten Freudigkeit (die aus der Überzeugung quillt), mit Nachdruck für mich tätig zu sein. Unter diesen Umständen muß die „Persönlichkeit" alles tun; ich glaube aber nicht so sehr an meine „Persönlichkeit". Dazu gehört mehr als ein passables Gesicht; vor allem jenes savoir faire, von dem ich eigentlich herzlich wenig habe.

Und nun noch eine Schlußbemerkung. Wenn man hier oder in Weimar oder in Gotha, also überall, wo ein Kunstmäcen regiert, auftreten und rasche Erfolge haben will, muß man wie ein junger Sieger kommen, mit einem vielleicht kleinen, aber frischen Lorbeer um die Stirn. „Das ist der!" heißt es dann, „der, dessen Tragödie den

---

*) Frau Grete Heyse geb. Kugler und ihre Mutter Klara K., die Witwe Franz Kuglers.

Preis gewonnen hat oder dreißigmal hintereinander gegeben wurde." Ich aber bin hier wie ein Unbekannter aufgetaucht, wie ein Mensch, von dem man sich dunkel entsinnt, 'mal dies oder das gehört zu haben. Darunter hab' ich zu leiden. Die Zeitungen und Blätter haben nicht genug von mir gesprochen. Dein Theodor.

---

49) München, d. 8. März 1859.

Meine liebe, gute Frau.

Vor Ende dieser Woche werd' ich wohl nicht von hier fort können. Im Vertrauen gesagt, ich halte es für sehr, sehr möglich, daß ich 'mal die Stellung hier erhalte, ja, daß man sie mir 'mal mit Dringlichkeit und Nachdruck anbietet, aber ich muß wiederholen, daß mir an der Geschichte nicht viel liegt. Es ist wie mit dem Feuilleton der Preußischen Zeitung; man wählt und wählt und macht ein ungeheures Aufhebens von einer Sache, die eigentlich nichts ist. Dr. P. (Alberts' Freund) hat früher die Stellung gehabt, und jetzt hat sie Dr. Franz Löher*). Der erstere ist freiwillig weggegangen, weil ihm die Sache zu unbedeutend und langweilig war. Franz Löher, nachdem er die Stelle Jahr und Tag bekleidet hat, soll nun beseitigt werden. In diesen zwei Fällen hat man die eignen Chancen vor Augen: man geht entweder selber, oder man wird gegangen. Hält man sich, so geschieht es mit Hilfe jener Balancierkunst, die ich in London genugsam geübt habe und deren ich herzlich satt bin. Um nun solche Stelle zu besetzen, deren Glorienschein in der Nähe zu einem bloßen Sechserlicht wird, macht man hier ein Wesen, das anfängt, lächerlich auf mich zu wirken. Wen nimmt man?

---

*) Dr. Franz Löher aus Paderborn, Professor an der Universität München und später Direktor des bayerischen Reichs-Archivs.

Ein großer Poet, ein großer Gelehrter, ein großer Staatsmann kann es natürlich nicht sein; denn große Leute verlangen etwas mehr als tausend Gulden und sind nebenher unbequem, weil sie ihren Weg gehen. Also brauchen wir einen kleinen Poeten, Gelehrten, Staatsmann, einen ziehbaren, einen, den wir bestandpunkten können, der uns gehorcht. Zu gleicher Zeit aber darf er wieder nicht klein sein; er muß Geltung haben, muß so und so viel Bücher geschrieben und so und so viel anerkennende Kritiken in der Tasche haben, auch muß er ein Gentleman sein und sich zu benehmen wissen usw. usw. Nun frag' ich Dich um Gottes willen: Wie soll einem dabei zumute werden? Man verlangt womöglich einen in jeder Beziehung ausgezeichneten Menschen, der aber zu gleicher Zeit lammfromm, bescheiden, anspruchslos ist und keine Ahnung davon hat, daß er ausgezeichnet ist und mehr Geld und mehr Ansehn beanspruchen könnte.

Vorsichtig, ängstlich, nüchtern, indifferent, abwartend, ohne Mut und Lust, mit Wärme für mich aufzutreten und zu sprechen, so hab' ich die Leute hier gefunden. Paul macht eine Ausnahme, aber er hat keinen direkten Einfluß und muß andre zu bestimmen suchen. Mag es drum gehen, wie es wolle. Gibt man mir die Stelle, so nehm' ich sie an; gibt man sie mir nicht, so reis' ich eben so leichten oder leichteren Herzens ab. Krieg' ich die Stelle, so hab' ich ein Auge für das Gute, das sie bietet; krieg' ich sie nicht, so tröstet mich ein Hinblick auf die vielen und großen Schattenseiten, die von einer derartigen Position unzertrennlich sind. Meine Neigungen liegen eigentlich nach einer ganz andern Seite, und die Stellung hier wird mir nie etwas andres sein als ein Notbehelf.

Sei tausendmal gegrüßt und geküßt. Dein

Theodor.

50) München, d. 15. März 1859.

Meine liebe Frau.

Gestern war „Symposion“ beim König. Paul hat den Louis Ferdinand, den alten Dessauer und den alten Zieten vorgelesen. Der König und sein Adjutant (eine Art Louis Ferdinand) sollen sehr enchantiert gewesen sein. Zum nächsten Symposion werd' ich wohl eine Einladung erhalten; der König hat sich bereits in diesem Sinne geäußert*). Ich werde dann noch ein oder zwei Sachen vorlesen. Wann das nächste Symposion sein wird, ist vorher nicht festzustellen, wahrscheinlich Sonnabend oder Montag. Unmittelbar nach demselben werd' ich abreisen. Die Einladung zum Symposion gilt, wie ich höre, mehr als eine bloße Audienz und ist erst ein- oder zweimal vorgekommen.

So weit stünden die Sachen passabel, aber selbst wenn ich persönlich einen ebenso guten Eindruck auf den König machen sollte wie meine Gedichte, so ist für den Augenblick immer noch nichts gewonnen. Die ganze Stelle, um derentwillen ich herzitiert worden bin, ist eben gar nicht vakant. Löher steht wieder besser angeschrieben und wird wenigstens vorläufig in seiner Stellung verbleiben.

So viel für heut'. Dein

Theodor.

---

51) München, d. 19. März 1859.

Meine liebe Herzensfrau.

Diese Extraanrede muß natürlich 'was extra's bedeuten; der beifolgende Brief wird Auskunft darüber geben; es ist zwar noch keine Ernennung weder zum Minister-

---

*) Diese Einladung ist in der Tat erfolgt, nachdem die Audienz beim Könige stattgefunden hatte und Fontane hat an dem Symposion teilgenommen:

präsidenten noch zum Nachtwächter, aber es ist doch immer 'was. Ich bin doch nun nicht ganz vergeblich hiergewesen. Heut' um 3¾ Uhr stieg ich also die marmornen Stufen der Residenz hinauf; die weiße Krawatte saß untadelhaft, und mit Hilfe von drei Paar wollnen Strümpfen hatt' ich meinen Fuß so dick und elastisch gemacht, daß alle Risse und Falten in meinen Lackstiefeln wie ausgeplättet waren. Dies machte mich sehr glücklich und war mir eine gute Vorbedeutung. Im Vorzimmer traf ich Baron v. Leonrodt, für den ich, wie immer für hübsche, stramme Offiziere, eine Vorliebe habe, und unterhielt mich zehn Minuten lang mit ihm ganz angenehm. Dann wurd' ich gemeldet und zuerst — es waren noch drei andre Herren da — in das Audienzzimmer geführt. Majestät empfing mich sehr gnädig, sprach zunächst über die drei Gedichte, die ihm außerordentlich gefallen hätten, ging dann über (halb geleitet immer durch meine Antworten) zu meinen Balladen, schottische Ballade, Schottland, England, Aristokratie und Manchesterpartei (John Bright), orientalische Frage, meine publizistische Tätigkeit in London, Manteuffel, altes Kabinett, neues Kabinett, italienische Frage, Krieg oder Frieden, die wahrscheinliche Haltung Preußens zu England, die Chancen des gegenwärtigen Ministeriums, die Gefahren für den Fortbestand eines ungeschwächten Königtums in Preußen, die Intentionen des Regenten, des Herrn v. Auerswald usw. Dann (die Audienz hatte fast ¼ Stunde gedauert, wo nicht länger) noch ein verbindliches Wort von seiten des Königs und — Verschwindung nach entgegengesetzten Himmelsgegenden. — Was ich für einen Eindruck gemacht, kann ich natürlich nicht wissen; doch deutet die lange Dauer der Audienz und das ganze Verhalten des Königs darauf hin, daß ich ihn wenigstens nicht gelangweilt habe. Das ist alles, was ich zunächst anzunehmen wage. Was sich nun entwickelt, ist mir ziemlich gleichgültig; ich glaube nicht daran, daß nur eine Stellung, ein bestimmtes Verhältnis den Menschen glücklich macht, mit Ausnahme der Ehe, wenn man den kleinen Teufel gekriegt hat, der im Himmel für einen bestimmt wurde. Mehr kannst Du nicht verlangen. Dein

Theodor.

---

52) Berlin, d. 5. August 1859.

Mein liebes Lieschen*).

Da morgen ein ganz kleines Seitenstück zu dem Ruppiner Ausfluge, nämlich eine Reise nach dem Spreewald beginnt, so will ich, da man doch nicht wissen kann, was einem passiert, wenigstens meine Briefschulden vorher abzahlen, da die „Ordnung der Verhältnisse überhaupt“ den in unsrer Familie bekannten Schwierigkeiten unterliegt.

Ich danke Dir sehr für den bewiesenen Eifer und guten Willen; auch die schlechtesten und verachtetsten Bücher sind für Arbeiten, wie ich sie vorhabe, immer noch von Wert; man muß es nur verstehn, Spreu und Weizen zu sondern, aber das ist eine Kunst, die wenige üben, da sie mühselig ist. Auch gibt es herzlich wenig Menschen, die selbständig denken und fühlen und einen Edelstein als solchen erkennen, wenn er auch in einem Kuhfladen liegt. Die meisten räsonnieren so: es ist von Goethe oder Grimm oder Arnim, folglich gut; es ist vom Burgemeister Karl Hoppe in Rheinsberg, folglich schlecht. Hoppe mag sehr dumm gewesen sein, das schließt immer noch nicht aus, daß man von ihm lernen oder eine überlieferte Geschichte von ihm dankbar empfangen kann.

---

*) Fontanes jüngere, i. J. 1838 geborene Schwester Elise, die damals mit ihrer Mutter in Neuruppin lebte.

Bitte, sagt doch an beide Gentz*) meinen allerbesten Dank, an A. wegen seiner freundlichen Anfragen in Wustrau, an W. wegen seines hübschen Reisebuchs, das Emilie mit großem Vergnügen gelesen hat, besonders die Stellen über Sklavenmarkt und frühzeitige Mannbarkeit. Ich überlasse es Dir, die Form zu finden, in der Du dies dem Verfasser mitteilen kannst. Ich werde das Büchelchen erst in nächster Woche lesen können, dann schreib' ich selbst an den Nubier.

Herzlichen Gruß Dein

Theodor.

---

53) Berlin, d. 26. Oktober 1859.

Meine liebe, gute Mama.

Wir sind nun allgemach in Ordnung und haben daran zu denken, wie wir unsre Briefschulden und andre Schulden abtragen wollen. Hinsichtlich der letzteren werden die Schwierigkeiten nicht unerheblich sein.

Zunächst von unsrem Befinden. Emilie ist etwas matt und angegriffen (zum Teil infolge des Umzugstrubels), aber doch eigentlich wohl und, kleine Anfälle abgerechnet, heiter und zufrieden. George geht seit gestern in die Schule (Friedr. Wilh.-Gymnasium) und scheint sich sehr zu gefallen. Der Engländer ist völlig aus- und der Berliner angezogen; in sechs Wochen wird man an seinem Sprechen nicht mehr merken, daß er auf der hohen Schule des Anstands und der guten Sitte (England) so lange gelebt hat. — Der Kleine kränkelte acht Tage lang infolge der feuchten Wohnung; der Dunst und Schimmel hat sich nun aber ziemlich verloren, und mit der besseren Luft ist auch der Kleine wieder besser geworden. Er ist possierlich und sehr

---

*) Ausführliches über die Brüder Alexander und Wilhelm Gentz in Band I der „Wanderungen durch die Mark Brandenburg": Die Grafschaft Ruppin.

zärtlich, aber ein furchtbarer Bock und bedarf der bekannten Vorlesungen aus Kloppstock. — Mit mir geht es ganz passabel; die Götter geben einem nicht alles auf einmal, und da sie fest entschlossen scheinen, mir weder Geld noch Ansehn noch Stellung zu geben, so geben sie mir wenigstens Gesundheit. Ich bin fast immer fähig, zu arbeiten und, da ich davon leben muß, so weiß ich wohl, wie dankbar ich für diese Himmelsgabe zu sein habe. Miß Martha ist still-freundlich wie immer; in nichts eine Last und in vielem eine Hilfe und ein Segen. Diese Anständigkeit, Zuverlässigkeit und feine Sitte sind doch große Vorzüge; ein Lob, womit niemand, am allerwenigsten meine Frau, getadelt sein soll. Denn wenn man älter wird, so lernt man eben einsehn, daß man von einem Menschen nicht alles verlangen kann, und daß man zufrieden sein muß, wenn ein Weinstock Trauben trägt. In jüngeren Jahren verlangt man auch noch Erd- oder Himbeeren dazu, womöglich gleich mit Schlagsahne.

In meiner äußerlichen Position hat sich nichts geändert; es wird sich aber ändern, zunächst vielleicht zum schlimmen. Doch wird (wenn nicht der Himmel eine Privatmalice gegen mich hat, und das hat er nicht) auch der Moment kommen, wo es mir wieder besser geht. Es braucht zu dem Zweck kein Wunder zu geschehn; nur die simple Anerkennung dessen, was ich weiß und kann, ist nötig, und die kommt einmal früher oder später. Also, Ohren steif! ist die Losung Deines

Theodor.

---

54) Berlin, d. 28. Mai 1860.

Meine liebe, gute Mama.

Gestern früh acht Uhr bin ich ziemlich wohlbehalten bei den Meinen wieder eingetroffen. Übermorgen findet mein erstes Debüt bei der Kreuzzeitung statt. Emilie und die Kinder hab' ich in gutem Wohlsein vorgefunden; im übrigen war in drei Tagen nichts vorgefallen, woran man sehn kann, wie wenig man erlebt. Es ist hier wieder so kalt, daß ich vier wollene Strümpfe, zwei Cachenez' und einen Pelz im Zimmer trage. Dabei muß einem natürlich das Jean-Paulsche Wort einfallen, daß der deutsche Sommer nichts sei als ein grünangestrichner Winter.

In Gusow und Friedersdorf fand ich sehr interessante Ausbeute, besonders in letzterem Dorf. Die Friedersdorfer Kirche ist geradezu der Sanspareil unter allen Dorfkirchen, die ich bis jetzt gesehen habe, nicht an Schönheit aber an historischem Interesse. Es verlohnt sich doch eigentlich nur noch „von Familie" zu sein. Zehn Generationen von 500 Schultzes und Lehmanns sind noch lange nicht so interessant wie drei Generationen eines einzigen Marwitzzweiges. Wer den Adel abschaffen wollte, schaffte den letzten Rest von Poesie aus der Welt. Wie immer Dein

Theodor.

---

55) Berlin, d. 31. Dezember 1860.

Meine liebe, gute Mama.

Eben habe ich den Vers durchgelesen, womit Emilie ihren Brief geschlossen hat, und fühle infolge davon eine so entschiedene Lähmung meiner Kräfte, daß ich nicht weiß, was aus diesen Zeilen werden soll. Vielleicht komm' ich darüber weg, namentlich wenn ich bedenke, daß der Sack mit Pfeffernüssen (für den ich allerschönstens danke) neben mir liegt.

Die Festlichkeit gestern war eigentlich eine völlig verfehlte Affäre, da sich alles in zwei Heerlager geteilt hatte: in Grippe-habende, die weggeblieben waren, und in Grippekriegende, die bitterlich froren und eigentlich nur einmal den Ausdruck natürlicher Heiterkeit annahmen — als die große Kutsche vorfuhr, die sie abholte; sie wohnen nämlich alle auf einem Klump in der Link- und Schellingstraße und hatten sich deshalb zu einer gemeinschaftlichen Chaise aufgeschwungen. Auch mir schmeckt alles heute erst. In der Regel sind unsre Gäste sehr heiter und animiert bei uns; dennoch stimmen Emilie und ich darin überein, daß es angenehmer ist, Gast als Wirt zu sein. Namentlich auch billiger.

Die Kälte ist seit gestern geradezu unanständig, und neben dem Wunsche, beim Einzug in Peking zugegen gewesen zu sein, erfüllt mich jetzt überwiegend die Sehnsucht nach Kairo, Nil, Pyramiden und — 30 Grad Wärme. Aber statt der Pyramiden, um doch auch 'mal einen geistreichen Anlauf zu nehmen, hat man nur die Sphinx vor sich, die Rätselsphinx des neuen Jahres.

Da wären wir denn beim neuen Jahre glücklich angelangt, und den herzlichsten Glückwünschen für dasselbe stellt sich weiter nichts in den Weg. Erhalte Dich Gott Deinen Kindern und Deine Kinder Dir. Erlebe außerdem so viel Freude an ihnen, wie man an Menschen erleben kann, was nicht allzu viel ist, denn die Menschen taugen nichts und auch die besten sind Package. Eine Ausnahme macht meine Frau, die darauf dringt, daß ich dies eigens hervorhebe. Ich tu' es mit Vergnügen. Übrigens ist sie, unberufen und unbeschrieen, recht gut. Gott mache sie nicht schlimmer. Mit diesem Wunsche und unter Wiederholung der herzlichsten Wünsche für Dein und Schwester Lieschens Wohl, wie immer Dein Theodor.

---

56) Berlin, d. 7. März 1861.

Meine liebe, gute Mama.

Am Sonntagnachmittag kam ich von meinem Ausfluge zum Alten zurück. Die Details zu erzählen (famoser Stoff wie immer) behalt' ich mir vor, bis ich Dich wiedersehe. Heute nur so viel — er lebt, ißt und trinkt und ist au fond der Alte. Ich kam etwas nach 12 Uhr nachts bei ihm an, wir legten uns zu Bett und plauderten, da er sich wieder einen langen Fragezettel gemacht hatte, bis nach vier. Um Schlag sieben weckte er mich schon wieder, so daß ich sagen kann, daß ich Strapazen durchgemacht habe, als wäre ich anno 13, 14 und 15 mit dabeigewesen. Am andern Tage gingen wir zu den „Geschäften" über, d. h. zur Durchsicht einer Menge alter Zettel, auf denen er in seinen vielen Mußestunden die fabelhaftesten Berechnungen angestellt hatte; außerdem las er mir alte Aktenstücke, Kaufkontrakte, Zessionen usw. vor, behauptete jeden Augenblick, es sei das dümmste und langweiligste Zeug, das man sich denken könne (worin ich laut einstimmte), las aber doch immer weiter, so daß mir ganz jämmerlich zumute wurde.

Dann sprachen wir mehrere Stunden lang ganz gemütlich vom Tod und Sterben, versicherten uns gegenseitig, daß es eigentlich gar nichts und kaum der Rede wert sei, und stießen dabei mit den großen Weingläsern auf langes Leben und gute Gesundheit an. Dann kamen wir vom hundertsten aufs tausendste, von Friedrich dem Großen auf Sommerfeldt und vom Schulzen Lehmann auf Garibaldi und den Papst. Dazwischen Versicherungen, daß alles Kropzeug sei von Anfang bis zu Ende, wir selbst mit inbegriffen; dabei wieder Anstoßen mit den Gläsern und allgemeine Heiterkeit. Was die oben erwähnten Berechnungszettel angeht, so haben dieselben gegen früher sich insofern verändert, als er seinen „Geldbesitz“ aus dem Spiele läßt und nur noch sein „Mobiliarvermögen“ berechnet, wobei er Tischen und Stühlen einen Preis gibt, als wären sie von Rosenholz und eben bei Hiltl gekauft. Auf meine bescheidnen Vorstellungen antwortete er nur: „ach, das ist ja alles ganz egal; ich hab' es nur aufgeschrieben, weil ich doch am Ende 'was aufschreiben muß“. — Im übrigen hab' ich es unternommen, bei Dir anzufragen, „ob Du nicht für Lieschen gewisse Bestimmungen treffen wolltest, falls sie sich nicht verheirate“. Was eigentlich damit gemeint ist, weiß ich nicht, weil ich wahrscheinlich nicht recht aufgepaßt habe. Das ist verzeihlich. Er spricht nämlich so viel und so allerhand, was gar keine wirkliche Bedeutung hat, daß ich mich eben nur daran gewöhnt habe, ruhig zuzuhören, aber durchaus nicht in der Absicht, die Dinge zu behalten. Vielleicht verstehst Du, was er damit meint, und wenn Du's auch nicht verstehst, so kannst Du ja im nächsten Briefe anfragen, aber richt' es so ein, daß meine Unachtsamkeit, die ihn kränken könnte, nicht bemerkt wird. Dir und Lieschen herzliche Küsse und die Versicherung alter Liebe. Dein

Theodor.

---

57) Berlin, d. 22. April 1861.

Mein liebes, gutes Lieschen.

Du bist an der Eingangstür von Nr. 23; wenn Du diese Zeilen erhältst, hast Du die Klinke schon wieder 'rangedrückt und bist in dem neuen 365 Fuß langen Raume drin. Mög' er ein guter Raum sein, warm, komfortabel, belebt, nicht allzu öde und leer. Habe einen heitren Sommer, fahre über den Ruppiner See, spiele Reifen, wenn es sein muß auch Komödie, vor allem aber heirate einen Rittergutsbesitzer oder sonst einen anständigen Menschen —

ihre Zahl ist leider gering. Meine Reise zu Euch, auf die ich mich aufrichtig freute, wird sich wohl noch auf ein paar Monate hinausschieben; ich bin durch langes Unwohlsein, das mich, nachdem der Zeitungsdienst vorüber war, für den Rest des Tages arbeitsunfähig machte, in meinen Arbeiten sehr zurückgekommen und habe guten Grund, fleißig zu sein und alle Kräfte anzuspannen. Horche doch unter der Hand, ob im Ruppinschen Kreise noch einige historisch-interessante Punkte sind, die aufzusuchen sich wohl verlohnen würde.

Nun leb' mir wohl, mein gutes Lieschen, habe morgen einen heitren, glücklichen Tag, laß Dir recht viele schöne Sachen schenken und grüße und küsse unsre liebe Mama. Dein

Theodor.

---

58) Berlin, d. 22. April 1862.

Meine liebe Liese.

Nach einem alten Notizbogen über die Familie Barfus (die, beiläufig bemerkt, wütend ist, wenn man ihren Namen mit einem „ß" statt mit einem „s" schreibt) hab' ich zwei Glockenstunden gesucht, so daß nun wirklich bereits die ganze Roquetterei im Nebenzimmer sitzt und mir nur Zeit läßt zu wenigen Zeilen.

Da Emilie (die es doch am Ende wissen muß) es nicht für geboten hält, Dir einen Mann zu wünschen, so komm' ich mit diesem üblichen Geburtstagswunsch etwas in Verlegenheit, der mir als Eitelkeit und Stolz aufs männliche Geschlecht ausgelegt werden könnte. Ich lege also diese Sache vertrauensvoll in Deine und des Schicksals Hände und hüte mich, durch lebhafte Wünsche täppisch mit einzugreifen. Über Gesundheit, Heiterkeit und bescheidnes Wohlleben sind die Ansichten wohl weniger geteilt, und so tut denn auf euer Füllhorn, ihr lachenden Genien des Lebens. Alles faß' ich aber ernstlichst in den kurzen Spruch zusammen: mög es Dir wohlergehn alle Zeit!

Nebenan lachen sie alle furchtbar. Ich werde zwar nicht ärgerlich darüber wie Vater in Letschin, empfinde es aber wie eine Mahnung zum Schluß.

Nochmals 1000 Glückwünsche, groß und klein. Leb' wohl; einen Kuß meiner guten Mama. Dein Theodor.

---

59) Berlin, d. 23. Mai 1862.

Meine liebe, gute Frau.

Ich freue mich sehr, daß Ihr wohl angekommen seid, daß Dir nach 36 Stunden schon so war, als wärest Du 41 Tage lang gepflegt, und daß Frau Johanna durch einen einzigen tüchtigen Schrei unsre Martha*) von der Kletterkrankheit kuriert hat. Genieße diese sechs oder acht Wochen nach Möglichkeit und mache Dir keine unnützen Sorgen.

Gestern Abend war ich bei Schacht**). Es war ganz nett, wiewohl doch einigen Gästen der Kreuzzeitungshaß (der mich immer ein bißchen mittrifft) deutlich auf der Stirne stand. Kommt es dann zum Gespräch, so sehen die Leute, daß der Teufel nicht voll so schwarz ist, wie sie glauben. Aber welche Gegensätze, welche Erbittrung und, ich muß es immer wieder sagen, welche Verblendung, welche Unbilligkeit, welche Phrasen, welcher Neid! Jeder möchte auch gern ein Herr „von" oder ein Graf sein. Unsre Partei umschließt viele Dummköpfe, viele Egoisten, viele

---

*) Fontanes einzige, im Jahre 1860 geborene Tochter, z. Z. verehel. Frau Professor Fritsch.

**) Medizinalrat Dr. Schacht, Besitzer der Polnischen Apotheke in Berlin, Fontanes ehemaliger Prinzipal und Schwiegervater seines Freundes Dr. Friedrich Witte in Rostock.

Fromm-Hochmütige usw., aber ich habe trotzdem die feste Überzeugung, daß die größre Anzahl nobler, bescheidner, opferbereiter und mutiger Charaktere auf unsrer Seite steht. Du weißt am besten, daß ich auch das Gegenteil sagen würde, wenn mir danach ums Herz wäre. Witte machte übrigens eine ausgezeichnet gute Bemerkung: „Wer sich zum zweitenmal verheiratet, verdient nicht, daß ihm die erste Frau gestorben ist.“ Du wirst hoffentlich guten Humor genug haben, um den Witz auch zu goutieren.

Nun leb' mir wohl; küsse Klein-Martha und sei herzlichst gegrüßt und geküßt von Deinem

Theodor.

---

60) Berlin, d. 4. Juni 1862.

Meine liebe, gute Frau.

Am Montag erhielt ich mein Gehalt, aber keine Zulage. Da Beutner*) in diesem Punkte höchst anständig ist, so ist es gar keine Frage, daß er seine Äußerung im vorigen Jahre anders gemeint hat, und zwar so: „später (d. h. nach ein, zwei, drei Jahren) mehr.“ So lächerlich, ja so unglaublich es klingen mag, so ist es doch buchstäblich wahr, daß ich mich vor einer Zulage geradezu fürchtete; ich finde nämlich, daß 900 Taler ein höchst anständiges Gehalt ist für das, was ich leiste (täglich drei Stunden, von 9½ bis 12½), und daß eine Zulage nur dann einen Sinn gehabt hätte, wenn es darauf angekommen wäre, mir einen Sporn zu gesteigerter Tätigkeit zu geben. Davon kann aber auch keine Rede sein. Alles, was man von mir fordern kann und wirklich fordert, das tu' ich; aber darüber hinaus geht es nicht, weil man ein Plus an Arbeit gar nicht würde brauchen können. Ich leiste das Nötige, das, was gewünscht und gebraucht wird, aber

---

*) Dr. Beutner, der damalige Chefredakteur der Kreuzzeitung.

diese Leistung ist mit 600 Taler bezahlt. Das ist nicht Bescheidenheit, sondern die reine, blanke Wahrheit. Es kommt noch ein andres hinzu. Ich glaube nämlich, daß Hesekiel*) auch nur 1000 Taler erhält, und ich kann mich in der Tat gar nicht mit ihm vergleichen; erstens ist er nun 14 Jahre beim Bau (das ist doch 'was), zweitens weiß er mehr und drittens leistet er mehr. Es hätte mich ein Gleichrangieren mit ihm also in eine schiefe Stellung gebracht.

In der Gesellschaft bei W. am Sonntag, wo nach alter Sitte einige Grafen und Exzellenzen versammelt waren, war es eigentlich recht langweilig. Ich sehe doch die Tage kommen, wo ich mich aus diesem Krimskrams wieder zurückziehen werde. Als Schule haben solche Gesellschaften Wert, als Vergnügen stehen sie meist (einzelne Ausnahmen zugegeben) auf sehr niedriger Stufe. Ich glaube, daß ich jetzt den „Ton" einigermaßen gelernt habe. Bis zur Perfektion werd' ich es nicht bringen, ist aber auch nicht nötig; nur das Stolperstadium (körperlich wie geistig) muß man hinter sich haben. Und so weit bin ich am Ende.

Küsse den Liebling und sei geküßt von Deinem

Theodor.

---

61) Berlin, d. 10. Juni 1862.

Meine liebe, gute Frau.

Vielleicht empfindest Du es als eine kleine Aufmerksamkeit, daß ich heute schon wieder schreibe. Ich war am Freitag bei Hertz**), den ich sehr lange nicht gesehn

---

*) Ausführliches über Dr. George Hesekiel in Fontanes „Von Zwanzig bis Dreißig", S. 430 ff.

**) Verlagsbuchhändler Wilhelm Hertz in Berlin, der Verleger von Fontanes Gedichten, seiner „Wanderungen" und seiner ersten Romane.

hatte. Er sagte mir, daß im nächsten Jahre wohl eine zweite Auflage der „Wanderungen“ nötig werden würde. So ständen uns denn für das nächste Jahr 600 Taler Buchhändlerhonorar in Aussicht, was immerhin sehr angenehm ist. Außerdem hat eine solche zweite Auflage doch auch wirklich literarisch einiges Gewicht. Arbeit würd' ich noch viel davon haben, aber der unterzieht man sich unter solchen Umständen ja herzensgern. Kommt es wirklich im nächsten Jahr zu einer für unsre Verhältnisse so bedeutenden Extraeinnahme, so hoff' ich, daß wir alle unsre Schulden abtragen können. Und vielleicht bleibt noch 'was übrig zu einem Schein oder Papier; es würde mich sehr glücklich machen, denn die kleinen Nöte haben doch etwas höchst bedrückendes und haben uns während der ersten Jahre unsrer Ehe unendlichen Schaden getan. Jetzt, im Rückblick, erscheint es mir wunderbar genug, daß es noch so gegangen ist und nicht schlimmer.

Nun aber zu Deinem Brief.

Die Geschichte von der Frau Oberst O. ist sehr reizend. Eigentlich bin ich auch ein Beispiel davon, wie man so ganz allmählich bei den Leuten avancieren kann. Ich wurde Schriftsteller, Literat (was ich nach der strengen Bedeutung des Wortes, nämlich ein „Studierter“, weder war noch bin), dann avancierte ich allmählich zum Doktor und jetzt bin ich schon überwiegend Professor. Schade, daß die Karriere damit schon abgeschnitten ist, sonst könnte man's noch zu 'was bringen.

Was Du über die modernen englischen Romane sagst, ist richtig, doch gibt es einzelne Ausnahmen, und unter diesen Ausnahmen sind mehr oder weniger die Romane der Elliot. Was ihr fehlt, ist ein andres. Während die andern eigentlich nur Details haben, hat sie (schon künstlerischer als die andern) Details und Komposition; sie versieht es nur im Maß. Es ist nicht richtig, daß sie über die Details die Komposition vergißt; die Details machen sich nur zu breit. Gegen die Qualität des Ganzen ist nichts zu sagen, nur die Quantität der Beobachtungen und Einzelschilderungen wirkt bedrückend. Es ist (das Buch) eine wohlanständig, regelrecht und sauber gekleidete Dame, die ihren Schmuck auch an der rechten Stelle trägt; nur hat sie die Eigentümlichkeit, an einen Ohrring noch einen andern anzuhängen und so fort und fort, bis das halbe Dutzend voll ist.

Deine kleine Reprimande wegen der „Grafen und Exzellenzen" ist wohl ziemlich unverdient; ich dächte doch, daß ich mich in meinem Briefe selbst genugsam darüber ausgesprochen habe. Das ist zwar wahr, daß ich mehr mit Adel als Bürgertum in Berührung bin, aber das ist teils eine Folge meines Metiers (Poet und „Wanderungen"-Schreiber), teils eine Folge meiner politischen Richtung. Poeten und Künstler haben zu allen Zeiten fast ausschließlich Verkehr mit Fürsten, Adel und Patriziat gehabt; es ist ja auch ganz natürlich. Heutzutage freilich, wo der Bürgerstand (im weitesten Sinne) eine hervorragende Bedeutung hat und zum Teil gerade der Träger all' der Vorzüge ist, die sonst dem Adel und der Geistlichkeit eigen waren, braucht es nicht mehr so zu sein; wer aber im Lager der „Feudalen" ficht, der muß sich noch mit den alten Elementen behelfen.

Mathilde*) grüßt; alles geht gut, ich muß sie durchaus loben. Mit Rechnungsbüchern quält sie mich nicht, was mir sehr lieb ist. Nun lebe wohl, küsse meinen

*) Mathilde Gerecke aus Berlin (in der Familie gewöhnlich „Tilla" genannt). Sie hat, mit einer mehrjährigen Unterbrechung, im ganzen 14 Jahre in Fontanes Dienst zugebracht und spielt auch noch in späteren Briefen eine nicht unrühmliche Rolle.

Liebling, die wilde Range (schreibe mir auch immer von ihr), und sei selber allerherzlichst geküßt von Deinem alten

Theo.

---

62) Berlin, d. 23. Juni 1862.

Meine liebe, gute Frau.

Du fragst, ob Du mir fehlst? Allerdings fehlst Du mir, nicht wegen Suppe und Braten (was wirklich für halbwegs anständige Menschen ein zu spießbürgerlicher Standpunkt wäre), sondern aus allen möglichen andern Gründen. Es würde dies noch viel mehr der Fall sein, wenn ich nicht gerade in diesen Wochen wieder gesehn hätte, daß unsereins ein vollständiges Hetzleben führt und daß, wie es Frauen gibt, die sich beständig fragen: was kochst du heute? unsereins die Fieber erzeugende Frage nicht los wird: Was arbeitest du heute? Der innerliche Mensch ist immer in einer Art Aufregung und Aktion, immer in der Angst: Wie wird das werden? Welches Buch brauchst du? An wen mußt du noch schreiben? Wer weiß etwas davon? Wie komponierst du dies, wie gruppierst du das usw. usw. Dies ist die Aufregung bei der Arbeit; aber diese Aufregung ist lange nicht das schlimmste; das schlimmste ist die Sorge: Wird es auch nicht dummes Zeug sein? Oder das bestimmte Gefühl: „So geht es nicht, das ist albern, das ist verbraucht", und infolge davon die Notwendigkeit, oft mit schon angegriffenen Nerven etwas Andres, Neues an die Stelle des alten zu setzen.

Ich schreibe Dir über diesen Prozeß so ausführlich, um dadurch, allen Ernstes, Dein Mitleid zu erwecken. Denke Dir einen innerlich derart abgehetzten Menschen, der mit Recht verstimmt ist, weil die Sachen nicht so kommen wollen, wie er möchte, und solch' armer Kerl soll nun wegen Lieblosigkeit, Mangel an Aufmerksamkeit usw.

angeklagt werden. Es ist eine wirkliche Grausamkeit, der Essigschwamm für den Durstigen. Ich versichre Dir, daß ich oft viel lieber spazieren ginge oder plauderte oder im Fenster läge. Aber es geht nicht, und ich bitte Dich, mich in Zukunft nach *dieser* Seite hin etwas besser zu behandeln. Jeder geistig tätige Mann, dessen geistige Beschäftigung noch dazu das tägliche Brot schaffen muß, kann seine Zeit zwischen Arbeit und Familie nur sehr ungleich teilen; die Familie wird, was Zahl der Stunden angeht, immer etwas zu kurz kommen. Man sollte sich vielleicht nur öfter *Ferien* gönnen und alle Monate 'mal sagen: „Nun wird acht Tage lang nicht gearbeitet." Weiß es Gott, daß mir das sehr angenehm sein würde; aber ich habe bis jetzt zu dieser ruhigen Verteilung meiner Zeit noch nicht kommen können. Auch ist es deshalb schwer, weil man innerlich eigentlich nie fertig wird und Neues gleich nachrückt (und zwar unaufgefordert), wenn das Alte abgearbeitet ist.

Ich will diese lange Abhandlung doch mit einer trostreichen Betrachtung schließen. So unbequem dies beständige innerliche Engagiertsein für mich und so empfindlich es gelegentlich für Dich ist, so ist auf die Dauer — in the long run, wie die Engländer sagen — eine solche Existenz doch für beide Teile die allein glücklich machende. Wer immer bei „Muttern" ist, wird notwendig ein Philister, ein lederner Patron, dessen Langeweile nachher viel verdrießlicher wirkt, als die Unruhe des immer Beschäftigten, der eben nur Stunden und Tage hat, wo er zur Ruhe kommt, in solchen Stunden aber auch die Ruhe und alles Glück des Familienlebens doppelt genießt. Da hast Du's!

Dein

Theodor.

63) Berlin, d. 9. Juli 1862.

Meine liebe, gute Frau.

Du fürchtest allerhand Unangenehmes hier vorzufinden, worauf ich nur (unberufen und unbeschrieen) erwidern kann: Nicht, daß ich wüßte. Natürlich wird dies und das nicht so sein, wie Du wünschst, aber nach meiner Kenntnis der Sachlage kann es sich dabei nur um Kleinigkeiten handeln. Selbst in der Wirtschaft hab' ich mich sehr zusammengenommen und durch ein Minimum von Gastfreundschaft die Ausgaben beschränkt. Gesellschaften geben und gemeinschaftlich reisen, sind Dinge, zu denen wir es wohl nicht bringen werden; will man dergleichen ordentlich und anständig in Szene setzen, so ist es sehr teuer, was dann zwischen Dir und mir leicht zu Streitigkeiten führt. Dazu kommt noch, daß Du die Schwäche hast, von mir die Ausführung jedesmal dessen zu verlangen, was Dir als richtig vorschwebt, ohne Rücksicht auf meine Ansicht und meine Stimmung zu nehmen (es ist z. B. sehr schwer, jemanden auf Kommando zu rüffeln). So erklär' ich mir's, daß wir mit unsern gemeinschaftlichen Reiseversuchen immer so herzlich schlecht gefahren sind; es ist ganz unmöglich, in Reisestimmung zu bleiben, wenn man in seinem Benehmen gegen Wirte, Kellner, Droschkenkutscher, Portiers und Kastellane beständig kritisiert, d. h. getadelt wird. Du kannst Dir denken, daß ich Dir das nicht im Bösen sage, meine Seele ist frei von jeder Gereiztheit; aber vielleicht gibst Du mir recht und findest, daß ich das traurige Faktum beständigen Ärgers, so wie wir gemeinschaftlich in die Droschke steigen, ziemlich richtig erkläre. Die kümmerlichen Verhältnisse, in denen wir so viele Jahre gelebt haben und bis auf einen gewissen Grad noch leben, haben Dir eine Gewohnheit und ein Anrecht der Kontrolle über alles, was ich tue, gegeben, ein Kontrollrecht, das mitunter zu weit geht und namentlich dann bedrücklich wird, wenn man 'mal aus dem alten Geleise heraus ist und ein bißchen freier aufatmen will.

Wider Willen bin ich in diese Betrachtung hineingeraten, ich wollte eigentlich nur einen kurzen Brief schreiben und nur Freundliches und Angenehmes; ich bitte Dich auch dringend, das Vorstehende nicht als Anklage, sondern bloß als Versuch einer psychologischen Erklärung auffassen zu wollen.

Was Du über Lepel schreibst, trifft unser Verhältnis nicht; es wäre alles au fond ebenso, wenn wir auch dieselbe politische Ansicht hätten. Denn, bei Lichte betrachtet, sind unsre politischen Ansichten blitzwenig verschieden — es ist ja nur eine seiner Voreingenommenheiten, daß er mit der ihm eigentümlichen Obstinazität dabei bleibt, ich gehörte mit zu einer Klasse rätselvoller Verschworener, die Waldeck als saure Sülze zum Frühstück und Twesten als künstlichen Rehbraten zu Mittag verzehren wollen. Unsre Art, uns zu gerieren, Welt und Menschen zu betrachten, stimmt nicht mehr zusammen: da liegt's, nicht in Zivilehe, Judenfrage und Militärbudget.

Ich stecke jetzt noch wacker in der Arbeit, aber bis Sonntag beende ich jedenfalls die letzten Kapitel, an denen ich beschäftigt bin. Dann mache ich Schicht, und die nächste Woche gehört ganz meiner lieben Frau, die ich mich herzlich freue, wiederzusehn. Du kannst dann von mir fordern, was Du willst, nur nicht 1000 Taler. Auf frohes Wiedersehn. Dein

Theodor.

64) Berlin, d. 31. Juli 1862.

Meine liebe, gute Frau.

Dies werden nun also die letzten Zeilen sein, die Dich vorläufig am Ruppiner See aufsuchen.

Erlebt hab' ich in diesen Tagen wenig oder gar nichts, aber so gleichförmig die Tage waren, so abwechslungsreich waren die Nächte. Am Sonntag schlief ich noch an alter Stelle und unter den alten gesicherten Verhältnissen, wenn man ein Liegen auf Sprungfedern, die alle auf dem Punkt stehn, einem ihre Spitzen in den Leib zu bohren, noch „gesicherte Verhältnisse" nennen kann. Schon am Montag änderte sich die Sache. Der Tapezierer hatte meine Matratze abgeholt, und so zog ich denn in Dein Bett — meine Bettstelle wie einen Rahmen, in dem das Bild und das Glas fehlten, neben mir. Es hatte etwas Schauerliches, Abgrundhaftes, aber die Kute der alten wackren Matratze, in der ich sicher wie in einem Troge lag, enthob mich wenigstens des Gefühls einer drohenden Gefahr. Auch dies sollte anders werden. Am Dienstag kehrte meine Matratze zurück, ohngefähr so, wie Du von Deiner schlesischen Reise — jung und dick geworden, und Deine Matratze wanderte nunmehr den Weg des Tapeziers. So kam der Dienstag abend; ich bestieg ahnungslos mein Lager. Den Bettstellenabgrund, den ich am Abend vorher zur Linken gehabt hatte, hatt' ich nun zur Rechten, und gefahrlos, wie ich die vorige Nacht am Abgrund geschlafen hatte, hoffte ich diese Nacht wieder schlafen zu können. Aber da hatt' ich die Rechnung ohne den Wirt gemacht. Während ich die Nacht vorher auf der alten Matratze wie in einem sichren Troge gelegen hatte, lag ich jetzt auf der strammen, neuen Matratze wie auf einem umgestülpten Troge, jeden Augenblick in Gefahr, von der Rundung herunterzukollern. Endlich stellt' ich den Nachttisch in die Höhle hinein, um eine Art Gegenhalt zu gewinnen, und so, vor dem Äußersten gesichert, schlief ich ein. Seit gestern abend ist auch Deine Matratze wieder zurück, und der Abgrund hat sich geschlossen. Die Matratzen selbst sind aber durch die neue Polsterung so hoch geworden, daß ich gestern das Gefühl hatte, ich stiege in eine Art von Hängeboden oder schliefe in einer zweiten Etage.

George s Schule hat heut' wieder begonnen. Nach dem Tee war er eine Stunde bei mir und plauderte mit mir ganz nett, verständig und manierlich. Heut' mittag hatten wir folgendes Zwiegespräch:

George: Essen die Holländer immer holländische Sauce?

Ich: Nein. Ebensowenig wie die Braunschweiger immer Braunschweiger Wurst essen.

George: So mein' ich es nicht. Ich mein' es so: wenn die Braunschweiger überhaupt Wurst essen, essen sie dann Braunschweiger Wurst?

Diese Deduktion, um gerecht zu sein, ist für einen kaum elfjährigen Jungen allerdings ganz brillant; er fühlte sofort heraus, daß meine Erwiderung nicht genau passe und traf dann in seiner Weiterfrage sehr richtig und sehr scharfsinnig die schwache Stelle meines Vergleichs.

Lebe wohl. Auf frohes Wiedersehen! Dein Theodor.

65) Wriezen, 16. September 1862.

Meine liebe, gute Frau.

Diese Zeilen erreichen Dich hoffentlich in gutem Wohlsein. Mir geht es gut, nur mein Magen ist verstimmt — die letzten Klopse am Sonnabend widerstanden mir nämlich, und ich aß sie doch; diese drei Fleischklöße liegen mir nun wie drei Sünden im Leibe und werfen mich nachts hin und her. Einnehmen kann ich nichts, da ich doch möglicherweise in den nächsten 24 Stunden mit Komtessen durch Parks schlendre, wo dann ein plötzliches: „Komtesse entschuldigen Sie", mindestens keinen günstigen Eindruck hervorrufen würde.

Ich war am Sonntag in Falkenberg, Köthen und Freienwalde, um sechs bei Vater draußen*), den ich sehr munter traf. Er hat ein schwarzes Schwein, einen großen Liebling, den er „den Pastor von Kükendorf" nennt. So hat er seinen kleinen Spaß. Wir plauderten sechs Stunden lang, unter Verhöhnung aller üblichen Gesetze der Logik und Konsequenz. Im ganzen aber war er doch nicht so exzentrisch und sprunghaft wie bei früheren Besuchen.

Gestern um zwölf wieder in Freienwalde. Sechs Stunden lang geklettert. Von sechs bis acht reizende Fahrt nach dem Schloßberg; von acht bis elf mit dem Dichter und Drechslermeister Weise beim Biere geplaudert. Um 11½ nach Wriezen, um eins im goldnen Löwen zu Bett, um zwei eine Wanze gefangen und langsam gebraten, dann rachebefriedigt eingeschlafen. Heut' früh hab' ich Briefe geschrieben, darunter diesen an die mir Angetraute.

Grüße alles, besonders den Liebling und sei geküßt von Deinem Gatten und Märker

Theodor.

---

66) Neu-Hardenberg, d. 20. September 1862.

Meine liebe, gute Mama.

Diese Zeilen kommen hoffentlich noch morgen, rechtzeitig in Deine Hände, um auf Deinem Geburtstagstisch

---

*) Der von seiner Frau getrennt lebende Vater Fontanes hatte auf einer kleinen Besitzung in Schiffmühle bei Freienwalde a. O. sich niedergelassen.

oder doch ein paar Stunden später bei der Gratulationscour nicht zu fehlen.

Ich wünsche Dir alles Liebe, Gute, Heitre, Frohe, das man nur wünschen mag, Freude am Leben, Freude an Deinen Kindern und Enkeln, keinen Winterhusten, eine warme Stube, gutes Mittagbrod und einen ordentlichen Kaffee, trotzdem die Preise im Steigen sind. Erhalte Deine Liebe, wie allen Deinen Kindern so auch speziell dem Unterfertigten, und verzeih' es, wenn die Kinder ihrerseits viel zu wünschen übrig lassen. Kinder sind immer egoistisch, und die Sache ist die und kommt dadurch wieder in Ordnung, daß ihnen die eignen Kinder später auch eine tüchtige Nuß zu knacken geben.

Ich schreibe diese Zeilen im Neuhardenberger Schloß, wo ich mich seit gestern früh aufhalte und sehr freundlich aufgenommen worden bin. Es ist sehr reich an Kunstschätzen und hat mir viel Ausbeute gegeben.

Herzlichsten Gruß und Kuß Dir und Schwester Lieschen von Deinem

Theodor.

---

67) Berlin, d. 12. Juli 1863.

Meine liebe Frau.

Heute früh habe ich Dein Briefchen erhalten und mich sehr gefreut, daß es Dir und den Kindern wohlergeht. Auch mir geht es ganz gut, und wiewohl ich keineswegs immer in Einsamkeit leben möchte, so muß ich doch anderseits offen gestehn, daß man auf eine kurze Zeit in solcher Einsamkeit ordentlich aufatmet. Als glücklicher Familienvater, mit Frau und drei Kindern um mich her, befind' ich mich eigentlich konstant in der nervösen Aufregung einer Besatzung, die jeden Augenblick einen Angriff erwartet, und ich darf sagen, daß ich nunmehr das Gefühl der

Ruhe, des Ungestörtseins dankbar genieße. Des Morgens kann ich ruhig eine Viertelstunde lang gurgeln, ohne irgend wen zu belästigen und meinerseits durch Zeichen des Mißfallens belästigt zu werden. Auch bei Tisch ist es mir eine Erquickung, nichts von Erziehung zu hören oder selber erziehen zu müssen. Ich habe für diese Partien des Familienlebens keinen Sinn; es hängt das damit zusammen, daß mir überhaupt ganz und gar der bürgerliche Sinn fehlt, und daß mich nur das Adlige interessiert. Ich verwahre mich übrigens feierlich dagegen, daß das, was ich „adlig" nenne, bloß an der Menschenklasse haftet, die man „Adel" nennt; es kommt in allen Ständen vor, es ist der Sinn für das Allgemeine, für das Ideale und die Abneigung gegen den Krimskrams des engsten Zirkels, dessen Abgeschlossenheit von selbst dafür sorgt, daß aus jedem P. ein Donnerschlag wird. Die Alten ließen diesen Kleinkram durch ihre Sklaven besorgen; heutzutage hat man Bonnen zu diesem Zweck oder (in Frankreich) Kloster-Pensionate. Ich weiß alles, was dagegen zu sagen ist, aber ich kann mir nicht helfen, es ist doch alles mehr nach meinem Geschmack.

Ich bin fast immer zu Hause und arbeite. Doch war ich heute von zwölf bis drei in der „Ausstellung der Denkwürdigkeiten aus der Zeit Friedrichs II". Es war sehr anstrengend für mich, aber sehr lehrreich und sehr interessant. Zwischen ein und zwei Uhr waren etwa zwölf Menschen da, von zwei bis drei ich ganz allein. Unter den Zwölfen war K. aus X.; ich tat aber, als ob ich ihn nicht sähe, weil nichts furchtbarer für mich ist, als an solcher Stelle, wo mich alles interessiert und ich jeden Nerv anstrenge, um mir die Dinge für immer einzuprägen, die Zeit mit Quatschereien hinbringen zu müssen. Lebe wohl, Dein

Theodor.

68) Heringsdorf, d. 24. August 1863.

Meine liebe, gute Frau.

Es sind erst zwei Tage und zwei Stunden, seit ich von Berlin fort bin, und schon habe ich so viele Eindrücke empfangen, so viele alte und neue Menschen gesehn und gesprochen, daß mir zumute ist, als hätte ich den Berliner Staub und die Berliner Rinnsteine schon wochenlang hinter mir. Staub und Rinnsteine, da haben wir's. Es läßt sich gegen diese Badereiserei gewiß sehr viel sagen; in hundert kleinen Dingen verschlechtert man sich, es fehlt an Komfort und manchem andern noch, aber man hat Ruhe und frische Luft, und diese beiden Dinge wirken wie Wunder und erfüllen Nerven, Blut und Lungen mit einer stillen Wonne. Selbst in Swinemünde hatte ich am Sonnabend schon dies Gefühl, hier habe ich es seit gestern in einem sehr verstärkten Grade.

Stettin gefiel mir außerordentlich; der Sonnabend (Markt) und der Strom voller Boote von den benachbarten Oderdörfern tat das seinige, um das Bild besonders anziehend zu machen. Das Dampfschiff (der Neptun) setzte sich bald in Bewegung (11½), und nun ging es stromab in das Haff hinein. Es erinnerte mich sehr an die Dampfschiffahrten in Schottland; auch kann ich nicht sagen, daß wir bei diesem Vergleich, namentlich in bezug auf die Menschen, sehr zu kurz gekommen wären. Nur freilich fehlte es ganz an eigentlicher Dameneleganz, wovon man in England und Schottland wenigstens immer etwas sieht. Die Landschaftsbilder waren anmutig, aber doch durchaus nicht so schön, wie die Elbufer um Hamburg herum. Um vier waren wir in Swinemünde.

An der Stelle, wo ich (es war ein wackliges altes Fachwerkhaus, darin die Ressource war) als 14jähriger Junge, angetan mit einem blauen Bastard von Frack und Jacke, getanzt und bei „Pfänderspiel“ und „Wohnungsvermieten“ zuerst die Unbefriedigtheit des jungen Poetenherzens empfunden hatte, erhebt sich jetzt ein großes Hotel mit vielen Balkonen und einem Eckturm, ein Gasthaus, das in Erscheinung und Größe keinem Berliner etwas nachgibt. Auch das Geschlecht der Kellner schien aus Berlin zu sein, womit ihr Urteil gesprochen ist. Ich zog mich um und ging dann in die Stadt. Es ist alles anders geworden. Leutnants und Soldaten treiben sich in den Straßen herum, dazwischen Marineoffiziere und Matrosen „von der Flotte“; ein riesiger Leuchtturm flankiert und überragt das ganze Bild, Dampfer kommen und gehn, und zu beiden Seiten des Stroms erheben sich die neuen Befestigungswerke mit ihren Türmen und Bastionen. All’ das ist neu. Aber auch die Stadt selbst hat sich sehr verändert, und in abermals 30 Jahren wird sie vermutlich den Charakter einer kleinen Schifferstadt mit Giebelhäusern völlig verloren haben. Diese Giebel, die Bäume vor den Türen und eine Art Gitter, das hürdenartig diese Bäume einschloß, waren das hübschste an der Stadt, aber alles das ist auf dem Punkt zu verschwinden. Nur der Kastanienbaum steht noch, aus dessen Spitze ich (beim Kastanienpflücken) niederstürzte, wobei einer der untenstehenden Jungens ausrief: „Donnerwetter, nu kommt ’ne große“.

Dies führt mich natürlich auf das Haus, darin ich fünf Jahre lang gelebt, gelernt, gespielt, gelacht, geweint habe. Es ist total ’runtergekommen. Die Apotheke ist verlegt, und in dem Lokal, wo sonst rezeptiert wurde und wo der katholische Gehilfe dem protestantischen Kollegen mit dem Messingleuchter einen Schlag auf den Kopf gab, ist jetzt ein schmieriger Kaufmannsladen. Der Flur, die Küche, die winklige Treppe, die Einteilung der Zimmer ist (wenigstens an der Wohnseite) unverändert geblieben;

aber wiewohl es nie 'was schönes war, so hat es sich doch bedeutend verschlechtert, denn alles ist dreckig und absolut ruppig geworden. Die Hof- und Garteneinrichtung ist völlig umgestaltet. Doch steht noch der Nußbaum, der damals seine noch jungen Zweige in das Fenster von Papas Stube — da, wo sein Sekretär mit der ewig knarrenden Klappe stand — hineinwachsen ließ. Ich bin in solchen Dingen so unsentimental wie möglich, und ich kann nicht sagen, daß das alles mich tief ergriffen hätte; aber von leiser Wehmut, von einer gewissen Herbststimmung, wird das Herz doch beschlichen.

Dunkle Zypressen; —
Ring' dich nicht ab,
Es wird doch alles vergessen.

sagt Storm, und er hat recht. Immer wieder lief ich durch die Straßen der Stadt, aber ich sah kein bekanntes Gesicht; sie sind alle fort, verzogen, die meisten sehr weit. Gestern um elf nahm ich einen Wagen und fuhr am Strande entlang hierher. Das Wetter ist schlecht, gestern Wind, heute Regen, und doch muß ich sagen, es ist entzückend. Das Zimmer, das ich bewohne, ist freundlich, geräumig, das Haus selbst ganz allerliebst, der Blick durch Bäume hindurch auf das graue Meer poetisch und für Herz und Sinne unendlich wohltuend. Lepel kam bald, um mich zu besuchen. Dann streifte ich durch den Wald; auf der Rückkehr, mitten im Buchengrün, hörte ich Orgelklänge, denen nachgehend ich in die „Waldkirche" kam, die, geschmackvoll, mit ihrem rotbraunen Ziegelton aus dem Waldesgrün emporwächst. Die Kirche war aus, und die schmalen Steige fingen an, sich mit heimkehrenden Kirchgängerinnen zu beleben. Dazu die Stille, nur Waldes- und Meeresrauschen, — es machte einen überaus freundlichen Eindruck auf mich. Bald darauf ging es im großen

Gasthaus zu Tisch. Drei lange Tafeln, im ganzen vielleicht 120 bis 150 Personen. Hier traf ich endlich auch Roquette, der sehr munter und sehr freundlich war. Nach Tisch zum Kaffee in die „Försterei", halber Weg nach Ahlbeck. Hier kam das ganze Convivchen zusammen.

Nun weißt Du alles. Noch ein Wort über Dein Kommen und Nichtkommen. Ich denke bei jedem schönen Anblick an Dich, und doch kann ich Dir jetzt nicht zureden: „Komm". Denn alles um mich her ist (im weitesten Sinne) doch nur für den single gentleman eingerichtet, und für Dich würde sich — bei all' Deiner Anspruchslosigkeit (die ich zugebe) — doch gleich eine Fülle von Mängeln herausstellen. Du würdest, namentlich bei ungünstigem Wetter, Dich unbehaglich und gelangweilt fühlen. Es ist aber ein großer Unterschied, ob man solche Zustände allein oder in Gesellschaft eines andern durchzumachen hat. Bis zu einem gewissen Grade hat der Mann die Verpflichtung, diese grauen Stunden abzuhalten, und kommen sie doch, so wird er dafür verantwortlich gemacht, oder glaubt doch, daß er's wird.

Nun leb' mir wohl; grüße und küsse die Kinder von Deinem

Theodor.

---

69) Berlin, d. 21. Februar 1864.

Meine liebe, gute Mama.

Es ist ein stiller Sonntagabend, alles ist zu Bett, und ich benutze eine freie halbe Stunde, um Dir zu schreiben.

Lieschen, die am Freitag nachmittag mit Jenny ein paar Stunden bei uns war, hat mich in Deinem Namen über mein Schweigen und Nichtrapportieren ausgescholten, und ich habe die Schelte als wohlverdient ruhig hingenommen. Wohlverdient, und doch bin ich auch anderseits recht sehr zu entschuldigen. Es liegt wirklich ziemlich viel auf meinen Schultern, und bei dem aufrichtigsten Bestreben, nach allen Seiten hin artig und rücksichtsvoll zu sein, besonders auch gegen Vater und Mutter (denn ich verachte die Rüpeleien, die sich erwachsene Kinder so oft gegen ihre Eltern erlauben), ist es doch sehr schwer, dies mit Konsequenz und zu allen Zeiten durchzuführen. Ist Emilie rührig, so ist sie mir in allen diesen Sachen eine große Stütze; sie macht die Visiten, die ich beim besten Willen nicht machen kann, sie schreibt einen Brief, macht einen Gang usw. usw. Nun habe ich aber schon seit Monaten dieser Stütze entbehrt, und alles, was überhaupt gemacht werden soll, muß ich selber machen. Ohne ein so gutes Mädchen wie unsre Mathilde ist, wäre es gar nicht durchzuführen; denn zuletzt bleibt doch meine eigentliche Aufgabe nicht die, mich um hundert Kleinigkeiten zu kümmern, sondern es handelt sich vielmehr um die eine große Hauptsache, das Geld zu verdienen, das nötig ist, um die ganze Maschinerie im Gange zu erhalten.

Das ist nicht ganz leicht, und nur diejenigen wissen davon zu erzählen, denen die schwere Aufgabe zufällt, infolge der Eigentümlichkeit ihres Lebensberufs, alles allein machen zu müssen. Dies ist bei den wenigsten Lebensberufen der Fall. Der Schneider, der Schuster, wenn ihr Geschäft blüht, nehmen einfach einen Gesellen mehr, der seinen Tageslohn empfängt, während der Herr die großen Summen einsteckt und sich schließlich eine Tiergartenvilla baut, nachdem er 30 Jahre lang seinem Berufe nachgegangen ist, d. h. Maß genommen, Mittagsruhe gehalten und von sieben bis zehn Uhr Weißbier getrunken hat. Nur unsereins, der mit seinem bißchen Wissen und Verstand arbeitet, muß alles selber machen, kann keinen in Lohn und Kost nehmen, der ihm für 100 Taler 500 Taler verdienen hilft; unsereins muß immer selber 'ran, muß immer selber 'ran an die Ramme. Da ist's denn wahrlich nicht zu verwundern, wenn mitunter die Zeit nicht ausreicht und allerhand unterbleibt, weil eben die Hauptsache, der Lebensunterhalt, in erster Reihe verdient werden muß. Emilie hat im allgemeinen ein Einsehen davon, aber es kommt doch vor, daß sie sich über dies und das, das ich unterlassen haben soll, beschwert oder wundert, während sie doch wissen sollte, daß ich mir die Arbeiten, deren Ertrag uns erhält, nicht aus dem Ärmel schüttle.

Morgen sind es acht Tage, daß Emilie außer Bett ist*), doch ist sie noch krank und hinfällig und natürlich in nichts weniger als angenehmer Stimmung. Sie nimmt an nichts ein lebhaftes Interesse und brütet — wie das bei solchen tiefen Nervenverstimmungen immer der Fall ist — über der Vorstellung von ihrem eignen Elend und ihrer Hinfälligkeit. Zum Glück ist das Kind wohl und munter und die Amme bis jetzt tadellos. Das schlimmste ist, daß ich eigentlich außerstande bin, irgend etwas zur Heilung und Besserung zu tun. Ich müßte sie aus ihrem jetzigen Leben herausreißen, sie in ein warmes Klima, in ein stilles Tal setzen können, mit zwei, drei sanften Menschen, die ihr angenehme Dinge sagen und ihr viel Liebe erweisen; dann würde ihr wieder wohler werden. Aber das kann ich ihr nicht verschaffen, selbst dann nicht, wenn die Geldmittel vorhanden wären. Denn das Leben ist hart und rauh, und Ärgernisse lassen sich durch keine Summe Geldes wegkaufen. Ich muß also die Dinge ruhig gehen lassen und erwarten, daß Gott alles gnädig und zum Besten lenken wird. Ich habe mir in früheren Jahren immer viel von

*) Am 5. Februar 1864 war der jüngste Sohn Fontanes, Friedrich, heute Inhaber der Verlagsbuchhandlung F. Fontane & Co., geboren worden.

längrem freundschaftlichen Besuch für Emiliens Stimmung versprochen, aber ich habe nicht erlebt, daß sie auf die Dauer das davon gehabt hat, was ich ihr dadurch zu verschaffen hoffte. Ich sagte mir nämlich: „es ist wahr, du (d. h. also ich selber) bist nicht sehr interessant, du liest, du schreibst, du bist etwas nüchtern, du kannst den süßen Klageton nicht treffen, den Frauenherzen so gern hören — wohlan, sieh zu, daß irgendeine Freundin, eine Hausgenossin ihr das ersetzt, was du ihr nicht gewähren kannst.“ Aber diese Versuche haben, wenn auch keine schlechten, so doch auch keine guten Resultate ergeben. Ich kann Emilien keinen Vorwurf daraus machen. Wenn ihr das eine oder andre mißfiel, so hatte sie in der Regel guten Grund dazu; die Sache ist nur die — mit dem bloßen recht haben ist gar nichts gewonnen — man muß auch heiter und liebenswürdig bleiben können, wenn der Mensch, mit dem man zusammenlebt, allerhand Dummes und Fehlerhaftes tut. Man muß es durchaus verstehn, fünf gerade sein zu lassen. Diese Nachsicht, diese heitre Milde, diesen guten Humor hat Emilie aber nicht, und deshalb bleibt sie am besten allein. Vielleicht ginge es mit einem liebenswürdigen jungen Dinge von 16 Jahren, die sich unterordnet, aber wo hat man eine solche zur Hand? Genug davon. Von Krieg und Frieden schreib' ich Dir nichts, Du wirst davon ziemlich ebensoviel wissen wie wir selber. — Nun leb' mir wohl meine liebe, gute Mama, verdirb Dir nicht die Augen an diesem Brief und behalte lieb Deinen

Theodor.

---

70) Berlin, d. 13. Juli 1864.

Mein liebes Lieschen.

Besten Dank für Dein Briefchen und für die liebenswürdigen Ciceronedienste, die Du unserm Freunde Heyse erwiesen hast. Er war vor zwei Stunden bei uns und ganz entzückt von seiner Reise, von seiner Ausbeute, von Spittel, von Ruppin, von Zirbeck und vor allem von den Bewohnern des Predigerwitwenhauses. Er war bester Laune und sagte, er wisse nun so viel über Spitteltum, daß er ein Büchelchen schreiben könnte: „Über die Kunst, in 24 Stunden ein altes Spittelweib zu werden.“ Er wisse nun alles. Auch verpflichte er sich jetzt, einen Fremdenführer durch Ruppin herausgeben zu können: „Ganz Ruppin in der Westentasche; Preis 2½ Sgr.“ *).

Schreibe gelegentlich noch einige Details über Eure Wanderungen. Der Schlachtplan, wie Du ihn in notwendiger Verkürzung gemacht hast, war ganz vorzüglich — in der Tat das Beste vom Guten.

Tausend Grüße meiner guten Mama, wie immer Dein

Theodor.

---

71) Aalborg, d. 16. September 1864.

Meine liebe, gute Frau.

Heute früh sieben Uhr bin ich leidlich wohlbehalten hier in Aalborg eingetroffen, nachdem ich gestern nachmittag 3½ Uhr Kopenhagen verlassen hatte **).

Seit heute früh haben die Äquinoktialstürme eingesetzt, und ich bin sehr froh, unter Dach und Fach zu sein; mit Ausnahme einer Partie auf dem Limfjord, die ich wahrscheinlich erst am Dienstag machen werde (denn die Partie von hier nach Skagen dauert hin und zurück drei Tage) habe ich nun keine Wasserfahrt mehr vor. Der

---

*) Heyse hat den damals gewonnenen Stoff allerdings erst nach längeren Jahren für seine i. J. 1886 erschienene Erzählung „Der Roman der Stiftsdame“ verwertet.

**) Fontane befand sich damals auf einer Studienreise für sein Buch über den Krieg von 1864.

Limfjord ist sehr schön, namentlich jetzt bei beinah' Sturmwind.

Nach Skagen will und muß ich, und doch ist es in jeder Beziehung kein Spaß; als Solokrebs ist es doch leidlich unangenehm hier. Liebenswürdig ist anders.

Ist anders, ist anders,
Wär' ich nur erst in Randers.
In Skanderborg, in Skanderborg,
Da hat ein Ende alle Sorg'.
In Veile, in Veile,
Da hat es keine Eile.
In Flensburg, Schleswig und in Kiel,
Da bin ich wieder nah' am Ziel.
Mit Dampf dann soll es südwärts gehn,
Gib, Gott, ein frohes Wiedersehn!

Heut' über 14 Tage hoffe ich mit Gottes Hilfe wieder bei Dir zu sein. Über meine Erlebnisse zu schreiben, ist unmöglich; jeder Tag ein ganzes Aktenstück. Wenn ich nur leidlich wohl bleibe; im Sturm über Dünensand nach Skagen ist freilich nicht gesund.

Viele Grüße und Küsse den Kindern groß und klein. Dir den besten von Deinem

Theodor.

---

72) Berlin, d. 7. Januar 1866.

Meine liebe, gute Mama.

Die Dankesgeneigtheit dauert in der Regel nur so lange, wie der Genuß; ich mache aber diesmal eine rühmliche Ausnahme: der ganze Beutel voll ist aufgeknabbert, und statt der unedlen Betrachtung: „warum war er nicht noch größer", tritt — ohne volles Gesättigtsein — das edlere Gefühl des Befriedigtseins an mich heran. Sie (wenn ich Pronomina so unbestimmt gebrauche, spreche ich immer nur von Pfeffernüssen) waren diesmal von einer besondern Schönheit, und wenn ich mir, ohne anzüglich zu werden, erlauben darf, von einer Ruppiner Scharte des vorigen Jahres zu sprechen, so ist sie glänzend ausgewetzt. Versichere dem Manne, der diese an der Grenze des französischen Pfefferkuchens angelangte Pfeffernuß geleistet hat, meine persönliche Hochachtung; ich wäre noch unschlüssig, ob ich ihm in der nächsten Auflage der „Wanderungen" ein Kapitel widmen solle oder nicht.

Diese Wendung führt mich nun glücklich auf die Schinkel- bezw. auf die Vorlesungsfrage.

Ich habe zweierlei zu sagen:

1. daß ich Geheimrat Quasts*) Ansicht dahin teile, daß das Aufstellen einer Schinkel-Statue unter allen Umständen sein sehr Mißliches hat. Vor dem Gymnasium paßt nicht; erstens hat er auf dem Ruppiner Gymnasium nichts gelernt, zweitens erscheint die Konfrontation mit Friedrich Wilhelm II. nicht sehr glücklich, drittens sind so ziemlich alle Schinkel-Statuen an und für sich unschön oder doch von der Unschönheit nicht weit ab. Andre Formen der Erinnerung, der Auszeichnung wären wohl am Ende wünschenswerter. Doch mag dies eine offene Frage bleiben.

2. Nun meine persönliche Stellung zu der Sache. Meine Geneigtheit, dabei mitzuwirken, ist selbstverständlich; es geht aber, zunächst rein äußerlich, über meine Kräfte, außerdem aber innerlich über meinen Beruf dazu. Es fehlt nicht an Fachleuten, die bereits Schinkel-Vorträge gehalten haben, und man muß diese auffordern, entweder neue Vorträge zu halten oder die alten, etwas auf-

*) Geheimer Regierungsrat Ferdinand v. Quast, General-Konservator der Altertümer im preußischen Staate, Gutsbesitzer auf Radensleben bei Neuruppin.

geputzt, noch 'mal an die Lampen zu führen. Die genannten Herren haben Pflicht und Beruf dazu; von meiner Seite wäre es eine Art Anmaßung. Der bloße Umstand, daß ich auch ein Ruppiner Kind bin, langt nicht aus.

Montag, d. 8.

Auf diesem zweiten Bogen wende ich mich an Lieschen. Zunächst meinen schönsten Dank für den Uhrständer. Ich habe ihm den ehrenvollsten Platz des Hauses gegeben, nämlich den Nipptisch meiner Frau, wohin er um seiner Kunst und seiner Wackligkeit halber gehört. Von den Pfändern ehemaliger Balltriumphe umgeben, in süßer Gemeinschaft von Flacons und Bonbonnieren steht er da, sie alle überragend, rotglühend wie eine untergehende Sonne. In das verfahrene Defilé meines Arbeitstisches hab' ich ihn teils um meiner Uhr, teils um seiner selbst willen nicht zu stellen gewagt. Nur an hohen Festtagen, also beispielsweise, wenn Du in Berlin bist und Deinen Besuch in Aussicht stellst, werd' ich ihn, auf jede Gefahr hin, auf Wache ziehen lassen, so wie Damen gegenseitig die kleinen Halskragen umbinden, die sie sich geschenkt haben, oder Fürsten die Uniform irgendeines Husarenregiments anlegen, wenn sie in die betreffende Gegend kommen. Leute, die Friedrich Wilhelm IV. bei solcher Gelegenheit als ungarischen Husaren gesehn haben, können es noch nicht vergessen.

Heut' abend ist großes Bohnenfest bei Heydens*). Roquette, Zöllner**) und ich sollen als heilige drei

---

*) Der Maler, Professor August v. Heyden, Mitglied des Rütli und der Ellora.

**) Assessor Karl Zöllner, im Freundeskreise der „Chevalier" genannt, später Geheimer Regierungsrat und Sekretär der kgl. Akademie der Künste in Berlin.

Könige erscheinen; schon ist es 7 Uhr und noch sind Toaste usw. abzuschreiben. Entschuldige also. Ein wackerer Schnupfen, an dem ich laboriere, ließe Lindenblütentee auch indizierter für mich erscheinen als Rotwein und die unvermeidliche Schillingsche Torte.

Wie immer Euer

Theodor.

---

73) Berlin, d. 30. Juni 1867.

Meine liebe Frau.

Seit Freitag abend, wo ich meinen Brief an Dich zur Post gab, sind die Tage „still und bewegt" vergangen, ohne viel Lärm, aber doch in mannigfacher Abwechslung und Zerstreuung.

Am Freitag nachmittag war Herr v. Rohr zum Kaffee bei mir; ehe er noch aufbrach, kamen Lucae*) und Lepel, und so wurde aus der Kaffee- eine Teegesellschaft. Den ganzen Abend über beschäftigte uns die Vorlesung eines Tagebuchs, das Lepel freundlicherweise für mich mitgebracht, ich muß hinzusetzen, ausgewirkt hatte. Es war das Kriegstagebuch eines Leutnants v. Sell, der im 2. Bataillon vom Franz-Regiment (v. Gaudy) den berühmten Tag von Alt-Rognitz mitgemacht und in diesem Tagebuch eine kurze, sehr ansprechende, ebenso bescheidne wie lebenswahre Darstellung des Gefechts gegeben hatte. Es interessierte uns alle aufs lebhafteste, namentlich auch die Liebenswürdigkeit des Menschen, die aus jeder Zeile sprach.

Bei Zöllners waren wir heute im engsten Zirkel, nur Lepel, Eggers und ich. Es war sehr angenehm,

---

*) Baumeister Professor Richard Lucae, später Geheimer Regierungsrat und Direktor der Berliner Bauakademie. (Man vergleiche „Von Zwanzig bis Dreißig", S. 316 ff.)

ja, wir wurden beim Ungar fast ausgelassen und hatten ein langes, humoristisch-wissenschaftliches Gespräch über den Satz: „die Tugend duftet und die Sünde mufft". Es war ein wahres Seiltanzen, aber niemand kam zu Fall. Ich fiel auf durch Anständigkeit. Aus Deinem Briefe mußte ich die verbindliche Stelle vorlesen, die sich auf Zöllners bezieht. Er läßt Dir als Antwort sagen: „Sehnsucht wird ewig Brücken bauen." Ganz Chevalier!

Beim Nachhausekommen fand ich Hans F. vor. Er hat sich gegen früher sehr verbessert, scheint aber an Gaben nicht sehr bedeutend zu sein. Was übrigens bekanntlich nichts schadet; im Gegenteil. Gute Zähne sind mindestens so viel wert wie das Assessorexamen.

Montag Abend. Heute früh hab' ich Deinen lieben Brief und Marthas Zeilen erhalten. Luise*) war durch Deine Nachrichten über Friedel sehr gerührt; Du mußt nächstens 'mal an sie schreiben, auch Martha. Ich bin überzeugt, daß das Kind ihr beständig fehlt, und daß sie Sehnsucht und äußerste Langeweile hat. Sie konnte kaum sprechen, als ich ihr sagte, Friedel lege immer noch ein Stückchen Kuchen für sie beiseite. Du mußt in jedem Briefe irgend 'was Derartiges schreiben, damit ich es ihr vorlesen kann.

Und nun lebe wohl! Ergeh' es Dir ferner wohl, daß Du in 42jähriger, aber strahlender Jugend zurückkehrst. Wie immer Dein

Theodor.

---

74) Berlin, d. 4. August 1867.

Meine liebe Frau.

Dein letzter Brief, von Anfang bis Ende, hat mir wieder eine große Freude gemacht. Er macht den Eindruck

*) Das damalige Dienstmädchen der Familie, früher die Amme des jüngsten Sohnes Friedrich.

eines still-innerlichen Glücks und des dankbaren Bewußtseins davon. Diese Bemerkung mache ich auch meinerseits in Dankbarkeit, und zwar nur in Dankbarkeit. Wir sprechen darüber bald mündlich, worauf ich mich herzlich freue.

Der Kranz auf unsres guten Merckel Grab wird nicht vergessen werden; ich werde wohl selbst hinausfahren. Vielleicht (günstigstenfalls) daß, wenn man sechs Jahre tot ist, auch noch eine Freundeshand einem einen ähnlichen Liebesdienst erzeigt. Häufig ist es nicht. Die Toten sind tot. Und die, die von Unsterblichkeit geträumt, meist doppelt! Man spricht von ihnen, aber die Akte einfach-menschlicher Pietät unterbleiben. Da lag er „allein mit seinem Ruhme". Ein ödes Ruhekissen!

Es ist schön, daß Ihr für nächsten Sommer ein Wiedersehn in Neuhof*) verabredet habt; denn ich halte solche Rasttage auf der Lebensreise für ein großes Glück. Das Immer-im-Trabe-sein drückt nieder, macht alles Schwere und Prosaische noch schwerer und prosaischer, als es ohnehin schon ist, und raubt dem Leben, um mit unsrer guten Wangenheim zu sprechen, allen „charme". Diesen charme, wenigstens nach meiner mehr heitern und sehr unasketischen Lebensauffassung, soll man ihm aber nicht rauben. Der Ostwind pfeift doch 'mal rauh dazwischen, er hat es bei uns getan und wird es wieder tun. Aber solange keine Wolken da sind, freue man sich des himmlischen Lichts. Gebe uns Gott allerseits ein glückliches Wiedersehn. Mit diesem Wunsche wie immer Dein alter

Theodor.

---

*) Das bei Liegnitz gelegene Gut des Kommerzienrats Treutler, dessen Gattin die nächste Freundin von Frau Fontane war. Letztere war mit ihren Kindern dort wiederholt auf längere Zeit zu Gaste.

75) Berlin, d. 29. Oktober 1867.

Mein lieber Sommerfeldt.

Unter dem kleinen Antiquitätennachlaß unsres guten Alten wüßte ich nichts, was ich erstehen möchte. Ein paar kleine Erinnerungsstücke hab' ich ja, und die großen würden mich, bei unserm beschränkten Raum, nur in Verlegenheit bringen. Die Uhr hätte ich, unter Umständen, gern genommen; wie die Dinge aber liegen, trete ich auch davon zurück. Damit dies nun nicht ein wunder Fleck bleibt, halte ich es für gut, mich über die berühmte Uhrfrage ausführlicher auszusprechen.

Diese Uhrfrage, wie so viele andre berühmte Fragen, hat ihre zwei Seiten.

Als einziger überlebender Sohn, der den Namen Fontane trägt, hatte ich vielleicht den nächsten Anspruch auf dies vielbesprochne Erbschaftsstück; es war, glaub' ich, in der Ordnung, daß ich den Wunsch hegte, dermaleinst bei dem Schlage derselben Uhr sterben zu können, bei deren Ticktack mein Vater und mein Großvater gestorben sind. Ich hatte sozusagen ein poetisches, aus der Geburt und dem Familiennamen erwachsendes Anrecht an die Uhr.

Das ist die eine Seite. Aber die Frage, wie schon zugegeben, hat auch eine andre Seite. Längst spiele ich die Rolle eines vorweg entthronten Kronprinzen; Du bist, ohne Palastrevolution, ohne Gift und Dolch, seit lange an meine Stelle getreten; die Verhältnisse haben das so mit sich gebracht. Du hattest von Anfang an einen Besitz, als ich noch ein „verlorener Posten" war; dazu warst Du praktisch, geschäftskundig, umsichtig, und was die Hauptsache ist, bist meiner ganzen Familie, in allen ihren Mitgliedern, praktisch genommen, immer mehr gewesen, als ich ihnen sein konnte. Und das Praktische bleibt zuletzt das Siegreiche. Ich habe, sozusagen, meine Familienbedeutung neben Dir verloren; Du bist der „Häupter“ geworden, der ich eigentlich hätte sein sollen, und in dieser Deiner Häuptlingseigenschaft liegen zuletzt auch alle jene Ansprüche begründet, deren Endresultat die siegreiche Heimführung besagter Wanduhr ist. Diese ist sozusagen das Symbol Deiner Thronbesteigung *).

Über den kleinen Ärger, den ich vor Wochen darüber empfand, bin ich weg; ich gönne Dir die Uhr aufrichtig und wünsche, daß sie Dir nur gute Stunden schlägt. Aber ihr altes Gehäuse würd' ich ihr lassen; nimmst Du ihr das, so ist sie nicht mehr sie selbst und eine Uhr wie jede andre.

Mit bestem Gruß an die Schwestern wie immer Dein

Th. Fontane.

---

76) Berlin, d. 15. Mai 1868.

Meine liebe Liese.

Anbei einige tolle Verse, die ich für Öhmigke habe machen müssen. Interessant ist mir dabei nur gewesen, was für Vorstellungen von der Kunst des Versemachens existieren. Es erinnert an die Geschichte von dem friderizianischen Predigtamtskandidaten: hier ist nichts und da ist nichts und — aus Nichts hat Gott die Welt geschaffen. In der Tat, man wird wie eine Art Houdin angesehn, der aus einer Briefmappe einen Vogelbauer mit einem singenden Kanarienvogel herausholen kann. Wie er das anfängt, nun, das ist Houdins Sache.

*) Die durch den Tod von Fontanes Vater (am 5. Oktober 1867) veranlaßte Frage, wem unter seinen Kindern die alte Familienstanduhr zufallen sollte, ist durch das Entgegenkommen seines Schwagers Sommerfeldt schließlich doch zugunsten Fontanes entschieden worden, und es ist sein Wunsch, bei deren Schlage sterben zu können, in Erfüllung gegangen.

Sieh' Dir die beiliegende Zeichnung an und frage Dich selbst, ob man auch nur eine Grasmücke daraus hervorzaubern kann.

Ich schicke Dir die Reime, damit Du so gut bist, ihm (Öhmigke) selber noch 'mal einzuschärfen, daß von Namen druntersetzen oder auch nur von Anfangsbuchstaben gar nicht die Rede sein kann. Ich hielt es für meine Pflicht, gefällig gegen ihn zu sein, aber ich habe nicht Lust, mich an der Spitze eines Kinder-Unterhaltungsblattes lächerlich zu machen, wo jeder Buchhändler und Schriftsteller glauben würde, ich machte jetzt für zwei Reichstaler oder vielleicht auch für einen und ein Seidel Bier Gelegenheitsgedichte. — Ich reise übermorgen auf acht Tage in den Harz, weil ich total herunter bin und mich durch Bergluft und Spazierengehn erholen will. — Herzlichste Grüße Euch allen. Meiner guten Alten einen allerbesten Kuß von ihrem und Deinem

Theodor.

---

77) Thale, d. 20. Mai 1868.

Meine liebe Frau.

Es geht mir gut. Heute vormittag hab' ich mein erstes Gedicht beendet (in drei Vormittagen) und morgen fang' ich das zweite an. Ist das auch fertig, so komm' ich wieder. Es ist doch ein himmlisches Arbeiten in solcher Berges- und Feiertagsstille. Dann und wann ein Eisenbahnpfiff, ein Läuten an der Hotelglocke, eine kurze Korridorunterhaltung und — alles ist wieder still. Man empfindet dabei doch schmerzlich und beinah ärgerlich, was unserm großstädtischen Leben fehlt. Das helle Licht hat seinen dunklen Schatten. Daß die große Stadt das helle Licht ist, das ich nicht aufgeben möchte, ist außer Frage; aber daß es ihr an Muße fehlt und daß alles das nicht recht gedeihen will, was des Ausgetragenwerdens bedarf, ist ebenso gewiß. Es liegt eine furchtbare Wahrheit in dem Ausspruch Macaulays: „eine Dichtung wie das verlorene Paradies" oder ein Werk wie Adam Smiths „Über den Reichtum der Nationen" kann eher von einem kleinen Apotheker in Nordschottland als von einem großen Lord in London geschrieben werden. Am besten dran, wie in so vielem, sind immer noch die bildenden Künstler, weil sie wirklich noch in ihrem turmhohen, abgetrennten Atelier eine Art „study" haben. Vergleiche zu Hause mein Zimmer damit: Entree, Durchgang, Empfangszimmer usw. Nimm dies übrigens nicht als einen kleinen Seitenhieb.

Es ist noch nicht voll hier. Aber eben dadurch angenehm. Auf dem großen, zeltartig überspannten Balkon mit der Aussicht auf Roßtrappe und Bodetal sitzen einzelne Paare mit und ohne Kinder, und ich empfinde dabei mit flüchtigem Schmerz, um wie viele schöne Wochen wir uns dadurch gebracht haben, daß wir nicht zusammen reisen können oder reisen konnten. Wen die Schuld trifft, magst Du selbst entscheiden. Was wir jetzt noch davon haben können, ist ein Herbstestag. Man genießt ihn freilich doppelt, er ist schöner als der Sommer, aber es mischt sich das Gefühl ein: es ist bald vorbei. Bald vorbei, auch wenn man lebt.

Das ganze Leben hier erinnert sehr an Kösen. Doch würd' ich Kösen und Thüringen überhaupt den Vorzug geben. Die Gründe sind mannigfach: Thüringen — trotzdem ihm der pittoreske Gebirgscharakter, den der Harz verschiedentlich hat, fehlen mag — ist doch reicher, nobler, großartiger. Hier zuerst empfind' ich, daß die Edeltanne edler ist als das Laubholz, besonders wenn es so jung auftritt wie hier. Dies ist eins. Die Hauptsache aber ist doch die, daß Thale eigentlich nur ein 30 Meilen entfernter „Spandauer Bock“ ist, wo die Eisenbahn Berliner Nachmittagsvergnüglinge in derselben Weise ablädt, wie beim Spandauer Bock die Pferdebahn. Jetzt geht das noch; aber von Ende Juni an und schon vorher in den Pfingsttagen muß es furchtbar sein. Das Hotel, so gut, sauber, anständig es eingerichtet ist, kriegt dadurch doch einen gewissen unfeinen Charakter, der halb nach Aktienbrauerei und halb nach Pariser Keller, seligen Angedenkens, schmeckt. Es kann das nicht anders sein; das Rigihotel (woran mich dies Hotel Zehnpfund durchaus erinnert) hat ganz denselben Bummscharakter.

Im übrigen ist alles gut, und eigentlich auch billig. Die Einrichtung ist musterhaft; Bedienung läßt nichts zu wünschen.

Nach Tisch, von drei bis sechs Uhr, setz' ich mich in eine Weinlaube, die aber noch nicht zugewachsen ist und mir den Blick in die schöne Berglandschaft gönnt. In dieser Laube les' ich mit ungeschwächter Erbauung W. Scotts Erzählungen eines Großvaters. Er schrieb diese Erzählungen, die eine poetische Darstellung der Geschichte Schottlands sind, vor 50 Jahren für seinen siebenjährigen Enkel, der jetzt Abbotsford besitzt und dessen Bildnis in Husarenuniform ich gesehn habe. Der Enkel wird sich wohl damals und vielleicht auch später nicht viel daraus gemacht haben. Aber der große Waverley-Dichter schrieb es, noch weit tiefer hinunter, für ein Wickelkind, das damals eben geboren in der Löwenapotheke zu Neu-Ruppin in einer Wiege lag. Und besagtes Wickelkind, jetzt leidlich ausgewachsen, entzückt sich an jeder Zeile, an der Kindlichkeit, an der klassischen Einfachheit des Ausdrucks und ruft lauter denn je: „Hoch, Scott; — ihr andern seid doch alle nur Nachtwächter“. Dies ist der höchste Trumpf, und hiermit will ich schließen. Tausend Grüße und Küsse Euch allen. Dein

Theodor.

78) Thale, d. 21. Mai 1868.

Meine liebe Frau.

Habe Dank für Dein liebenswürdiges Briefchen, das ich heute früh beim Kaffee erhielt. Unten spielte gerade eine Musikbande den Düppelmarsch: Triangel, Becken, Trommel, Posaune und Pauke. Die Pauke war rot und weiß angestrichen, und auf der Seite nach dem Publikum hin, also sozusagen auf dem dicken Bauche des Paukenschlägers, war eine große gelbe Lyra abgebildet. Dies rührte mich und einerseits mit Rücksicht auf Deinen eben empfangenen Brief, anderseits, um mich — da ich eben dichtete — der Gunst der großen gelben Leier zu versichern, warf ich dem Paukier fünf Silbergroschen hinunter. Vielleicht ist ihm dies noch nie passiert; er hatte aber Künstler-Contenance und tat so, als ob sich das alles von selbst verstünde. Mit Wehmut rechne ich mir nachträglich aus, daß Friedel mit Hilfe dieses Kapitals zwanzigmal einen Dreier hätte auf den Hof werfen können. Doch wäre meine ganze Sommernachmittagsruhe dadurch ernstlich gefährdet worden.

Der heutige Himmelfahrtstag brachte starken Fremdenbesuch. Von acht bis um eins kamen fünf Züge, im ganzen vielleicht 1000 Menschen. Wenn die Coupétüren geöffnet wurden und alles in weißen Kleidern auf den Kies sprang (ein Perron ist nicht), so sah es aus, als würde der Sommer ausgegossen.

Die Touristen zu beobachten, war außerordentlich amüsant. Ich unterschied verschiedene Gruppen. Da waren zuerst die ganz jungen Leute, lauter „Kraftmeier“. Sie stiegen aus, würdigten das Hotel, als eine Stätte der Verwöhnung, keines Blicks, rückten sich den Spitzhut, der einen Eichenzweig und bei einigen sogar einen Gemsbart trug, kriegerisch zurecht, zogen den Rock aus und nahmen die Roßtrappe sofort im Sturm.

Eine andre Gruppe bildeten die Renommisten, die See-Befahrenen, die Neunmalklugen. Sie kehrten nicht ein, aber sie sahen sich das Hotel wenigstens an, oder vielmehr, sie ließen ihren Trupp halten, um jeden einzelnen auf diese Sehenswürdigkeit aufmerksam zu machen. Diese Renommisten hatten nämlich sozusagen Offiziersrang; sie waren Rottenführer und standen immer an der Spitze eines Trupps, den sie kommandierten. Unglücklich der arme Harzer guide, der sich einem solchen Rottenführer näherte, um ihm und seinem Trupp seine Hilfe anzubieten. Mit souveränem Lachen, wie es nur der anschlagen kann, der seinen Bädeker in der Tasche führt, ging es an solchem Unglücklichen vorüber, Karte in der Hand, auf den Hexentanzplatz los.

Eine dritte Gruppe waren die Elegants. Sie standen immer als liebenswürdige Schwerenöter an der Spitze weiblicher Heerscharen. Wie man auf 500 Schritt die große Trommel hört, wenn irgendwo zum Tanze aufgespielt wird, so hörte man auf weiteste Entfernung immer nur die eine Wendung: „meine Damen". Die also Angeredeten hatten alle Ursache, sich der häufigen Wiederkehr dieser Wendung zu freuen. Diese Damentrupps, mit männlicher Führerschaft, kehrten ein und genossen ein Bierchen, Schokolade, auch Bouillon mit Ei. Wenn die Damen zum Aufbruch mahnten, so lächelte der Führer verführerisch, wie wenn er sagen wollte: „Meine Damen, was is mich Roßtrappe? Liebe, Liebe is mich nötig." Brachen sie dann aber wirklich auf, so sah man die hellen Sommertoiletten, blau und rot garniert, die Berge hinaufklimmen, und alle 20 Schritt fuhr die linke Hand kokett nach hinten, um den jetzt modischen großen P . . . knoten zu revidieren oder wieder in Ordnung zu bringen.

Eine vierte Gruppe und mit dieser will ich schließen, waren die Dicken. Kurzbeinig, kurzhalsig, apoplektisch, rot und schweißtriefend tänzelten sie über den Kiesweg in das Hotel hinein, setzten gleich mit Sodawasser ein und erzählten von Touren, die sie vorhätten, daß einem trotz der Hitze ganz kalt werden konnte. Jeder hatte vor: „den Harz heute abzumachen"; fast alle hatten eine rote Blume im Knopfloch. Wie viele von ihnen heute bleiben werden (in jedem Sinne), steht dahin.

Heute bei Tisch aß ein alter famoser Oberstleutnant mit. Als ein Bekannter ihn fragte, wie's ihm gehe, antwortete er: „Gut genug; wenn man 33 Jahre Kavallerist gewesen ist, ohne physisch, moralisch und pekuniär absolut ruiniert zu sein, kann man von Glück sagen. Dies ist mein Fall". — Wie immer Dein alter

Theodor.

---

79) Erdmannsdorf, d. 25. August 1868.

Meine liebe, gute Frau.

Sehr leid ist es mir, daß ich gestern nicht habe schreiben können; ich war in bestem Wohlsein, während ich heute müde und angegriffen bin, sehr wahrscheinlich von den Strapazen des gestrigen Tages, die über meine Kräfte gingen. Dazu Magenkalamität, weil der strapaziöse Tag mit einem grand souper abschloß. Wenn ich gleich vorweg ausplaudre, daß das erste Gericht eine Art Krebsbutterreis war, so kannst Du Dir meinen Zustand denken.

Ich berichte nun nach der Reihenfolge.

Mein Droschkenkutscher hatte es so einzurichten gewußt, daß ich drei Minuten vor der Zeit auf dem Bahnhof war. Wie ich noch mitgekommen bin, ist mir nachträglich ein Rätsel.

Bald nach vier Uhr war ich in Hirschberg; Journaliere

gab es nicht, ich nahm also einen Wagen. Der Kutscher war ein Original, der mich in seine Familienverhältnisse einweihte. Er habe eine hübsche, junge Frau gehabt, da aber die Schwiegermutter auch Ansprüche an ihn erhoben habe, so habe er sich getrennt. Sehr komisch war es, daß er die Ansprüche der Schwiegermutter nicht als unmoralisch, sondern nur als unbillig verurteilte.

Bald nach fünf Uhr fuhren wir hier in Erdmannsdorf bei Herrn Siecke vor. Wie groß war mein Erstaunen, als es hieß, daß alle Zimmer besetzt seien. „Da müssen wir nach Schmiedeberg" rief der Kutscher vom Bock. Dies war für ihn das beste Auskunftsmittel, weil sich dadurch die Fahrtaxe verdoppelte, aber nicht für mich. Dennoch wollt' ich dem Rate schon folgen, als mir Schultz'*) Brief und seine Empfehlung einfiel, die ich, ehrlich gesagt, halb vergessen, weil ich sie von Anfang an nicht ernstlich in Betracht gezogen hatte. So ging es denn zum Superintendenten Roth, einem 79jährigen, trefflichen alten Herrn, den ich — es schien, daß ich an diesem Nachmittage in allerhand zarte Verhältnisse eingeweiht werden sollte — bei einem Sühneversuch vorfand — bei dem Bestreben, eine junge Frau, die durchaus von ihrem dumm und verblüfft daneben sitzenden Mann geschieden werden wollte, auf andre, bessre Gedanken zu bringen. Nach einer kurzen Notifikation, die mir der Geistliche gab, trat ich natürlich sofort wieder zurück und promenierte auf der Dorfstraße auf und ab, während mein Kutscher, hinterm Staketenzaun in Front des offnen Fensters eine gedeckte Stellung nehmend, die 3/4 stündige Unterhaltung wie eine Sensationsnovelle gierig einsog.

---

*) Pastor Schultz von Bethanien in Berlin. (Man vergl. die Fußnote auf S. 101 sowie „Von Zwanzig bis Dreißig", S. 642 ff.)

Meine Wohnungsangelegenheit wurde nun schnell vermittelt und ich zog mit untergehender Sonne beim Gendarmen Brey in ein zweifenstriges Giebelstübchen ein. Die ersten Momente stimmten mich zu einer lächerlich-wehmütigen Betrachtung. In dem Zimmer, das seit mehreren Tagen nicht gelüftet sein mochte, roch es nach gestoßnem Pfeffer und Himbeeräpfeln — zwei Artikel, die, bei allem Respekt vor jedem einzelnen, doch in ihrer Mischung alles andre eher sind als angenehm. Ich sagte mir: „und um dieser reinen Gebirgsluft willen bist du 40 Meilen weit gereist!" Dieser erste kleine Schmerz wurde aber bald wieder in Balance gebracht. Ich erkundigte mich nach jener bekannten Lokalität, nach der einzelne ängstliche Gemüter, wenn sie in einen Gasthof treten, immer zuerst fragen. Herr Brey trat mit mir an das Fenster und sagte: „Dort unter den Bäumen". Im ersten Augenblick erschrak ich und dachte: „Sollten die idyllischen Zustände hier so weit gehen?" bald aber bemerkte ich zwischen zwei Apfelbäumen einen primitiven Holzbau, den man, seinem Stil nach, vielleicht als einen Vorläufer des Schilderhauses bezeichnen könnte. Wie hatt' ich dies alles aber unterschätzt. Die ganze Örtlichkeit, bei näherer Bekanntschaft, erwies sich als ein Ideal. Weiß gescheuert, die Tür offen, alles, wie das Schloß im Märchen, von Bäumen umstellt, von Schlingpflanzen überwachsen. Kurz, es war hier eine Art Buen Retiro geschaffen, wie es die große Stadt mit all ihrem Erfindungsplunder, mit Ventilation und Wasserwerk nicht leisten kann. Dazu die schönste Luft, viel besser als in meinem Zimmer mit seinem Pfeffer und seinen Himbeeräpfeln. Mir fiel der alte Bauexamenwitz ein: Was würden Sie tun, damit es in der Küche nicht raucht und auf dem Kloset nicht riecht (Antwort: ich würde auf dem Kloset kochen und in der Küche . . .), und ich mußte mir sagen, daß ich durch einen ähnlichen kühnen Tausch an „reiner Gebirgsluft“ (dem Zweck meiner Reise) gewinnen würde. Übrigens haben diese zwei Tage bereits viel gebessert, jedenfalls aber wohne ich bei freundlichen, ordentlichen, gefälligen Leuten und habe alle Ursache zufrieden zu sein.

Nun nur noch einen kurzen Überblick. Es wohnen hier im Park: Prinzeß Luise (im Schloß), Frau Generalin v. L., Exc. nebst Tochter und Schwiegersohn, Schloßhauptmann v. Münchhausen und Gemahlin geb. v. Scharnhorst. Diese letztere kannte ich von Berlin her. So kam es, daß ich gestern Mittag bei Münchhausens Visite machte. Empfang sehr liebenswürdig; ich wurde zum Souper geladen, wo ich dann die Generalin v. L. usw. traf. Erst um zwölf nach Hause, wo dann die Krebsbutter bald zu rumoren anfing. Ich hab' es nun aber wohl überstanden, einfach dadurch, daß ich heute absolut gehungert habe.

Mit Gruß und Kuß, in alter Liebe Dein Theodor.

---

80) Erdmannsdorf, d. 28. August 1868.

Meine liebe, gute Frau.

Du machst Dir glücklicherweise eine falsche Vorstellung von meinem Leben hier, wenn Du glaubst, ich hätte Verkehr oder sei viel in Gesellschaft; das Gegenteil ist richtig, und ich darf wohl sagen: ich schwelge in Langerweile. Zu dem Zweck bin ich ja hier, mich 'mal behaglich auszugähnen. Schade, daß das Wetter die vollkommene Durchführung meines Programmes stört. Ich gebe Dir nun zunächst einen kurzen Überblick meines Tagewerks.

Um 8½ Uhr steh ich auf. Gustel bringt Kaffee und Buttersemmel. Dann blicke ich eine Viertelstunde lang ins Gebirge hinein und sauge Morgenluft. Mein Auge labt sich an dem Grün, mein Ohr an der Stille. Dies letztre ist ein ganz unsagbarer Genuß. Nach diesem Naturkultus eil' ich zur Kunst. Ich mach' es mir auf dem Sofa bequem, soweit das seine Bauart und zahllose Antimakassars zulassen, und lese drei, vier Kapitel W. Scott. Die „weiße Dame" hab' ich absolviert; heute hab' ich „the Heart of Midlothian" angefangen. Welch wunderbares Talent für „Einleitungen"; — das, woran sonst die Besten scheitern, gibt sich hier in einer Leichtigkeit und Liebenswürdigkeit, mit so viel Grazie und Humor, daß es einem das Geplauder mit einem geliebten und geistreichen Menschen ersetzt. Doch, ich will nicht von Scott erzählen, sondern von meinem Tag.

Von 11 bis 12½ arbeite ich; ich habe ein paar Verse geschrieben (andre als ich dachte) und im übrigen mein Kriegsbuch wieder vorgenommen. Es glückt auch, soweit Stimmung und Kraft in Betracht kommen; aber man braucht zu solcher Arbeit so entsetzlich viel Material und Beihilfen, daß mir beständig etwas fehlt, namentlich Karten. Um 12½ zieh' ich mich an und gehe in den „Gasthof zum Schweizerhaus", um zu essen. Nach Tisch ein Spaziergang im Park, ein gelegentlicher Besuch, eine Tasse Kaffee, ein Gang übers Feld auf die Berge zu, bis ich gegen sieben Uhr wieder bei meinem guten Brey eintreffe. Nun bringt Gustel Tee und Brot; ich setze mich ans Fenster, beginne — als Pendant zu der Morgenandacht — den Vesper-Naturkultus, turne mit der Lunge wie Lepel oder Friede, stecke schließlich meine zwei Stearinkerzen an und schreibe und lese mich ins Bett. C'est tout.

Der Höhepunkt des Tages, nach hier allgemeiner Anschauung, ist das Diner im Schweizerhaus bei Siecke. Siecke bedeutet hier etwa dasselbe, wie seinerzeit Jagor Unter den Linden, oder wie die Frères Provençaux im

Palais Royal. Ihn anzweifeln — ist halb lächerlich, halb Hochverrat. Ich verhalte mich also ruhig, ganz abgesehn davon, daß gute Lebensart vorschreibt, auf Reisen nicht zu tadeln. Auf diesem Briefbogen aber darf ich mein Herz ausschütten in Lob wie Tadel. Die Sache ist eigentlich dadurch erledigt, daß man für 10 Sgr. drei Gerichte erhält. Da darf man nicht ins Gericht gehn. Ich berühre den Punkt auch nur, weil man mir schon im Coupé sagte: „Bei Siecke? ei, da werden Sie 'was kennen lernen. Er war ursprünglich Koch; sein Sohn kocht auch; ich kann Ihnen nur gratulieren." Es scheint also einfach, daß der Schlesier ein genügsamer Kerl ist. Gott erhalte ihn so, aber bewahre ihn vor Edierung von Kochbüchern. Die partie honteuse ist die Suppe, die, unter welchem Namen sie auch auftauchen mag, immer eine einfache Lungensuppe ist, 'mal mit, 'mal ohne Mohrrüben. Alle tierischen Interna aber sind mir tief verhaßt; kaum laß' ich noch die Leber gelten.

So bescheiden nun der substantielle Teil des Mahles ausfällt, so ist doch das Ganze nicht übel; die Arrangements, worauf Friede so viel gibt, sind anmutig, und man kann beinah sagen, die Schneekoppe steht wie ein Tafelaufsatz vor einem auf dem Tisch. Man ißt nämlich halb im Freien, auf dem Podium einer zwischen zwei Schweizerhäusern gelegenen, weinumrankten Veranda, durch deren offne Bogen man aufs Gebirge blickt. Im Vordergrund Wiesen, Bach, Brücke, weiße Häuser und ein Teil des Parks. All dies ist teils schön, teils lieblich, und das friedlich Heitre des Bildes wächst dadurch, daß zahllose Sperlinge — als wäre die Veranda eine Volière — darin umher hüpfen und fliegen; jeder wirft ihnen Brotkrumen zu, und so bietet sich ein immer gleiches und doch immer wechselndes Schauspiel, das ganz zu dem freundlichen Gesamtbilde paßt.

Zwei Kellner warten auf. Mit dem ältren, der der Verandakellner ist, hab' ich, unter Anwendung des bekannten Mittels, Freundschaft geschlossen. Wie nah wir bereits stehn, magst Du aus folgender Unterredung schließen, die ich gestern (es gab gerade Huhn mit einer weißlichen Sauce) pflog. Ich: Sagen Sie, sind hier immer so viele Wespen? Er: Nicht immer; aber jetzt in der Obstzeit. Ich: Stechen sie auch? Er: O ja, tüchtig; mich haben gestern zwei an der Hand und eine am Kinn gestochen (er zeigt seine Wunde). Ich: Öl soll das beste sein. Er: Ich nehme immer Speichel; zwei, dreimal drübergeleckt und alle Viertelstunden wiederholt, das hilft. Ich (unter Zurückschiebung des Huhns): Aber am Kinn; Sie können doch nicht .... Er (lächelnd): O, ich kann schon .... (er pinselt an seinem Kinn entlang), aber ich reib' es lieber ein. Ich: Bitte um Kaffee, aber mit einem Kognak.

So vergehen einem die Tage. Von Verkehr ist wenig die Rede; ich kann nur wiederholen: glücklicherweise.

Gruß und Kuß für die Kinder. Den besten Dir von Deinem

Theodor.

---

81) Erdmannsdorf, d. 2. September 1868.

Meine liebe, gute Frau.

Am Freitag machte mir Superintendent Roth seinen Besuch, ein reizender alter Herr; am Abend war ich bei Münchhausens. Bei diesen war inzwischen „Logierbesuch" eingetroffen, und zwar ein Oberstleutnant v. C. nebst Gemahlin. Er ist a. D., hat nur einen Arm, lebte bis jetzt in Bonn, will sich jetzt in Schlesien niederlassen und hat (alle solche Herren suchen irgendein perpetuum mobile) die „soziale Frage" in Entreprise genommen. Er war sehr böse, daß die Kreuzzeitung ihm seine Aufsätze zurückgeschickt habe, ließ es mich aber nicht entgelten. Seine Frau war ebenso häßlich wie angenehm. Kupfernase, Wackelzähne, aber freundlich, wohlwollend und von einem feinen Organ.

Am Sonnabend war mir schlecht; bei Münchhausens ist es nämlich kellerkalt, und als Frau v. M. vom alten Herrn v. V. erzählte, der nur bei 17 Grad habe leben können und immer ein Töpfchen warm Wasser neben sich gehabt habe, seufzte ich: der Glückliche. Also ich hatte mich etwas erkältet und beschloß, durch Fasten und Bewegung den Zustand zu bessern. Ich ließ Siecke Siecke sein, zog mich so warm an, wie es meine damalige überzieherlose Zeit zuließ und wanderte gen Buchwald. An dem berühmten Park konnt' ich nicht viel finden; der Weg hin war aber sehr hübsch, und die Beleuchtungseffekte, sonnige breite Streifen unter schwarzem Gewölk, gaben dem Gebirge einen großen Zauber. Buchwald ist halber Weg nach Fischbach, das ich in den nächsten Tagen noch 'mal besuchen will, vorausgesetzt, daß es das völlig aprilhafte Wetter zuläßt. — Am Sonnabend abend war ich bei Exz. L., mit der man ganz vorzüglich plaudern kann. Jedes Wort erinnert mich an die Zeit vor 1840, an die gemütlich philiströse Epoche unter Friedrich Wilhelm III.

Gestern machte ich meine Visite im Schloß, beim Kammerherrn v. R., der am Montag abend bei mir gewesen war, um mich aufzusuchen. Ich traf ihn nicht, gab meine Karte ab und empfing nun gestern abend seinen Gegenbesuch; Hauptmann v. W. kam hinzu, Frau Brey spendierte ihre beiden besten Leuchter, so daß wir eine kleine Reunion hatten, freilich mit trocknem Munde, doppelt trocken vom vielen Reden. Es geht eine dunkle Sage, das Schloß läge mit einer Einladung im Anschlage, trotzdem sich im ganzen Dorf das Gerücht meiner Fracklosigkeit verbreitet hat. Ich denke mir, daß infolge dieses Mankos die Wage noch hin und her schwankt, und lebe der Hoffnung, daß die Etikette schließlich über die Neugier siegen und der fehlende Leibrock mich retten wird. Der Kammerherr traf mich in der Tat gestern in einem Kostüm (Bammelhose, nur ein Knopf zu, Filzschuhe und Überzieher mit dem mausrigen Samtkragen), das meiner Hoffnung neues Leben gibt.

Hier hast Du mein Leben seit Freitag. Gearbeitet, wie hieraus ersichtlich, hab' ich wenig; doch verzeih' ich's mir. Ich habe ein einziges Kapitel geschrieben, dabei aber viele Kapitel gelesen, nämlich das ganze „Heart of Midlothian". An einzelnen Stellen nicht viel 'was andres als ein höherer Räuberroman, ist doch das Ganze von einer so kolossalen Schönheit, daß ich — von meinen leicht fließenden Tränen (ich habe sie glasweise vergossen) gar nicht zu reden — viele Male aufgesprungen bin und in Bewunderungsadressen an den Toten mein Zimmer durchmessen habe. Durch das Ganze, hundert andrer Vorzüge zu geschweigen, zieht sich eine Gabe, Menschen das Natürliche, immer Richtige sagen zu lassen, die, wenn wir Shakespeare und Goethe aus dem Spiel lassen, kein andrer hat. Ich finde dies das Größte.

In aller Liebe, unter Gruß und Kuß für Dich und die Kinder, wie immer Dein

Theodor.

---

82) Berlin, d. 20. September 1868.

Meine liebe, gute Mama.

Eine dunkle Sage geht, der Husten sei wieder da, als habe er vor, eine Winterbelagerung gegen Dich ins Werk zu setzen, Dich einzuschließen und Deine Kommunikation mit der Welt draußen zu unterbrechen. Dies darf nicht sein. Paragraph 1 aller meiner Wünsche ist also: weg mit diesem Husten. Tritt ihm energisch entgegen, mit Brusttee, mit Kurella, mit Speck, vor allem mit einem frühzeitig und tüchtig geheizten Ofen. Vor dem letztren flieht er, wie alles Böse vor der stillen Segenswärme guter Mächte, und nur das dicke Deckbett kommt ihm an Macht und wohltätigem Einfluß beinah' gleich. Ja, wenn es glückt mit Hilfe dieses letztren Mittels in Schweiß zu kommen, so ist es sogar dem Ofen überlegen, ist das Sanspareil unter allen Rittern vom Spital und verdient jeden ehrenden Beinamen: Hustentöter, Bellfeind, Kratzefried.

Meine liebe Mama, die Länge dieser Abhandlung möge Dir wenigstens zeigen, wie mir's am Herzen liegt, daß Du von dem alten Elend nicht wieder gepeinigt werden mögest, und ich lebe allen Ernstes der Hoffnung, daß Du durch eine gute Verschanzung, durch Vorsicht und richtige Verproviantierung dem bösen Feinde siegreich begegnen wirst. Zunächst habe morgen einen guten Tag, an dem sich Licht und Schatten — wie es der 21. September dem Kalender nach muß — nicht bloß balancieren, sondern der Licht und Freude ist durch alle 24 Stunden hin.

Mir geht es leidlich. Mit meinem Buche*) bin ich nun bald zu Rande, und nach länger als zweijähriger, unausgesetzter Arbeit, empfind' ich dies allerdings wie Befreiung von einem Alpdruck. Ich sehne mich nach einem Wechsel in der Beschäftigung und bange doch auch davor. 1000 herzliche Grüße Dir und Lieschen von Deinem alten

Theodor.

---

*) Es handelt sich um das Buch: „Der deutsche Krieg von 1866".

83) Berlin, d. 16. Oktober 1868.

Meine liebe Frau.

Dank und Kuß auf Hand und Mund für Deine liebevollen Worte zum heutigen Tage, und Dank an Frau Johanna*) für die Veilchen, die, fast noch frisch, in diesem Augenblick das Zimmer durchduften. Achtzehn Jahre sind wir nun bei- und miteinander; mögen uns noch achtzehn beschieden sein, voll gleichen Glücks und bleibender Eintracht.

Ich freue mich sehr, daß es Dir endlich besser geht. Ob nun die Eruption oder das „Enterich-Daunenkissen" schuld ist, ist gleichgültig; von diesem erzähle ich überall, was jedesmal einen allgemeinen Jubel weckt. Lepel rief über den Tisch weg: „ein neuer Beweis für die Superiorität des Männlichen!"

Unser Haus wird jetzt von Damen in Doppelkolonne gestürmt. Die eine Kolonne besteht aus Künstlerinnen, die in betreff der neu zu errichtenden großen Zeichenschule allerhand Anliegen haben, die andre Kolonne setzt sich aus Gouvernanten aller Rang- und Altersklassen zusammen, die nun, nach zwei Annoncen in der Kreuzzeitung und in der Vossin, wie die Champignons nach einem warmen Regen aus der Erde wachsen. Vorgestern waren fünf, gestern sieben bei mir, fast alle zu gleicher Zeit, so daß es auf meinem türkischen Teppich aussah wie in einem Harem. Vor den Augen eines Sultans hätte allerdings höchstens eine bestanden, eine junge, hübsche Dame aus Hinterpommern, frisch, unschuldig, mit schönen Zähnen und einem brillanten Zeugnis, die ich denn auch gleich an Scherz empfohlen habe.

---

*) Frau Johanna Treutler in Neuhof. (Man vergl. die Fußnote auf S. 148.)

Nachmittags.

Das Zauberfest, das ich Deiner Anweisung und der Kochkunst unsrer Luise verdanke, ist nach Wunsch verlaufen. Wir tranken zunächst auf Dein Wohl (Friedel in vollen Zügen), dann proponierte Theo ein zweites Glas auf das Wohl der verehrten Familie Treutler. Er war so engagiert und hielt so tapfer aus, daß er wahrscheinlich um zehn Minuten zu spät in die Schule gekommen sein wird. Es ist nicht mehr als billig, daß ich Dir die Reihenfolge der Gänge gebe.

Menu am 16. Oktober 1868.
(Kochkünstler: Luise Reißner.)

Bouillon mit Nudeln.
Nach der Suppe echter Bordeaux (15 Sgr.) aus Spitzgläsern.
Huhn au naturel.
Blumenkohl à la hollandaise.
Klöße mit holländischer Sauce.
Arme Ritter.
Glacierte Äpfel. Preißelbeeren.
Ungarische Weintrauben.

Zu jedem Gange Bordeaux-Holtzberg (15 Sgr.) immer aus derselben Flasche. Alles war befriedigt. Die Kinder erwogen, ob sie so gut schon 'mal gegessen hätten. Was wichtiger ist, sie waren auch satt; Martha und Friedel haben sich 1/8 von einem armen Ritter aufgehoben.

Wie immer in alter Herzlichkeit Dein Theodor.

---

84) Berlin, d. 21. Oktober 1868.

Meine liebe Frau.

Mit großer Freude erseh' ich nicht nur aus den Worten, sondern was wichtiger ist, aus dem Ton Deiner Briefe, daß es Dir besser geht. Ich will Dich nicht mit

Rechthaberei quälen, aber Du tätest gut, wenn Du in allen Gesundheitsfragen mehr auf Deinen Mann hörtest. Ich darf wirklich sagen: ich habe diese Fragen gründlich studiert, und da unsre nervösen Organismen sich sehr ähnlich sehen, so weiß ich auch immer ziemlich genau, was Du tun mußt, weil ich eben genau weiß, was *ich* zu tun habe. Ich habe die geheimnisvolle Kraft des Luft-, Orts- und Umgebungswechsels zu oft erprobt, seinen Segen zu oft erfahren, als daß ich mich in diesen Dingen irren könnte. Ich kann natürlich nicht Pocken oder Cholera oder Magenkrebs durch Luftwechsel kurieren; aber solche Zufälle, an denen wir zu leiden pflegen, heil' ich unter neun Fällen von zehn durch bloßen change of air. Kommt dann noch so viel Liebes und Gutes hinzu, wie Dir Neuhof jedesmal bietet, so ist die Kur gemacht. Erwäge: man hat gegen sich selbst und fast noch mehr gegen andre die *Pflicht*, nicht mehr und nicht länger krank zu sein, als eben unvermeidlich ist; man kürzt sich und andern dadurch die frohen Lebensstunden ab und gibt gar nichts dafür. Daß es an Bangen und Sorgen im Leben nicht fehlt, dafür ist ja ohnehin gesorgt; aber nun mache man auch dies Trübsalsmaß nicht voller als nötig ist. Leicht zu leben ohne Leichtsinn, heiter zu sein ohne Ausgelassenheit, Mut zu haben ohne Übermut, Vertrauen und freudige Ergebung zu zeigen ohne türkischen Fatalismus, — das ist die Kunst des Lebens. In vielen Stücken ordne ich mich unter, aber in diesem Punkt bin ich Autorität.

Hier geht alles leidlich; die Kinder sind wohl. Mit herzlichstem Kuß Dein

Theodor.

Mit dem Worte „drum" hast Du *nicht* recht. Es gibt wenig Wörter, die vorweg als untunlich oder prosaisch verurteilt werden müssen; es kommt bloß auf die geschickte

Hand an. Ich habe nachstehende Spielerei geleistet, die ein absolutes Nichts ist, von der Du aber sagen wirst, es klingt toll genug. Also:

Und ging auch alles um und um,
In Dir, in mir, ich lieb' Dich drum,
Ich lieb' Dich drum, weil Du mir bliebst,
Ich lieb' Dich drum, weil Du vergibst,
Ich lieb' Dich, — ach warum „Warum"? —
Und blieb' auch meine Lippe stumm,
Ich lieb' Dich drum, weil Du mich liebst.

Vielleicht findest Du es gar nicht so schlecht; das würde nur ein Beweis sein, wie erfolgreich man mit dem bloßen Klang operieren kann, auch wenn gar nichts dahinter steckt.

---

85) Berlin, d. 29. Mai 1869.

Meine liebe, gute Mama.

Der Monat Mai soll doch nicht zu Ende gehn, ohne daß ich vorher mit Dir ein wenig geplaudert und vor allem Dir meine Freude darüber ausgesprochen habe, daß es wieder um so vieles besser mit Dir geht. Vielleicht bietet sich mir im Laufe der nächsten Monate Gelegenheit, mich, wenn auch nur auf zwei Stunden, persönlich davon zu überzeugen. Ich bin nämlich jetzt ganz mit meinem „Kriegsbuch" fertig und habe vor ein paar Tagen — zu meiner Erholung — den dritten Band meiner „Wanderungen" angefangen: „Das Havelland". Ich werde es nach der alten Landeseinteilung behandeln und in größeren Abschnitten den Glin, wo das herrliche Vehlefanz die Hauptstadt ist, den Friesack mit der Hauptstadt Friesack und zuletzt auch das Ländchen Bellin mit der Hauptstadt Fehrbellin meinen Lesern vorführen, wobei ich dann nicht versäumen werde, sei es von Friesack oder sei es von Fehrbellin aus, einen Abstecher zu Mütterchen und Schwesterchen zu machen. Klingt wie im Märchen. Liese als „Schwesterchen" ist nicht übel. Dagegen bist Du nun als „Mütterchen" vollkommen, was Du aber nicht übelnehmen mußt. Am besten wäre es, ich führe dann nur bis Wustrau, fände Euch dort, promenierte mit Euch auf Ziethen-Schwerinschem Parkgrund, tränke einen mäßigen Wirtshauskaffee und verschwände wieder, mit dem Hut winkend, am Horizont.

Die Hochzeit in Kränzlin*), zu der ich nicht erscheinen konnte, soll ja sehr großartig gewesen sein: zu Fuß gerittene Quadrillen, Pferdeköpfe, Grafen usw. Ihr wißt, daß Hesekiels Gicht meinen Urlaub und mein Kommen unmöglich machte; in aller Liebe und Freundschaft muß ich doch aber auch sagen: dieser Gichtanfall kam mir sehr à propos. Ich habe gar kein Organ für solche Feierlichkeiten; bei Liesens Taufe kriegte ich bekanntlich den Lachkrampf, und etwas von diesem alten Übermut ist mir bis auf den heutigen Tag geblieben. Alles Ehrpußliche, alle „Pompositát", wie die Engländer sagen, reizt mich zu kritischen Betrachtungen. Dazu kommt, daß ich in Kränzlin, in dem ich unbestritten — und in aufrichtigem Dank sei es gesagt — glückliche Tage verlebt habe, ein Fremdling geworden bin. Die Kinder kenn' ich nur noch dem Namen nach; alle Interessen, Verkehrs- und Sprechweise liegen nach der entgegengesetzten Seite hin — kurzum, ich hätte eine unglückliche Rolle gespielt und weder mich noch andre befriedigt.

Wir haben in den letzten sechs Wochen gesellschaftlich viel üppiger gelebt als während des Winters; die Ver-

*) Kränzlin bei Neuruppin, das Gut von Fontanes Freunde Hermann Scherz.

anlassung war mannigfach. Lübkes, infolge des Unfalls, der ihn betroffen, blieben vier Wochen länger hier, als sie ursprünglich wollten; Treutlers waren hier, und vor etwa drei Wochen erschien Paul Heyse nebst Frau. Sie ist noch nicht voll 19 Jahre und allerdings sehr schön. Was ihr aber mehr als ihre Schönheit die Herzen gewonnen hat, ist etwas außerordentlich Freundliches und Gütiges im Ausdruck ihrer Augen. Dies hatte niemand erwartet. Sie ist kindlich und charaktervoll zugleich.

In unserm Hause, unberufen und unbeschrien, geht es leidlich. Emilie, die von Weihnachten bis Ostern körperlich und geistig in trauriger Verfassung war, hat sich wieder recht erholt und sieht die Welt im allgemeinen und mich im speziellen wieder mit andern Augen an. Ich könnte Ehemondstabellen herausgeben. Vom November an abnehmend, Weihnachten letztes Viertel, dann vier Monate lang totale Verfinsterung, zu Ostern der erste goldne Sichelstreifen, der holde Mondkahn, um nun in den Stillen Ozean des Frühlings und Sommers einzuschiffen. Nach Pfingsten Vollmond. Ich nehme dies alles jetzt wie Naturerscheinungen hin, freue mich des blauen Himmels und murre nicht, wenn es regnet. Ich weiß, alles hat seine Zeit.

Die Kinder sind jetzt wirklich sehr nett. Theo ist klug, fleißig, strebsam; Martha mausert sich sehr heraus und wird elastisch, graziös, leider auch etwas eitel, putzsüchtig und schulschnabbrig; Friedel, ein sehr gutes Kind, auch nett aussehend, ist eine völlig komische Figur, ein durch ein Verkleinerungsglas angesehner Pächter oder Schiffskapitän. Theo ist der Jüngste in Obertertia. Neulich erzählte er uns, ein Großer habe gesagt: ‚schwach ist der Fontane nur, aber Mut hat er'; „na" — setzte Theo hinzu — „es ist besser, wie wenn sie gesagt hätten: ‚stark ist er, aber feige'". Von George leg' ich einen seiner letzten Briefe bei. Er wird nun in den nächsten Tagen Fähnrich werden, was seine ganze Seele in Anspruch nimmt. Glückliches Alter!

Kuß und Grüße Euch beiden; die herzlichsten Dir von Deinem alten

Theodor.

---

86) Berlin, d. 20. September 1869.

Meine liebe, gute Mama.

Laß Dir diese Zeilen sagen, wie sehr wir Dich lieben und verehren, wie tief wir empfinden, was wir an Dir besitzen, und wie herzlich wir wünschen und bitten, Du mögest uns noch recht lange erhalten bleiben. Du bist jetzt krank, schwach, hinfällig; aber schon Hinfälligere haben sich wieder erholt, und wenn nur etwas von Tante Kemnitzens Blut in Dir ist, so seh' ich nicht ein, warum Du's nicht auf 80 bringen und mit Tante Minna, wie mit einem unmittelbaren Vorbild, einen Wettstreit eingehen solltest. Der Husten ist böse; aber ein Husten ist nichts Inkurables, und was der Lakritzen alter Zeiten nicht vermocht hat, das leistet jetzt Schering mit seinem Malzextrakt. Möge dieses an Dir sein Bestes tun, Dich heilen, wenn's sein kann, mindestens Dir Trost und Erleichterung gewähren.

Unter allen Umständen habe morgen einen guten Tag, plaudre, aber nicht zu viel, und laß uns durch Jenny hören, daß es Dir „den Umständen nach“ vorzüglich geht.

In alter Liebe, unter herzlichen Grüßen an die beiden Schwestern, wie immer Dein

Theodor.

---

87) Berlin, d. 7. Oktober 1869.

Meine geliebte Frau.

Du hast ganz recht, ich bin minder heiter und gutgelaunt als sonst wohl, und doch kann ich eigentlich nicht sagen, daß mich etwas tief bedrücke oder daß ich direkt verstimmt wäre. Ich bin aber umgekehrt auch nicht gut gestimmt und ich habe auch keinen Grund dazu. Ich bedarf einer Auffrischung, irgendeines Geschenkes, einer Gnade, die mir das Hoffnungslämpchen wieder ansteckt; das Abwickeln der Tage unter Verhältnissen, die nur gerade mir das tägliche Brot abwerfen, und die Aussicht, für den Rest des Lebens diesen Zustand der Dinge noch als ein besonderes Glück ansehen zu müssen, hat wenig Erheiterndes. Ich habe allerdings jene Ergebung, die in dem Lose, das einem zuteil wird, ein Gebotenes, Vorgezeichnetes sieht; aber dieser Trost ist doch nur ein halber, und der eitle Gedanke beherrscht mich allerdings, daß das Maß meines Fleißes und meiner Anstrengungen eine höhere Anerkennung in bar verdiente. Es liegt darin etwas unendlich Bittres, daß man mit all' dem Talent, das einem Gott, und mit all' dem Wissen und technischen Können, das man sich selber gegeben hat, doch weit hinter dem Kontoristen eines größeren Geschäftes zurückbleibt. Alles verdrießt mich nach dieser Seite hin; — die allgemeine Sachlage und die in Rede kommenden Persönlichkeiten nicht minder. Aber wie es ändern?! „Dulde, gedulde Dich fein!" *)

Georgens Brief, den ich beischließe, ist wieder allerliebst, eine wirkliche Freude. Seinen Inhalt will ich nicht verraten, wenn davon überhaupt die Rede sein kann; denn wahrscheinlich wird die Mutter zärtlicher sein als die

*) Ein Vers von Paul Heyse.

Frau und erst nach dem Briefe des Sohnes, dann nach dem des Alten greifen. Mich überrascht immer wieder in allem, was George schreibt, eine bemerkenswerte literarische Begabung, zwangloser Humor und scharfe Beobachtung. Geld habe ich bereits geschickt.

Du bist heute elf Tage fort, und mit Ausnahme des Rütli habe ich keinen Menschen gesehn. Diese Stille ist ein wenig auffallend. Meine liebe Frau, es bereitet sich still, aber fast unausbleiblich eine Katastrophe vor; ich bin ein Fremdling in dem ganzen Kreise geworden. Chevaliers*) bauten bisher die Brücke, aber wer weiß, wie lange diese Brücke hält. Ich fürchte, nicht lange mehr. Mitunter hab' ich ein wahres Verlangen nach Aufräumen und klarerem Spiel. Laß irgend wieder 'mal eine große allgemeine Frage aufs Tapet kommen, eine Frage, wo man mich durch wichtigtuerisches, liberales Gewäsch in Harnisch bringt, so ist der Kladderadatsch da. Die ganze Geschichte wird lange schon durch Dich und nicht durch mich gehalten. Ich lasse alle gelten, einzelne sehr, aber — Fremdling.

Alles dankt für Marthas Briefchen. — Genieße die schönen Wochen. Ich hoffe, Dich wie einen Borsdorfer Apfel wiederzusehn, rotbäckig, blank und feste. Tausend herzliche Küsse von Deinem alten

Theodor.

---

88) Berlin, d. 10. Oktober 1869.

Meine geliebte Frau.

Du mußt Deinen letzten Brief, den ich eben beim Frühstück empfangen habe, mit sehr guten Gedanken im Herzen geschrieben haben; denn die Erfüllung ist Deinen freundlichen und liebenswürdigen Wünschen unmittelbar

*) Zöllners. (Man vergl. die Fußnote auf S. 141.)

auf dem Fuße gefolgt. Der Rütli verlief glänzend; nicht nur, daß er sehr interessant war — sie waren auch alle von einer großen Liebenswürdigkeit und überzeugten mich von der Grundlosigkeit meines Verdachtes. Das gute Einvernehmen ist nun also nach allen Seiten hin wieder hergestellt, und ich muß eingestehn, mich in meinem ewigen Mißtrauen 'mal wieder blamiert zu haben; die Sache lag aber wirklich anscheinend so gravierend, wie nur je das Taschentuch der Desdemona, und es ist ein wenig verzeihlich, daß ich den Soupçon-Othello spielte. Niemand — wie ich jetzt sehe, aus barem Zufall — kümmerte sich um mich, kein Besuch, keine Einladung, kein Brief. So vergingen volle 14 Tage, und ich hatte allerdings scheinbaren Grund, an ein kleines Komplott zu glauben, Komplott zu dem Zweck, mich erziehen zu wollen. Und darin bin ich allerdings furchtbar empfindlich. Nun genug davon. Die Sache ist abgetan und hat das eine Gute gehabt, daß sie mir einen apart liebenswürdigen Brief von Dir eingetragen hat. Ich meine damit nicht die vielleicht allzu anerkennenden Worte, die Du für mich hast, sondern das wirkliche Durchblicken Deiner herzlichen Liebe zu mir.

Am 14. ist der goldene Hochzeitstag der alten Sommerfeldts; ich habe für alle acht Kinder einen Spruch machen müssen. Was man alles zusammenleimt! — Luise Päpke hat heute, von Schiffmühle aus, die drei schönen Weingläser geschickt, die Papa besaß; ich werde sie an Sommerfeldts abliefern und in Erwägung der Uhr-Splendidität nicht auf Teilung bestehn. Es ist ohnehin besser, sie sind in einer Hand*).

Hesekiel knurrt noch immer, aber eigentlich in humoristischer und amüsanter Weise (amüsanter als die

*) Man vergl. die Fußnote auf S. 150.

berühmten Zuschauernotizen) über seinen Schwiegersohn. Gestern sagte er mir: „Denke Dir, ich sitze mit dem Burschen am Kamin, rauche eine Zigarre und bin keines Überfalls gewärtig. Sagt der Kerl auf einmal zu mir: ‚jawohl, Papa!‘ Ich kam mir vor, als wär' ich der alte Abraham; am liebsten hätt' ich ihm eine Maulschelle gegeben.“ — Nun lebe wohl, ergeh' es Dir gut und nimm die herzlichsten Küsse für Dich und Martha. Wie immer Dein

Theodor.

---

89) Berlin, d. 15. Oktober 1869.

Meine geliebte Frau.

Das ist das höchste Glück:
Alte Liebe kehrt täglich neu zurück;
Es bleibt beim alten —
Auch die Worte, die Du im Ohr behalten.

Diese vier Zeilen sind freilich nur eine Kadettenleistung gegen die berühmten sechs Zeilen, die Freund Storm seiner Konstanze über einen Brief schrieb; aber wenn Du bedenkst, daß Storm auf diesem Gebiete first rate ist und ich höchstens second class bin, außerdem aber von vier Zeilen nur $^2/_3$ so viel wie von sechs verlangt werden kann, so schneid' ich möglicherweise noch ganz passabel ab.

Heute vor 19 Jahren hatten wir unsern Polterabend. Was ist seitdem alles ins Land, was ist alles zur Ruh' gegangen! Es lebt kaum noch die Hälfte von denen, die damals zugegen waren. Tante Liese trat als ein entzückender Backfisch ins Leben ein, heut' tritt sie aus; Freund Sch. zog damals in raffinierter Keuschheit einen großgeblümten Kattunvorhang zwischen seinem und seiner Lisbeth Lager, jetzt erklärt er mir (ich zitiere wörtlich): „über 40 hinaus gewähre die Ehe keine sinnliche Befriedigung mehr." Man könnte fast annehmen, er habe den Kattunvorhang wieder aufgespannt.

In weitere Betrachtungen will ich mich nicht einlassen; ich will Dir lieber sagen, was Dir das liebste sein wird, daß ich mich glücklich schätze, Dich zu besitzen, und daß ich ganz glücklich und ganz zufrieden sein würde, wenn Du gleichmäßiger wärest und Macht über Deine Stimmungen hättest. Dieses Manko ist für mich betrüblich, mitunter *sehr* betrüblich; da es aber erheblich besser damit geworden ist, so will ich weiter hoffen und wie mit 18 Jahren denken: die goldne Zeit sie kommt noch.

Nur noch wenige Notizen. Einen Brief von George, der inzwischen seine erste Unteroffizierwache getan, und einige Zeilen von Luise leg' ich bei. Wie fein und angenehm lesen sich die letzteren und wie verschwinden daneben solche Machwerke wie die von Fräulein v. N. und Fräulein Emma K. Man könnte beinah' sagen: es ist doch furchtbar, gebildet zu sein. Wenn man nicht über eine gewisse Stufe *hinaus*kommt, so ist es doch wirklich fast besser, man fängt gar nicht erst an zu klettern und zu steigen.

In der nächsten Woche will ich noch 'mal wieder meine „Wanderungen" aufnehmen; wenn Du kommst, gönn' ich mir dann acht Tage, — ich habe sie mir in diesen Wochen ehrlich verdient.

Nun leb' mir wohl meine geliebte Frau und habe morgen einen glücklichen Tag. Am Abend um neun Uhr rufe Dir das Bild vor die Seele, wie ich mit der Würde eines Burgemeisters zum erstenmal in den grauen, rotgefütterten Schlafrock fuhr, mich niedersetzte und laut an zu lachen fing. Das Pappstoffliche war doch nie unsre Force. Nochmals Ade! Tausendmal Gruß und Kuß von Deinem

Theodor.

90) Berlin, d. 24. November 1869.

Meine geliebte Frau.

Sommerfeldts hatten mir den zweiten Ruppiner Brief nicht geschickt, so daß die Nachricht von einer verhältnismäßigen Besserung im Befinden Mamas, die ich heut' früh durch Deinen lieben Brief empfing, mich eigentlich überraschte. Ich hatte dies kaum noch zu hoffen gewagt. Die Einzelheiten, die Du mir über die bis zuletzt selbstsuchtslose und tapfre Haltung unsrer guten Alten schreibst, haben mich bewegt und erfreut. Wenn denn 'mal gestorben sein muß, so scheint mir dies die schönste, die würdigste, die versöhnendste Art. Mehr und mehr fallen die irdischen Dinge, Sorge, Verlangen und Bangen von einem ab, und das Gefühl legt sich über Herz und Sinn, daß Ruhe das beste ist. Sollte unsrer lieben Alten noch ein Todeskampf bevorstehn, so laß uns hoffen, daß er kurz ist.

Meine Gedanken, während sie bei Euch sind, sind doch nebenher in sehr weltlichen Dingen auch hier engagiert, und mit Bücher empfangen und packen, mit Respektsbriefe entwerfen und kopieren, hat's kein Ende*). Mit den Details will ich Dich nicht aufhalten, nur so viel, daß nur das kronprinzliche Exemplar noch im Kasten liegt; die sieben andern sind abgeliefert oder zur Post gegeben, und zwar an den König, Bismarck, Kultusminister v. Mühler, Geh. Kabinettsrat v. Mühler, Oberst v. Zychlinski, Hesekiel, Hertz. Der letztre hat bereits gedankt. Herr v. Decker**) war gestern bei S. M. zu Tisch; der König soll sich sehr erfreut über das Buch geäußert haben. Glaub's wohl.

*) Es handelt sich um die Versendung des endlich zur Ausgabe gelangten ersten Halbbandes des Buches über den Krieg von 1866.

**) Kgl. Geh. Hofbuchdrucker R. v. Decker, der Verleger der Fontaneschen Kriegsbücher.

Burger*) ist jetzt sehr fleißig; er will noch im Laufe dieses Winters alles zwingen. Das wäre hocherfreulich. Nun lebe wohl, gib meiner lieben, guten Mama einen Kuß von ihrem Ältesten. Dir und Liesen die schönsten und herzlichsten Grüße von Eurem

Theodor.

---

91) Berlin, d. 29. November 1869.

Meine geliebte Frau.

Du hast ganz recht, wir müssen es eben abwarten; Du kannst Liesen weder allein lassen, noch würdest Du hier Ruhe haben; ich werde also keine halb scherzhaft, halb ernsthaft gemeinten Äußerungen mehr über Dein Kommen machen, und unser nächstes Wiedersehn wird in einem Trauerhause sein. Wann? steht bei Gott.

In Deinem heute empfangenen lieben Briefe von gestern haben mich Deine Urteile über „Buchhandel und Zeitungen" und „Th. Fontanes 1866" sehr erfreut. In Deine Anerkennung des ersten Artikels stimme ich ohne weitres mit ein; der zweite ist allerdings sehr maßvoll und sollte es sein. Als mir Dr. Beutner heute früh sagte, „er fände ihn fast zu objektiv", erwiderte ich ihm ganz ehrlich: „ich leistete lieber auf Lob Verzicht, als daß ich mir Lob erwünschte, das mir durch die Art, wie es sich gäbe, unbequem wäre". Im übrigen hat er mir mehrfach die Spalten seiner Zeitung für eine längre und sachgemäße Besprechung angeboten, wenn ich einen guten Berichterstatter in petto hätte. Dies ist nun zwar sehr freundlich, aber beinah komisch ist es zu sehn, wie er sich müht, den Gedanken: „er oder seine Familie solle das Buch

*) Maler Ludwig Burger, der die Illustrationen zu den Fontaneschen Büchern über die Kriege von 1864 und 1866 lieferte.

lesen“ in mir um Gottes willen nicht aufkommen zu lassen. Mit andern Worten, er stellt mir seine Zeitung zur Verfügung, aber nicht seine Person. Dies wäre an und für sich ganz in der Ordnung (Du weißt ja am besten, daß ich nicht einmal von meiner Frau erwarte, am wenigsten verlange, daß sie meine Bücher liest), und wenn ich doch meine Bemerkungen darüber mache, so liegt es lediglich wieder an der Art, wie unser guter B. dabei verfährt. Erst in diesem Augenblick, wo ich über die Sache schreibe, empfinde ich ganz und klar das unstatthaft Nüchterne seiner Haltung in dieser Angelegenheit. Es ist so von allem Schön-Menschlichen entkleidet. Er muß wissen, daß ich 3½ beste Lebensjahre Tag und Nacht an diese Arbeit gesetzt habe, und ich meine, daß er in dem Moment, wo er das Buch auf seinem Tisch liegen sah, an mich herantreten und mir sagen mußte: „ich freue mich, dies Buch in den Händen zu halten“.

Am Sonnabend also, wenn nichts dazwischen gekommen ist, hat Geheimrat W. das Buch dem Könige überreicht. Ist es wirklich geschehn, so ist mir das Schweigen darüber bis heute abend etwas bedenklich. Ich fürchte fast, daß „Berichterstattung“ gefordert wird. Von einer solchen kann ich mir aber bei Mühlers*) „alter Freundschaft“ wenig versprechen, und ich würde in diesem Falle schon seinen Sturz abwarten müssen. Laß Dich übrigens

*) Heinrich v. Mühler, der damalige Kultusminister, zu dem Fontane sowohl als Mitglied des Tunnels wie als naher Freund seines Schwagers W. v. Merckel persönliche Beziehungen hatte, von dem er sich jedoch nicht genügend beachtet fühlte. Fs. Befürchtungen waren übrigens unbegründet. König Wilhelm dankte ihm für den ersten Halbband des Buches durch ein Geschenk von 80 Friedrichsd'or, dem nach dem Erscheinen des zweiten Halbbandes noch ein weiteres Geschenk von 50 Friedrichsd'or folgte.

durch diese Mitteilung nicht verstimmen. Meine alte Soupçon-Natur tritt ja auch stark dabei in den Vordergrund.

Gestern vormittag erwartete ich Herrn Hertz; er kam nicht. Ich wette zehn Taler gegen einen Dreier, daß er mir den Aufsatz „Buchhandel und Zeitungen" übel genommen hat; daß ich ihn geschrieben habe, ist — wie mir meine Kollegen sagen — unverkennbar.

Mit etwas Heitererem laß mich schließen. Um 8½ wankte ich also in die Abendgesellschaft bei Frl. E., deren Geburtstag gefeiert wurde. Es waren wohl noch an 20 Damen, dazu drei Herren: Professor Eschke, Professor Scherres, Professor Fontane. Da es die beiden andern auch nicht sind, so log ich mir ohne weitres diesen Titel zu, der in jenen Räumen bloß als Geschlechtsunterschied betrachtet zu werden scheint. „Er" ist Mann, folglich Professor. Es gab von jenem berühmten Salat, zu dem unsre Lübke das Urrezept besitzt: ein Löffel voll tötet drei Mann. Alles andre war gut, das Arrangement gefällig, die Stimmung heiter. Etwas zu heiter. Ganz das alte Berlin, das man in seiner ältesten Form doch als eine furchtbare Mischung von Häßlichkeit und Unfeinheit bezeichnen muß. Sämtliche Schönheiten dieser 20 Damen, soweit ich sie sehen konnte, wogen noch nicht ¼ Engländerin auf. Wenn sie lachten, machten sie Windungen wie Laokoon unter den Schlangen; man kann sagen: sie lachten sich gegenseitig in die Arme hinein. Dabei rissen sie vor Vergnügen die Mäuler auf und gönnten einem dadurch einen Einblick in Abgründe, die besser ewig mit Nacht bedeckt geblieben wären. Allerdings gab es auch einige Ausnahmen. Das Ganze war mir höchst interessant. Solche Gesellschaften gibt es nur in Deutschland und in Deutschland auch nur wieder in Berlin. Denn, wie ich wohl nicht erst zu sagen brauche, das Ganze hat doch auch seine großen Meriten: geistige Regsamkeit, gute Laune, Abwesenheit aller Tuerei, Schlagfertigkeit, Wohlanständigkeit. Die Mängel liegen immer nur nach der Seite des Schönen hin. Tausend Grüße Euch allen; wie immer Dein

Theodor.

---

92) Berlin, d. 2. Dezember 1869.

Meine geliebte Frau.

Heute zum Kaffee hatte ich mich bei Sommerfeldts angemeldet. S. erzählte mir über seinen Aufenthalt in Ruppin, und die Richtigkeit seiner Erzählung vorausgesetzt, bin ich der Ansicht, daß unsre teure Mama noch Monate lang leben kann. Die Flamme brennt so klein, daß der leiseste Windstoß sie verlöschen macht; bleibt dieser Windstoß aber aus, so erhält das viele Schlafen das Lebensrestchen am Leben. Das bißchen Fleisch, das bißchen Wein, das sie zu sich nimmt, reichen gerade aus, das Flämmchen zu nähren. Mit andern Worten, unsre teure Alte kann jede Stunde sterben; sie kann aber auch das Frühjahr noch erreichen, so daß ihre eigne Prophezeihung zutreffen würde*).

Der gestrige Abend bei Frau Hertz verlief ganz angenehm. Er sagte mir allerhand Freundliches über das „schöne Buch“, das ein wahrer Schatz für sein Haus sei und auch von allen so angesehn würde; der Artikel „Buchhandel und Zeitungen“ wurde mit keiner Silbe erwähnt. Bis zu einem gewissen Grade tut mir der kleine Mann doch leid; er ist nicht glücklich. Er ist darin unserm Z. verwandt, daß er immer gekitzelt werden muß; der Unterschied zwischen beiden liegt nur darin, daß Z. einschläft,

*) Fontanes Mutter starb am 13. Dezember 1869 in Neuruppin.

wenn das geistige Prickeln fehlt, während H. mißgestimmt und melancholisch wird.

Mein Buch wird überall angezeigt („besprochen“ wäre ein zu edler Ausdruck); das heißt der von Decker beigelegte gelbe Zettel, dessen Du Dich vielleicht noch entsinnst, wird, seinem Hauptinhalte nach, abgedruckt. Natürlich sind solche „Kritiken“ absolut wertlos für mich, wie ich denn wohl überhaupt darauf werde Verzicht leisten müssen, etwas Lesenswertes über mich zu lesen zu kriegen. Es liegt ja auf der Hand, daß überhaupt nur ganz wenig Menschen imstande sind, über den Wert oder Unwert eines solchen Buches ein Urteil abzugeben; und von den wenigen, die dazu imstande sind, tut es vielleicht nicht einer. Selbst was die militärischen Fachblätter über ein solches Buch sagen, ist in der Regel bloßes Gesäure. Nicht einmal auf den militärischen Teil gehen sie ernsthaft ein. Das Militärische ist ja aber unter allen Umständen nur eine Seite des Buches. Das Wichtigste daran ist der Aufbau, der Grundriß, die Klarheit der Anlage. Es muß einer schon eine gute Künstlerader im Leibe haben, um dies Eigentlichste sofort zu erkennen und sich dran zu erfreuen. Viele Leser haben es instinktiv weg, daß die Dinge so sind, wie sie sind; sie freuen sich während des Lesens an einem gewissen etwas, das ihnen wohltut, das angenehm wie Licht auf sie wirkt, aber sie können sich über dies angenehme Gefühl nicht eigentlich Rechenschaft geben. Wenn ich nur viele solcher Leser habe, so bin ich zufrieden und leiste auf kritisches Geschwöge Verzicht.

Auf der Zeitung hatten wir gestern einen heftigen Tanz zwischen Beutner und Hesekiel. Anfangs schien es mir, der letztre habe recht; es war aber doch wohl anders, und Beutner, als er mir's erzählte, war so bewegt und indigniert, daß er kaum sprechen konnte. Er machte übrigens in dem Augenblick einen sehr guten Eindruck auf mich, würdevoll und gar nicht kleinlich. Es ist doch auch ein Hundeposten. Heute scheint übrigens wieder die Sonne; alles beigelegt.

Vorgestern abend — das hab' ich zu schreiben vergessen — war Hofrat Herrlich*) bei mir. Er fragte mich sans phrase, ob ich den alten Prinzen Carl nach dem Orient begleiten wollte? Konstantinopel, Harem, Verschnittene, Jerusalem, Ölberg, Bach Kidron, Grab Abrahams, Sodom und Gomorrha, Alexandrien, Khedive, Pyramiden, Nil, Krokodile usw. — es hatte etwas Verlockendes. Aber wir werden doch wohl „heeme" bleiben; zwei Orientalen für die Kreuzzeitung, Gödsche**) und Fontane, wären zu viel. Tausend Grüße. Wie immer Euer

Theodor.

---

93) Berlin, d. 3. Dezember 1869.

Meine geliebte Frau.

Dies werden also mutmaßlich die vorletzten Zeilen sein, die ich für diesmal an Dich nach Ruppin richte. Ich finde, daß Ihr ganz richtig beschlossen habt, und daß es am besten sein wird, Du reist zu Anfang des neuen Jahres zurück, um Lieschen abermals ein wenig zu unterstützen oder doch ihr durch Gesellschaft und Plauderei das Leben ein wenig leichter zu machen.

„Ankündigungen" meines Kriegsbuches erscheinen jetzt beinah täglich, doch sind sie, wie ich Dir schon gestern

---

*) Hofrat, später Geh. Hofrat Herrlich, der erste Beamte des Johanniter-Ordens, in dessen Hause, Potsdamer Straße 134c, Fontane die letzten 26 Jahre seines Lebens gewohnt hat.

**) Redakteur der Kreuzzeitung und Verfasser der unter dem Namen Sir John Retcliffe erschienenen Sensations-Romane.

schrieb, wertlos für mich; sie haben nur einen Wert für Decker, der natürlich ein paar hundert Exemplare mehr absetzt, wenn immer tüchtig drauf los gelobt wird. Eine große Freude hat mir dagegen Tante Merckel gemacht. Sie erzählte mir gestern: das Buch wäre ihrem kranken Bruder*) wie vom Himmel geschickt. An andern literarischen Dingen nehme er kein rechtes Interesse mehr, wohl weil seine Stimmung eine zu ernste sei. Das Buch interessiere ihn aber aufs höchste, weil es eine Darstellung jener Zeit und jener Erlebnisse sei, wo sich sein eignes Leben auf der Höhe befunden habe; alles träte ihm noch einmal entgegen und erfrische und erheitre ihn. Er habe sein lebhaftes Bedauern ausgesprochen, daß es schon zu Ende ginge, — in weniger als acht Tagen habe er sich das Ganze vorlesen lassen. Darauf antwortete ich nun natürlich: „Da kann geholfen werden; in meinem Nachschlageexemplare ist schon ganz Königgrätz mit enthalten; nur die Bilder fehlen —" und schickte den ganzen Band gleich hinüber. Du kannst Dir denken, welche Genugtuung ich empfinden muß, mich dem Manne dankbar zu erweisen, der so viel Freundlichkeit und Wohlwollen für mich gehabt hat.

Dir einen besten Kuß von Deinem Theodor.

---

94) Berlin, d. 4. Dezember 1869.

Meine geliebte Frau.

Nicht auf 1000 Meilen wäre mir eingefallen, daß das Reiseprojekt nach Sonnenaufgang hin Dich eine Minute

*) Geh. Kabinettsrat v. Mühler im Zivil-Kabinett des Königs, dessen Wohlwollen Fontane im Gegensatze zu der Gleichgiltigkeit seines Bruders, des Ministers, um so dankbarer empfand.

hätte ernsthaft beschäftigen können. Ich sehe daran wieder so recht, daß Du viel mehr witzig und geistvoll als klug bist, und daß ich Dir nicht in Tugenden und höheren Anlagen, sondern in ganz gemeiner Lebensprosa, im Einmaleins des täglichen Brotes erheblich überlegen bin. Du hast brillante Einfälle und bist scharfsinnig im Erkennen der Menschen, besonders im Erkennen ihrer Schwächen, ihrer Eitelkeiten und Lächerlichkeiten; aber das nüchterne Erkennen der Situation war nie Deine Force und ist es auch heute nicht. Alles, was Du über meine Stellung zur Zeitung schreibst, ist richtig und ist sogar noch viel richtiger, als Du wissen kannst; man ist eine bloße Sache, man hat den Wert eines Maschinenrades, das man mit Öl schmiert, so lange das Ding überhaupt noch zu brauchen ist, und als altes Eisen in die Rumpelkammer wirft, wenn die Radzähne endlich abgebrochen sind. Aber so gewiß ich das Brutale schmerzlich empfinde, so hab' ich doch nun nachgerade einsehen gelernt, daß es hier zu Lande, in den gesegneten Gauen des Norddeutschen Bundes, überall so ist, und daß man nur so lange Wert hat, als man tagtäglich und immer aufs neue seine Brauchbarkeit beweisen kann. Du weißt, daß ich im vorigen Winter vier bis sechs Wochen lang nachmittags grippekrank zu Bette ging und doch keinen Vormittag auf der Zeitung gefehlt habe, und ich sollte auf sechs oder acht oder zwölf Wochen nach dem Orient reisen, nachdem die Wunden noch bluten, die Gödsche und Heffter durch ihre Abwesenheit der Zeitung und unserm Dr. B. geschlagen haben? Natürlich gibt es Menschen von einem so himmlischen Kehr-mich-nicht-dran, die lachend erklären würden, daß ihnen sämtliche Beutnersche Wunden Schnuppe seien; aber dieses dicke Fell hab' ich nie besessen und kann es mir nun auch nicht mehr anschaffen. Ich gebe die Hoffnung nicht ganz auf, noch einmal in die Welt hinaus zu kommen und Rom, Konstantinopel und Jerusalem zu sehn, die drei Punkte, an denen die Welt hing; aber das ist alles erst möglich, wenn die Kreuzzeitung hinter mir liegt. Solange ich an diese angeschmiedet bin und dankbar sein muß für die Kette, an der zugleich mein Brot hängt, sind solche poetischen Allotria unmöglich. Ich kann, nach menschlicher Berechnung, nur durch zwei Dinge frei werden: durch irgendeine Verwendung im Auswärtigen Amt (die ich, gerade jetzt, nicht für unmöglich hielt) oder dadurch, daß mir ein großer literarischer Erfolg, etwa ein in sieben Auflagen erscheinender Roman, eine vollständig freie Bewegung wiedergibt. — Treten diese Fälle nicht ein, so bleibt mir nichts übrig als auszuhalten, mich nach der Decke zu strecken und Gott zu bitten, daß es nicht schlimmer wird.

Du solltest doch nun nachgerade die Menschen kennen! Die Kinder in der Schule lernen meine Gedichte, Frau Jachmann donnert meinen Archibald Douglas und in der Literaturgeschichte von Heinrich Kurz hab' ich mein Kapitel; aber wenn ich heute noch Bote beim Kammergericht würde, mit 30 Taler Fixum Monatsgehalt und 10 Taler zu Weihnachten, so würden manche sagen: nun, er ist jetzt in königlichem Dienst, er hat ein Fixum, kann sich Bewegung machen und seiner Frau eine jährliche Pension von 40 Talern hinterlassen. Lehre mich die Menschen kennen. Solange man sie nicht braucht, sind sie gut; wenn man sie aber braucht, so nimmt man mit Schrecken wahr, daß sie das Schlechteste gerade gut genug für einen halten. Zum Glück verdrießen mich diese Dinge nicht, im Gegenteil, ich lache dazu; aber sie rufen einem wenigstens zu: halte fest, was Du hast, gefährde nicht durch Prätention Deine Position, wiege Dich nicht in Illusionen.

Jetzt klingelt es. Methfessel ist eine lebendige Predigt

in derselben Tonart, die dieser Brief anschlägt. Denkst Du noch daran, wie ich ihm 1850 auf 51 als „Rosamunde-Dichter" meine Aufwartung machte! Als Dichter ging ich hinein, als verhungerter Seminarlehrer kam ich wieder heraus. — Wie immer Dein alter Orientale Theodor.

Meiner lieben, guten Mama gib einen allerherzlichsten Kuß und sage ihr, es hätte mich recht gefreut, daß Du ihr hättest zeigen können, wie lieb Du sie hättest.

Briefe aus den Jahren 1870 und 1871.

Im Frühjahr 1870 war Fontane aus seiner Stellung in der Redaktion der „Kreuzzeitung" geschieden, hatte aber bald darauf Ersatz dafür gefunden, indem er den ständigen Bericht über das kgl. Schauspielhaus für die „Vossische Zeitung" übernahm. Nach Ausbruch des Kampfes gegen Frankreich erhielt er von der Firma R. v. Decker den Auftrag, auch über diesen Krieg ein Buch zu schreiben. Gelegentlich einer schon im Herbst 1870 begonnenen Studienreise auf den Kriegsschauplatz geriet er jedoch in französische Gefangenschaft, aus der er erst Ende November befreit wurde. Eine Frucht dieses unfreiwilligen Aufenthaltes in Frankreich ist das größtenteils noch auf der Insel Oléron geschriebene Buch „Kriegsgefangen"; eine beiläufige Frucht seiner zweiten, Ostern 1871 unternommenen Studienreise das Buch „Aus den Tagen der Okkupation".

95) Berlin, d. 21. April 1870.

Meine liebe Frau.

The old clock mir gegenüber zeigt eben auf vierzig Minuten nach fünf. Diesen großen Moment kann ich nicht besser feiern als durch Stiftung dieser Zeilen. Mögen Dich am Sonnabend früh diese zwei Blätter vom dünnsten

Briefpapier gesund vorfinden und ihr good morning in das parlor von 37 Argyll Road hineinrufen*).

Deine in Köln aufgegebenen Zeilen hab' ich doch schon heute erhalten. Ich danke Dir sehr dafür. Möge die zweite Hälfte der Reise ebenso glücklich verlaufen sein.

Daß sich Dir George so frisch und munter, wenn auch nicht in absoluter Feinheit und Patentheit präsentiert hat (beiläufig ein wahres Glück), hat mich herzlich erfreut. Noch mehr, „daß er nicht klagt". Dies ist wirklich eine Gottesgabe. So lange man körperlich nicht ganz gebrochen ist, sollte man eigentlich nicht klagen.

Theo hab' ich eben nach dem Theater (Ball zu Ellerbrunn usw.) geschickt. Natürlich selig.

Friedel, nachdem er die Nacht über siebenmal in Luisens Bett gekrochen war und immer versichert hatte: „ihn stäche ein Floh, er könne nicht schlafen" (es war aber bloß Aufregung), stand bereits um acht Uhr gestiefelt und gespornt, d. h. mit dem Tornister auf dem Buckel, vor mir. Um neun Uhr lieferte ich ihn heil ab. Dr. Döbbelin empfing mich im großen Saal wie den Plenipotentiair irgendeiner Großmacht und ließ alles andre stehn und warten. Mitunter wird man doch noch erkannt. Dazu zähle ich auch, daß mir gestern abend Hesekiel eine kleine, allein für mich gebraute Champagner-Maiweinbowle vorsetzte, die ich in drei großen Absätzen austrank. Er hatte nämlich einen leichten Gichtanfall und durfte nicht mittrinken. Er trug es wie ein Held.

Nun leb' mir wohl, küsse my dear little child, grüße unsre verehrten Meringtons und sei herzlich geküßt von Deinem alten

Th. F.

---

*) Frau Fontane befand sich in Begleitung ihrer Tochter Martha auf einer Reise nach England, um letztere auf ein Jahr in die Obhut der mit Fontanes befreundeten Familie Merington zu bringen.

96) Berlin, d. 29. April 1870.

Geliebte Frau.

Am Montag früh kam Dein Brief vom Freitag. Ich hatte eine große Freude daran. Gott sei Dank, daß ihr heil übers Wasser seid, daß kein Unglück und kein Ärger Eure Reise gestört hat, daß ihr nicht geprellt worden, vielmehr der schönen Gotteswelt, des Frühlings und der alten Kulturstätte froh geworden seid. Daß sich meine Mete so tapfer gehalten, hat mich sehr gefreut; ich hatt' es übrigens nicht anders erwartet. Gib ihr einen Kuß.

Deine Bemerkungen über Land und Leute hab' ich mit voller Zustimmung gelesen; dennoch (Du deutest es auch selber schon an) sind sie einseitig. Man kann alle Reisenden in zwei Charakterklassen teilen: in freundliche Sanguiniker, die überall sehen und auch sehen *wollen*, wodurch sich die Fremde vorteilhaft von ihrer Heimat unterscheidet, und in leberkranke Nörgler, die sich zu Hause eine Vortrefflichkeitsschablone zurecht gemacht haben und über alles verstimmt sind, was davon abweicht. Wir gehören zur ersteren Klasse, wofür Gott gedankt sei; aber sie bleibt doch sehr an der Oberfläche hängen und ist hinterher um so verstimmter, wenn sich zeigt, daß auch nicht alles Gold ist, was glänzt. Zudem spielt das Glück auch *hier* mit. Es gibt unter den vielen Glücks oder Glücken auch ein ganz bestimmtes *Reiseglück*; manche haben's nie, andre immer.

Zu wehmütiger Betrachtung stimmten mich jene wenigen Zeilen, wo Du die „Klippe von Dover“ und wenige Stunden später die Türme, die Umrisse der Riesenstadt vor Dir auftauchen siehst und Dich eine Art Sorge anwandelt: Werd' ich das alles bezwingen können? Ich bin gewiß nicht sentimental, aber wie unser lieber, kleiner *Merckel* zu erzählen pflegte: „Als ich Heidelberg wiedersah, weint' ich wie ein Kind; ich stand wie am Grabe meiner Jugend", so beschlich es mich auch, als Deine Zeilen mir diese Prachtstücke meiner Erinnerung, das Schönste und jedenfalls Großartigste, was ich gesehn, wieder vor die Seele riefen. Damals an der Schwelle des besten Lebensabschnittes, jetzt auch wieder; aber an der Tür gegenüber. Und was ist das Resultat der achtzehn Jahre, die zwischen heut' und damals liegen! Ich will es nicht unterschätzen; in mancher Beziehung reicht es bis an meine Hoffnungen heran oder übertrifft sie selbst, aber sich durch ein mutiges, arbeit- und mühevolles Leben nichts als Sorge für das Alter errungen zu haben, ist doch, nach der Seite äußern Erfolges hin, zu wenig.

Genug davon. Hinter allem Ernst klingelt ein Clown her, und ein solcher machte denn auch, zwei Stunden später als Dein Brief, bereits seine Aufwartung. Ich bekam eine Zuschrift aus Dresden, deren Adresse ganz kurz lautete: „Dem deutschen Dichter Th. Fontane, Berlin." Ich erwartete den Anpump eines „Kollegen" und fühlte mich bereits um einen Taler leichter; es war aber das Anschreiben eines „deutschen Lehrers" (natürlich alles deutsch und immer unterstrichen), der mich um eine Gabe „aus meiner Dichtermappe" ersuchte; die lieben Kleinen, die Herzen „deutscher Jugend" verlangten nach echtem Brot. Kurzum, er will auf andrer Leute Kosten eine Gedichtsammlung herausgeben. Unerträgliche Phraseurs.

Sonst hat sich nichts Bemerkenswertes ereignet. Gruß und Kuß meiner Mete, den herzlichsten Dir von Deinem alten

Theodor.

---

97) Berlin, d. 6. Mai 1870.

Geliebte Frau.

Das größte Lob, das ich Deinen Briefen spenden kann, ist wohl das: ich lese das alles wie Pücklers Briefe, ich frische die alten Bilder wieder auf und stimme den Bemerkungen zu. Daß Mete so einschlägt, ist mir eine besondre Freude; sie ist ein apartes Kind, in gewissem Sinne ein Angstkind, und alles wird davon abhängen, in welche Hände sie gerät; sie ist jetzt in den besten. — Dein guter Einfall, womit Du die Debatte über Frauenstimmrecht kupiertest, hat auch mich amüsiert. Man kann all diesen Dingen gegenüber sagen: „Warum nicht!", aber doch noch mit größerm Recht: „Wozu?" Die Frauen, die zur Zeit Ludwigs XIV. die Welt, den König und die Gesellschaft regierten, hatten kein Stimmrecht, haben sich aber leidlich wohl dabei befunden, jedenfalls besser als jene Unglücklichen, die sich „in Erfüllung ihrer Bürgerpflicht" an die Wahlurne drängen.

Ich habe eine ziemlich unruhige Woche hinter mir, und doch ist nicht leicht darüber zu berichten. Nennt man die Dinge bloß, so ist es langweilig, gerät man ins Beschreiben, so ist es endlos.

Am Dienstag früh hatte ich das übliche Gratulationsbukett zu Hesekiels geschickt; am Abend war ich ein paar Stunden bei ihnen. Er hat noch immer seinen Gichtanfall, so daß sich das Bachanal innerhalb bescheidener Grenzen hielt; er trank nur Limonade, aber aus einem — Pokal. So sucht sich das Herz zu täuschen.

Vorgestern stand ich schon gleich nach 6 Uhr auf, da Frau Fiedler mit dem Portier derartige Schnabbergespräche führte, daß ich aufwachte und nicht wieder einschlafen konnte. Decken klopfen usw. stört mich nicht, aber gegen ordinäre Stimmen bin ich fast so empfindlich wie Lepel. Ich hatte nun noch Zeit und machte zwischen 7 und 8 Uhr einen Morgenspaziergang. Es war ein wenig windig, und als ich auf den Hafenplatz kam, wankte mir ein höchst fragwürdiges Paar entgegen, er in einem grünlichen Überzieher, dritte Garnitur und dito Hut, sie in Morgenhaube unterm Hut, einem Sommermäntelchen, das das Geschwisterkind von dem Deinigen zu sein schien, und in Bambuschen, so groß wie meine Filzschuhe, die teils aus Filz, teils aus Tuchecken zu bestehen schienen. Der Wind machte es, daß sich diese beiden Torfkähne in ihren ganzen Gräßlichkeiten präsentierten. Es waren G.s. Die Begegnung, das kann ich wohl sagen, machte einen Eindruck auf mich. Die ganze Bettelhaftigkeit unsrer Zustände stand auf einen Schlag vor mir. Ich kann und darf so gehn. Wer bin ich? Ein armer, titelloser Schriftsteller, den einige kennen und viele nicht kennen. Da ist von Repräsentation keine Rede. G. ist aber einer der ersten Beamten des Staates; er sitzt im Herrenhause, und wenn er in England lebte, würde er ein hochangesehener Peer, einer von den Law-Lords, ein Mann wie Lord Brougham oder Lord Cairns sein. Und nun diese Erscheinung, dieses Paar, diese Bambuschen! Ich schreibe dies nicht aus Spottlust. Ganz und gar nicht. Ich liebe und verehre beide Leute, und mein Groll — denn der Spott vergeht einem — geht nach ganz andrer Seite.

Gestern abend war ich bei Tante Merckel. Ich weiß nicht, wie es kam, aber plötzlich steckte ich in meinen Angelegenheiten und kam dabei ganz ungesucht auf das Benehmen ihres Bruders und des ganzen Kultusministeriums gegen mich zu sprechen*). Ich sagte sehr scharfe Sachen, bat dann wieder um Entschuldigung, küßte ihr die Hand und ging dann aufs neue los, weil sie mir drei-, viermal versicherte, es sei ihr eine Befriedigung,

---

*) Fontane war im Jahre 1868 der ihm bis dahin seitens des Kultusministeriums bewilligte Zuschuß von jährlich 300 Taler entzogen worden.

mich 'mal darüber sprechen zu hören. Mein Haupttrumpf war etwa der folgende: „Überall Enge und Kleinheit, nirgends Freiheit und Freudigkeit; ein dürrer, totmachender Zug geht durch diese ganze Verwaltung, nichts kann aufkommen, weil nichts aufkommen soll. Die ganze Welt besteht aus Dorfschulmeistern, die in Hunger gehalten werden müssen, um besser gemaßregelt werden zu können, und nach dieser kümmerlichen Schablone hat man auch mich traktiert. Der ganze Geist, aus dem heraus man mich wie einen halben Bettler und Querulanten behandelt, ist eine schnöde Beleidigung gegen mich. Wenn sie ihr Metier verstünden, wenn sie wüßten, was sich für ein preußisches Kultusministerium schickte, so hätten sie mir diese lumpigen 300 Taler längst als Unterstützung auf Lebenszeit angeboten. Du siehst, daß ich nicht blöde war. Helfen wird es wohl nicht, aber schaden wird es auch nicht.

Heute hatte ich einen Brief von meinem Paretzer Hofgärtner. Immer der alte — ein non plus ultra von Artigkeit. Hesekiel nennt mich zwar jetzt auch „Prinz Fontane", aber was will dieser Scherz sagen gegen den blutigen Ernst der Hofgärtner-Devotion. Sonntag werde ich wieder mit einem langen Aufsatz fertig, schreibe in nächster Woche Paretz und werde wohl am 15. oder 22. d. M. einen Sonntag dort zubringen. Nun gute Nacht. Morgen noch ein paar Zeilen. Übrigens hab' ich vor einigen Tagen ein Gedicht an Dich gemacht. Was einem alten Menschen alles noch passiert!

Gruß und Kuß meinem Liebling und Dir von Deinem alten

Th. F.

98) Berlin, d. 11. Mai 1870.

Geliebte Frau.

Seid beide schön bedankt, Du und Klein-Martha, für Eure Briefe, die ich heute rechtzeitig erhalten habe. Es interessiert mich alles; Deine Urteile und Vergleiche sind sehr gut, Du anerkennst freudig, ohne Dich verblüffen zu lassen, und so muß alles räsonnable Urteil beschaffen sein.

Die Hälfte unserer Trennungszeit ist nun um, und der Zeitpunkt ist gekommen, den ich mir gleich festgesetzt hatte, um Dich in unsre Geheimnisse einzuweihn. Ich habe meine Kreuzzeitungs-Stelle aufgegeben. Falle nicht um! Eh' Du noch mit diesem Briefe zu Ende bist, wirst Du hoffentlich sagen: er hat ganz recht getan. Vielleicht (und das wäre das Beste) sagst Du's auch gleich und hast das Vertrauen zu mir, daß ich nicht so gehandelt haben würde, wenn ich nicht überzeugt wäre: es war so am klügsten und besten. Einiges Gewicht muß es doch vorweg für Dich haben, daß ich meinen Entschluß und meine Handelweise in diesen drei Wochen noch keinen Augenblick bereut habe. Im Gegenteil, ich freue mich jeden Tag darüber.

Nun historisch. Am Ostersonnabend hatte ich den Ärger. Dr. Beutner sagte mir etwas über „Skandinavien" (lächerlich in sich), sprach artig, aber sehr kühl und zog Parallelen mit Hesekiel; ich kriegte das Zucken um den Mund, stand auf und empfahl mich. Noch eh' ich an dem Portierknopf unsres Hauses zog, war ich entschlossen, das Redaktionslokal nicht wieder zu betreten. Ich wollte, bevor ich meinen Absagebrief schrieb, nur Deine Abreise abwarten. Um 3/4 9 Uhr reistest Du ab; Du warst noch nicht in Brandenburg, als Dr. B. schon meinen Brief hatte. Alles, was nun folgte, im Detail zu erzählen, würde zu weit führen. Hesekiel, in B.s Auftrag, suchte einen Ausgleich herbeizuführen. Ich fand dies freundlich, aber kindisch; im Guten und Nicht-Guten ganz Beutner, ganz die kleine Luckenwalder Natur, die einen tapfern, reellen Entschluß nicht begreifen kann. Ich schrieb noch 'mal an ihn, dankte ihm in aller Aufrichtigkeit für vieles Gute und Freundliche, das er mir erwiesen, bat ihn, meine alten Beziehungen zur Zeitung, Mitarbeiterschaft statt Redaktion, fortbestehen zu lassen und empfahl mich. So sind die Dinge geblieben.

Dir brauche ich wohl nicht erst zu sagen, daß die Ostersonnabend-Szene weiter nichts war, als der Tropfen, der das Glas zum Überlaufen bringt. Du weißt, daß ich längst entschlossen war, in dieser Weise zu handeln, und daß ich die Brutalität, die darin liegt, unsre Freiheit und unsre geistigen Kräfte auszunutzen, ohne vorsorglich und human an unsre alten Tage zu denken — ich sage, daß ich diese Brutalität nicht mehr ertragen kann. So oft ich an diesen Punkt denke, empöre ich mich, und zwar nicht das Schlechte in mir, sondern das Gute. Es ist gemein, beständig große Redensarten zu machen, beständig Christentum und Bibelsprüche im Munde zu führen und nie eine gebotene Rücksicht zu üben, die allerdings von Juden und Industriellen, von allen denen, die in unsern biedern Spalten beständig bekämpft werden, oftmals und reichlich geübt wird. Dieser Punkt war für mich der entscheidende. Aber auch hier folgte ich nicht dem Gefühl berechtigter Bitterkeit, sondern ich behandelte die Sache nüchtern wie ein Exempel. Ich sagte mir: Wenn man dir solche kühle Standrede jetzt zu halten wagt, wo du, zugestandenermaßen, eine Zierde, ein kleiner Stolz der Zeitung bist, wie wird man nach zehn Jahren zu dir sprechen, wenn du ihr vielleicht eine Last geworden bist? Man wird dann eine Sprache führen, die du einfach nicht ertragen kannst, und mit 60 Jahren wirst du arm und stellungslos dastehn. Diese Situation ist beinah unausbleiblich, sie kehrt in allen Lebensverhältnissen wieder. Fasse dir also ein Herz, anticipiere die ganze Situation. Jetzt bist du noch elastisch genug, um sie mit Gottes Hilfe siegreich überwinden zu können; dir kann sich noch absolut Neues, Glückliches erschließen, der Moment dazu ist gut gewählt. Erschließt sich etwas Neues, Glückliches dir aber nicht, nun, so ist auch noch nichts verloren. Entweder trittst du dann wieder in Stellungen ein, die im wesentlichen nicht schlechter sind, als die bei der Kreuzzeitung, mitunter auch besser, oder du stehst im schlimmsten, Gott sei Dank nicht anzunehmenden Falle vor einer Katastrophe, vor der du früher oder später doch gestanden hättest. Und lieber jetzt, als nach zehn Jahren.

Hier hast Du die inneren Motive, die meine Handelweise bestimmt haben und vielleicht auch dann noch in derselben Richtung mich bestimmt hätten, wenn die ganze äußre Situation viel ungünstiger läge, als sie liegt. Wir werden vom 1. Juli 1870 bis zum 1. Juli 1871 in runder Summe 2200 Taler einnehmen, so daß wir pekuniär eher einem sehr guten als einem schlechten Jahr entgegengehn. Ich bitte Dich dringend, dabei von der Ansicht ablassen zu wollen, als rechnete ich wieder falsch. Ich rechne gut und richtig; aber mein Schicksal hab' ich natürlich nicht in der Gewalt, und die Striche, die einem dieses mitunter durch die Rechnung macht (mir bisher, Gott sei Dank dafür, sehr selten), entscheiden nicht darüber, ob man falsch oder richtig gerechnet hat. All' das liegt auf einem andern Brett. Was ich durch Abmachungen und Kontrakte belegen kann, hab' ich ein Recht, in Rechnung zu stellen. Werden diese Kontrakte aber gebrochen, oder wirft mich Gott statt der üblichen zwei Monate zwölf Monate aufs

Krankenbett, so ist meine Rechnung freilich falsch. Das nennt man aber nicht „falsch rechnen“, das nennt man Heimsuchung, der man sich unterwerfen muß wie dem Tod.

Und nun lebe wohl. Cheer up! Immer Dein alter

Th. F.

---

99) Berlin, d. 16. Mai 1870.

Geliebte Frau.

Ebenso wie es nutzlos ist, an George Abhandlungen über Sparsamkeit zu schreiben, so ist es auch nutzlos, mit Dir über gewisse Punkte zu streiten; Frauen haben die Tugend, immer auf ihr erstes Wort zurückzukommen, und Du hast diese Gabe eminent. Dennoch füg' ich meinen ersten Zeilen noch ein paar Worte hinzu. Man bleibt immer der Einfaltspinsel, der da glaubt, das überzeugende Wort könnte gesprochen werden.

Ich bin beim alten Rose 4 ½ Jahr, in England 4 Jahr, bei der Kreuzzeitung 10 Jahr gewesen; aus Leipzig und aus Bethanien mußte ich fort, wiewohl ich gern länger geblieben wäre — wo liegt denn nun da der ungeheure Hang nach Freiheit und Wechsel? Allerdings hab' ich diesen Hang, aber ich hab' ihn unter Kontrolle meines Urteils und Verstandes, die überhaupt die Regulatoren meiner Lebens- und Handelweise sind. Soll es mich nicht ärgern, ja, das Wort „ärgern“ ist viel zu schwach, wenn Du nun so tust, als hätte ich aus Verlangen nach Veränderung und infolge eines kleinen Streites eine gesicherte Lebensstellung aufgegeben? Ich habe eine nach außen hin leidlich aussehende, aber in ihrem Kern perfide Stellung aufgegeben, die mich jetzt halb ernährte und nach zehn Jahren — nach langem, geduldigen Einstecken von Kränkungen, die sicher nicht ausgeblieben wären — gar nicht mehr ernährt haben würde. Das war das Bestimmende für meine Handelweise, ein ruhiger Kalkül, und über diesen wichtigen Punkt gehst Du hinweg.

Natürlich kann ich mich auch verrechnet haben, aber mutmaßlich wird es nicht der Fall sein, und Du wirst hoffentlich (natürlich ohne Erfolg) wieder 'mal einsehen können, daß neben der Gnade Gottes unsre Existenz mehr auf meiner Frische und Schaffensfreudigkeit als auf Deiner Unken-Prophetie beruht, die bis jetzt — der Beweis liegt offenkundig da — noch jedesmal zuschanden geworden ist und hoffentlich auch wieder zuschanden werden wird. Du hast bisher nichts dadurch erreicht als das eine, mir in kritischen Momenten das Schwere meiner Aufgabe noch schwerer gemacht zu haben. Denn das Gesicht, mit dem Du mitträgst, hat noch niemals eine Last leichter gemacht. Dein

Theo.

---

100) Berlin, d. 20. Mai 1870.

Geliebte Frau.

Vielen Spaß hat mir die Wendung in Deinem letzten Briefe gemacht, daß Du, wenn George zu Pfingsten gekommen wäre, es als „eine Pflicht und ein Vergnügen" angesehn haben würdest, auch hier zu sein. Dies ist in seiner Art klassisch. Was die Pflicht angeht, so kann ich mir nicht recht 'was dabei denken; aber bei dem Vergnügen desto mehr. Mir liegen die Vergnügungen, die diese Besuche begleiteten, noch in den Gliedern.

Du willst noch länger bleiben, jedenfalls über Pfingsten hinaus. Ich gönn' es Dir von Herzen. Bleibe so lange Du kannst und willst; es mag für uns beide so am besten sein. Du hast ein paar glückliche Wochen mehr, und am Ende ich auch. Denn was soll ein Zusammensein mit solchen Gefühlen. Es würde doch nur drei Tage erträglich sein oder das kaum; also schieben wir's lieber bis auf Zeiten hinaus, wo ich Dir wieder in etwas vorteilhafterem Lichte erscheine. Bis dahin will ich fleißig meiner Arbeit nachgehn, ohne Aussicht auf Teilnahme oder Dank. Meine Mutter freute sich auch immer, wenn mein Vater fror. Irgend etwas wird stets gefunden, was dem „Pferd und Wagen" *) entspricht.

Ich habe in dieser Woche gesellschaftlich wenig erlebt und bin auch nicht in der Stimmung, eingehender darüber zu rapportieren. Morgen will ich nach dem Brieselang. Lepel wird mich vielleicht begleiten. Wie immer Dein

Theodor.

---

101) Berlin, d. 28. Mai 1870.

Geliebte Frau.

Endlich ein Brief, der eine andre Stimmung zeigt und der mich sehr glücklich gemacht hat. Glaube doch nicht, daß ich Dir ein bestimmtes Maß von „in Sorge sein" verdenke. Aus diesem „auf=dem=qui vive=stehn" werden wir wohl nie herauskommen; dergleichen ist schwer abzutun, wenn man sich auf 40 Taler monatlich hin verheiratet hat und das Metier eines deutschen Schriftstellers betreibt. Es kommt nur darauf an, wie man die Sorge und das beständige Auf=dem=Posten=stehn trägt, ob man sich davon ganz niederdrücken läßt oder ob das Vertrauen nebenher geht: „Gott, der bis hierher geholfen hat, wird auch weiter helfen". Sicherheit „is nich".

Darum richte ich an Dich die herzliche Bitte: Wenn

---

*) Daß Fontanes Vater auf den Besitz von Pferd und Wagen auch dann nicht hatte verzichten wollen, als seine Verhältnisse es ihm hätten verbieten müssen, gehörte zu den Hauptvorwürfen, die ihm von seiner Frau gemacht wurden.

Du wieder kommst, mache mir das Leben nicht nutzlos schwer. Bedenke, daß, wenn Du mich um einen Tag oder eine Woche bringst, Du mir dadurch nur die Verpflichtung auferlegst, den nächsten Tag oder die nächste Woche das Doppelte arbeiten zu müssen. Du wirst einräumen, daß das geradezu grausam ist. Gewonnen kann durch Trübseligkeit nie etwas werden; einer Mahnung, eines Spornes bedarf ich nicht, was irgend zu leisten ist, das leist' ich ohnehin. Zuspruch, Freudigkeit, Vertrauen erleichtern mir meine nicht leichte Aufgabe; Mißstimmung, ja selbst nur leichter Vorwurf erschweren sie mir, reizen mich und fördern gar nichts. Ich weiß, Du liebst mich, meinst es gut mit mir, hast die besten Absichten, willst mich nicht kränken: aber Dein Temperament, Deine in Blut und Nerven wurzelnden Stimmungen sind oft stärker als alle Deine guten Absichten. Ich bitte Dich, nach dieser Seite hin noch ein Übriges tun zu wollen; man kann seine an- und eingeborne Natur nicht ganz austreiben, aber man kann mit redlichem, guten Willen doch, Gott sei Dank, manches zustande bringen.

Du mußt Dich mit zwei Gedanken ernstlich auszusöhnen trachten, damit nämlich, daß wir erstens ein armes und zweitens ein unsichres Leben zu führen haben werden, wie wir es bis jetzt geführt haben. Das klingt nun freilich wenig verlockend, selbst die arme Existenz soll auch noch eine unsichre sein; aber, wenn man sich zum Leben richtig zu stellen weiß, wenn man Mut, Freudigkeit und Gottvertrauen hat, so darf ich wohl sagen: der Satz klingt trauriger, als er ist. Im großen und ganzen leben wir nach diesem Rezept 20 Jahre, und trotz Armut und Unsicherheit, welch' bevorzugtes Leben haben wir geführt! Ich will die alten Geschichten nicht alle wieder aufzählen; ich glaube, wir haben es beide dankbar gegenwärtig, wie vieles uns beinah' täglich geboten wird, wie vieles wir vor vielen Tausenden voraus haben, die nicht arm, nicht unsicher dastehn und doch ein kümmerliches Dasein führen. Ja, ich gehe so weit, den paradox klingenden Satz aufzustellen, daß sehr viel von dem Schönen, Aparten, Poetischen, das wir in den letzten 15 Jahren erlebt haben, in der Armut und Unsicherheit unsrer Existenz seine Wurzel hat, und daß ich, wenn ich ein sicher angestellter Mann wie der Geheimrat K. oder hunderte seinesgleichen wäre, ich niemals die „weiße Klippe von Hastings" erklettert und niemals das „Blachfeld von Culloden" überschritten hätte. Auch Du säßest dann schwerlich in Argyll Road und freutest Dich des Rotdorns, der Dir ins Fenster blüht, und die blauen Scheiben von Westminster-Abbey hätten nie ihren Zauber auf Dich geübt. Vergleiche Dein Leben, Deine gesellschaftliche Stellung, Deine Freiheit der Bewegung mit dem, was Frau Geheimrätin K. von dem allem aufzuweisen hat, und antworte mir dann, ob Du unter der Armut und der Unsicherheit unsrer Existenz, die ich beide zugebe, bisher ernstlich gelitten hast.

Und wenn Du nun vielleicht sagen solltest: „Ja, bisher ging es wohl, aber wie soll es nun weiter gehn, da Du den zerbrechlichen Kahn, der uns trug, ohne weitres zerbrochen hast", so antworte ich Dir: es gibt Gegenden im Weltmeer, wo so viele Schiffe kreuzen und vorbeipassieren, daß man sicher ist, wie Ludwig Pietsch*), immer wieder aufgefischt zu werden, wenn man nur ein ganz klein wenig schwimmen, ein ganz klein wenig, in Momenten der äußersten Gefahr, an einem Brett oder

*) Anspielung auf die glückliche Rettung von L. P., der gelegentlich der Einweihung des Suezkanals (1869) in die Gefahr des Ertrinkens geraten war.

Balken sich über Wasser halten kann. Glaube doch nicht, daß diese ganz gute, aber doch enfin ganz triviale Kreuzzeitungs-Stellung etwas Apartes war. Glaube mir auf mein Wort: sie war es nicht, sie war das Freiheitsopfer nicht wert, das ich ihr so viele Jahre lang gebracht habe. Ich werde in der Zukunft ebensoviel Geld verdienen und dabei zu erheblicherem Grade Herr über meine Zeit sein.

Und nun nimm endlich das Schlimmste, das gewiß nicht zutreffen wird — nimm an, es glückte wirklich nicht, ich fände keine Stellung, die mir einen ähnlichen festen Anhalt gäbe, wie meine Kreuzzeitungsposition. Nun, so wäre das Äußerste, das passieren könnte, daß wir ausschließlich und ganz direkt von dem Ertrage meiner Feder leben müßten. Dieser Ertrag war bis jetzt, wo ich nur die Abende, resp. die Nächte dafür hatte, gegen 1000 Taler, oder sage auch nur 800 Taler; glaubst Du nun nicht, daß ich unter Dransetzung des ganzen Tages imstande sein werde, diese Summe zu verdoppeln? Das gäbe 1600 Taler. Meinst Du nicht, daß, wenn es durchaus sein müßte, die Sache auch davon zu bestreiten wäre? Meinst Du nicht, daß diese Summe unter allen Umständen ausreichen würde, uns vor Erniedrigung und Unwürdigkeit zu bewahren. Und nur darauf kommt es schließlich an. Independenz über alles! Alles andre ist zuletzt nur Larifari. Und auch von diesem Larifari werden wir immer genugsam haben; wir werden immer lebhaft, espritvoll und gesellschaftlich-liebenswürdig bleiben, und die Menschen werden sich immer ein Vergnügen und eine Ehre daraus machen, uns zu Gaste zu laden, sei es auf fünf Stunden zu einem Diner, sei es auf fünf Wochen zu einem Besuch. Also sei heiter, vertrauensvoll. Wenn unser Niedergang nicht in den Sternen beschlossen steht, so werden wir nicht zugrunde gehn. Wie immer Dein alter

Th. F.

102) Blainville (zwischen Luneville und Nancy),
d. 1. Oktober 1870.

Geliebte Frau.

Meine Karten aus Weißenburg und Sulz hast Du hoffentlich erhalten*).

Ich verließ Sulz gestern mittag in einem großen Militärzug, 54 Wagen, auf denen sich Geheilte und Genesene aller möglichen Regimenter befanden, Garde, Brandenburger, Schlesier, Sachsen, Hessen, auch ein Unteroffizier aus Rostock.

Die Fahrt war schön, die Abendfahrt von Savern („Ergeben der Gebieterin") an dem jungfräulichen Pfalzburg vorbei bis Saarburg geradezu entzückend. Der Weg führt durch die Vogesenberge hindurch; acht Tunnel werden passiert und am Eingang und Ausgang jedes Tunnels lag eine württembergische Feldwache, sitzend oder hockend um mächtige Feuer herum, die mit dem Holz der umherstehenden Tannen unterhalten wurden. Kostbare Salvator Rosas! Die Berge im engsten Zirkel alles umrahmend, auf den Bergen alte Burgruinen und über den Ruinen der tiefblaue Himmel mit seinen glitzernden Sternen. Diese Feldwachen haben den Zweck, die Bahn an dieser wichtigen und gefährlichen Stelle zu schützen.

Die Nacht über lag der Zug in Saarburg fest; wir biwakierten im Coupé, schliefen bis vier Uhr, wo uns die Reveille weckte, nahmen dann Kaffee und Absinth in einem Hotel siebenten Ranges und brachen um sechs Uhr auf. Der Weg ging über Luneville, wo wir eine halbe Stunde hielten; jetzt liegen wir bei Blainville und warten den Postzug ab, der uns in einer Stunde nach

---

*) Fontane hatte seine Reise nach dem Kriegsschauplatz am 27. September angetreten.

Nancy führen soll. Neben uns liegt ein langer Zug bayrischer Artillerie, schweres Feldgeschütz (Zwölfpfünder), die von Würzburg kommen und direkt bis Paris gehen. Ich habe mit den Bayern hier Freundschaft geschlossen. Ich finde sie nett, gutmütig, einzelne sogar unterrichtet; neben mir auf einem krümelbedeckten, etwas eingefetteten Tisch schreiben zwei Artilleristen Briefe in die Heimat, auf Papier, das ich ihnen samt englischen Kuverts geschenkt habe. Das ließ sich Mr. Merington auch wohl nicht träumen, als er mir die Kuverts kaufte.

Die ganze Reise, wenn es so fortgeht, ist im höchsten Maße lehrreich, interessant und geradezu erhebend. Alles hat einen großartigen Charakter. Es ist eine organisierte Völkerwanderung. Immer neue Massen überschwemmen das Land, dessen Bevölkerung staunt und kopfschüttelt, aber in ihrem Dünkel, vielleicht selbst in ihrer kindischen Hoffnung auf Sieg, ungebrochen ist. Es heißt jetzt, daß eine neuformierte große Armee von Straßburg gegen Lyon vorrücke. Vielleicht ist es ein Irrtum; bekanntlich weiß man auf dem Kriegsschauplatze selbst am wenigsten, was geschieht.

Grüße alle Freunde, küsse die Kinder. Wie immer Dein

Th. F.

---

103) Nancy, d. 2. Oktober 1870.

Geliebte Frau.

Ich traf gestern mittag bald nach ein Uhr hier ein. Beinah der erste Mensch, den ich sah, war Graf Eberhard Stolberg, an dem die einzig störende Eigenschaft die ist, daß man nie recht weiß, ob man ihn Herr Graf oder Erlaucht oder Exzellenz anreden soll. Dazu kam es nun glücklicherweise überhaupt nicht; er schien mich zu erkennen, ein leises „was will denn der hier?" schien durch seine Seele zu ziehn und ich entzog mich durch ein geschicktes Halblinks der Möglichkeit dieser Frage.

Ich rückte mit einem jüdischen Manne hier ein, den ich anfangs für einen christlichen Rittergutsbesitzer gehalten hatte, bis er sich mir als Produktenhändler entpuppte. Von Station zu Station schlich ich mich mehr und mehr in sein Vertrauen ein. In der Gegend von Luneville erfuhr ich, daß sein früheres Geschäft darin bestanden habe, in Frankfurt a. M. große jüdische Hochzeiten à Kuvert 10 Taler auszurichten. Er sei aber zu sehr Künstler dabei gewesen. Zwei dieser Kunstwerke hätten ihn nahezu ruiniert: das eine wäre ein in einer großen Kristallschüssel serviertes Trüffelkalb mit zwei Köpfen gewesen, das andre ein Champagner-Pudding, der derartig architektonisch aufgebaut worden sei, daß auf dem dunkleren Geleepostament der Brautvater als Büste, an den Ecken des Postaments aber die vier Töchter desselben gestanden hätten. Ich fragte: antik oder bekleidet? worauf er ruhig antwortete: bekleidet, aber alles durchsichtig, alles in Gelée. So weit waren wir in Luneville. Eine Meile hinter Blainville erfuhr ich, daß er es versucht habe, durch ein Café chantant die Ausfälle, die ihm durch jene Skulpturleistung erwachsen waren, wieder zu decken. Er habe auch Herrn Charles Schmidt, der vor dem Rosenthaler Tore in Berlin die größten Erfolge gehabt habe, engagiert, Primadonnen seien aber teils nicht aufzutreiben gewesen, teils hätten sie ihn im Stich gelassen; er habe sich von der „moralischen Unzuverlässigkeit" dieser Personen überzeugt. Seitdem sei er Produktenhändler geworden, und er ginge nun als Armeelieferant nach Nancy, wo bereits ein Transport von 2000 Speckseiten lagere. Diesen — übrigens ganz manierlichen — Mann hatt' ich zur Seite, als ich des Grafen Eberhard ansichtig wurde; Du wirst also doppelt begreifen, daß ich ausbog. Wir leben hier in der größten Einigkeit, die von der Seite meines Genossen sich bis zum Attachement steigert. Dasselbe wurzelt in zweierlei, zum kleineren Teil in meinem blauen Orden, zum größeren Teil in meinem Französisch! Unglaublich, aber wahr. Es wird jetzt hier ein parler français geleistet, woneben selbst ich auf einer schwindelnden Höhe stehe. Ich bitte Dich vor allem, daß Du Wangenheims*) von dieser enormen Tatsache, die sich den unglaublichen Erfolgen dieses Krieges ebenbürtig anschließt, in Kenntnis setzst. Wären mir übrigens alle sprachlichen Exerzitien nicht zu trist, öde und langweilig, so würd' ich es wohl in einem halben Jahre ganz gut, soll heißen ganz leidlich, lernen können. Lepel hat eigentlich recht, daß man mit 200 richtig gewählten (darauf kommt es an) Vokabeln das Nötige immer bestreiten kann.

Nancy, als Stadt seiner Bürger, ist ziemlich trivial; was dem Dinge einen in der Tat imposanten Charakter gibt, ist beinahe ausschließlich eine Schöpfung des Stanislaus Lesczinski, der, wie Du nicht wissen wirst, König von Polen und Herzog von Lothringen war. Es ist vielleicht die glänzendste und großartigste Leistung, die das Zeitalter des Louis quinze aufzuweisen hat.

---

*) In der Familie des Geh. Regierungsrates Frhrn. v. Wangenheim, der Fontane und die Seinen freundschaftlich nahestanden. seitdem dieser in den Jahren 1853—55 die Töchter der Familie in Geschichte und Literatur unterrichtet hatte, wurde die französische Sprache in hervorragender Weise gepflegt. Frau v. Wangenheim, eine eifrige Katholikin, unterhielt enge Beziehungen zu den Spitzen der katholischen Kirche in Deutschland und Frankreich und hatte während der Gefangenschaft Fontanes Gelegenheit, ihren hierdurch gewonnenen Einfluß in erfolgreicher Weise zu seinen Gunsten geltend zu machen.

Heute nachmittag geh' ich nach Toul, wo ich den Wall sehen will, von dem ein 27er eine Rose für seinen Brigadier (Zychlinski) pflückte, und die Gartenmauer, hinter der George mit seinem Bataillon gelegen hat. Wenn irgend möglich, mache ich, von Toul aus, einen Ausflug nach Vaucouleurs und Domremy. Den Kindern und Dir die herzlichsten Küsse von Deinem

Th. F.

---

104) Toul, d. 4. Oktober 1870.

Geliebte Frau.

Wieder sitze ich an einem Wackeltisch, um an Dich zu schreiben; alle Tische scheinen hier wacklig, wie das Land selber. Welche falsche Vorstellung haben wir von diesem Lande gehabt! Wir hielten es für reich, blühend, äußerlich prosperierend, schön in der Erscheinung seiner Städte. Von alledem ist wenig vorhanden, wenigstens sieht man nichts davon. Es ist möglich, daß in den Banken, in den Truhen und Kästen ein Reichtum zu finden ist; in dem, was sichtbar wird, ist nichts davon zu bemerken. Wo immer man in Deutschland reist, hat man den Eindruck des Fortschritts, der ascendance, hier überall den des Rückschritts, des Verfalls. Man hat sich um die Welt draußen nicht bekümmert und ist von dieser total überholt worden. Selbst Österreich, soweit ich es kenne, macht nicht so sehr den Eindruck der Stagnation, wie dieses moderne Frankreich. Man empfindet deutlich, daß sie unterliegen mußten; alle Kraft, alle Frische, alle Strebsamkeit, alle Umschau haltende Intelligenz ist auf unsrer Seite. In den Beobachtungen, die ich mache, kann ich mich kaum irren, denn ich trage keine Vorurteilsbrille und habe auf den vielen Reisen, die ich in meinem Leben gemacht habe, in der Regel den entgegengesetzten Eindruck gehabt: den, daß man uns in äußerlichen Dingen voraus sei. Gut hab' ich bis jetzt nur die Betten gefunden; im übrigen von Luxus, Komfort, Eleganz keine Spur. Natürlich existiert das alles, aber wenn man fast acht Tage in einem Lande ist und zum Teil in guten Hotels und Cafés sich bewegt hat, will man doch auch etwas davon gesehn haben. Das Essen ist gut, das Frühstück erbärmlich; der „Tischwein" das Schrecknis aller Deutschen.

Seit gestern nachmittag bin ich hier. Mit meinem Eintreffen in Toul bin ich in den poetischen Kreis der Jeanne d'Arc eingetreten, ohne daß ich sagen könnte, bis jetzt poetisch-romantisch berührt worden zu sein. Meine ersten Erlebnisse hier standen sogar in einem eklatanten Gegensatz zu aller Poesie. Ich brach natürlich gleich auf, um der berühmten Kathedrale meinen Besuch zu machen, eh' ich aber noch eintreten konnte, empfand ich ein solches Rumoren in mir, daß ich es für klug hielt, einen eiligen Rückzug in mein Hotel anzutreten. Ich erreichte es auch glücklich, aber bald mußte ich mich überzeugen, daß damit wenig gewonnen sei; denn die Korridore auf und ab laufend, konnte ich jene Lokalität nicht finden, die in der Regel durch eine Tür in kleinerem Format kenntlich ist und an deren Überschriften sich die Dezenz der Menschheit so mannigfach versucht hat. Aber weder Tür noch Überschrift war zu finden. Es blieb mir endlich nichts andres übrig, als die Glocke zu ziehn. Richtig, alle meine Ahnungen gingen in Erfüllung. Statt einer jener Strickstrumpffrauen, mit denen man sich auf den deutschen Bahnhöfen so schnell und gemütlich einlebt und von denen ich jede einzelne in diesem verzweifelten Augenblick mit einem Franken belohnt hätte, erschien die Tochter der Madame Millot, stellte sich mit einem gewissen patriotischen Schmerzensausdruck, der ihr gut stand, und den ich gleich bei meinem Kommen beobachtet hatte, in die geöffnete Tür und sagte ernst: „Monsieur, vous avez sonné“! Die Situation war furchtbar! Ein kurzer Kampf tobte in meiner Seele; endlich siegte, wie immer, die gemeine Menschennatur, und in einem Ton, in dem sich Determiniertheit, Scham und Vertraulichkeit wunderbar mischten, fragte ich: „Oh, Mademoiselle, le cabinet où est-il donc“? Sie blieb ganz sie selbst; dem Ausdruck ihres Patriotismus noch den einer stillen Verachtung zulegend, machte sie eine klassische Armbewegung, etwa wie die Jachmann, wenn sie die Iphigenie spielt, und sagte einfach: descendez! Dann schritt sie voraus, öffnete einen Hof, der die Form und die Größe jener Triangelschlafstuben hatte, denen man mitunter in Berliner Häusern begegnet und verschwand mit einem „c'est ça“ vor meinen Augen. So schlimm nun alles gewesen war, so kam doch noch das Schlimmere. Die Örtlichkeit hatte ganz den südländischen Charakter, ein Engländer hatte nie seine reformatorische Tätigkeit hier begonnen; und so begann denn jener Schauer- und Scheuerakt, dem ich vielleicht erlegen wäre, wenn mich nicht die souveräne Rücksichtslosigkeit meiner alten Kreuzzeitungskollegen seit zehn Jahren daran gewöhnt gehabt hätte, mir diesen wichtigen Platz des Lebens Tag um Tag durch meiner Hände Arbeit zu erkaufen.

Toul ist eigentlich nur ein Nest, etwa wie Spandau vor 30 Jahren; freilich entbehrt Spandau der schönen aus Quadern aufgeführten Kirchen, aber das ist auch alles. Mitunter blickt man durch ein Portal hindurch in einen grünen, gartenartigen Hof hinein, auf dem in verschwiegner Stille ein villenartiges Wohnhaus liegt, aber die Straßen selbst sind schmutzig und ohne jeden architektonischen Reiz.

In etwa einer Stunde will ich von hier nach Vaucouleurs und Domremy fahren. Nun Gruß und Kuß Euch allen von Eurem, resp. Deinem Th. F.

---

105) Besançon, 14. Octobre 1870*).

Ma chère Emilie.

Vous savez: malheur, tristesse, misère ont toujours comme accompagnement quelque chose comique ou ridicule, et la bonne humeur (je suis faché: la seule) de ma situation est: que je m'adresse à vous en français.

J'ai entendu aujourd'hui, que des lettres écrits en français — parce qu'il est plus facile de les controler — sont permis de partir plus vite que des lettres dans une langue étrangère et c'est la raison pour cette „étude“.

Mes souhaits j'ai exprimé plusieurs fois, si souvent qu'il ne me parait pas nécessaire de les repêter.

Vous n'attendrez pas à present une raconte de mon enprisonnement; tout cela est trop long et mon âme n'est pas encore assez quiet pour faire une telle description. Seulement cela. Le premier jour à Neufchâteau — une petite ville dans le voisinage de Domremy — fut le pire. La population est très enragée contre nous, et en passant des villes et des villages on sent quelque chose comme un danger, mais

*) Da der sachliche Inhalt der Briefe, die Fontane aus der Gefangenschaft an die Seinen gerichtet hat, auch in seinem Buche „Kriegsgefangen“ sich findet, so werden hier nur einige wenige Proben dieser Briefe mitgeteilt. Das an die Spitze gestellte französische Schreiben ist ein getreuer Abdruck des Originals, an dem sprachliche Korrekturen absichtlich unterlassen worden sind.

dans les moment où les autorités prennent les affaires dans leurs mains, tout est bon. La passion est passée, et la justice commence. J'espère meilleur. Ma parfaite innocence sera prouvée bientôt. Pour le moment il faut s'armer avec patience. Il n'est pas facile. Je suis prisonnier, comme nous disons à Berlin: dans la plus temeraire signification du mot." De l'autre côté il est mon devoir de vous assurer, que les autorités de la citadelle sont polis, affables, bienfaisants. Tout ce qu'est permis par la loi, est accordé. C'est une grande consolation, mais pour une personne comme moi, „verhätschelt" jusqu'à present par sa bonne fortune, reste encore une situation très dure. Oh, Jeanne d'Arc! il faut que je paye cher pour vous.

Ne soyez pas trop triste. Tout que se fait, est par la volonté du Dieu. Voyez par les nuages de la presence et esperez de la future. Je suis convaincu, que Professor Lazarus*) (par Mr. Crémieux), Frau von Wangenheim (par des autorités cléricales) et les Ambassadeurs ont fait tout qu'est possible dans ma faveur.

Dieu soit avec vous. Les plus tendres saluts pour vous et pour les enfants, aussi pour George et pour ma petite chère en Angleterre. Aujourd'hui comme toujours votre

Th. F.

---

*) Dr. Moritz Lazarus, Professor der Philosophie an der Berliner Universität und als Mitglied des „Rütli" mit Fontane befreundet, stand als hervorragender Vorkämpfer für das Judentum in Verbindung mit dem damaligen französischen Justizminister J. Adolphe Crémieux, dem Begründer der 1860 ins Leben getretenen „Alliance israélite universelle."

106) Besançon, d. 27. Oktober 1870.

Geliebte Frau.

Herzlichsten Dank für Dein Telegramm, das ich indirekt, aus Flintern in der Schweiz erhalten habe. Gewiß haben unsre lieben Wangenheims auch dazu die Hand geboten; ich habe gestern, wo Kardinal Matthieu seine Verwendung für mich eintreten ließ*), gleich an Frau v. W. geschrieben.

Aus Deinem Telegramm habe ich zu meiner großen Betrübnis ersehen, daß mutmaßlich verschiedene Briefe, die ich an Frau v. W. und demnächst an Dich gerichtet habe, gar nicht bei Euch eingetroffen sind. Dadurch bist Du über mein Schicksal länger in schwerer Sorge gewesen als nötig. Ich wurde am 5. verhaftet; am 8., spätestens am 9. war die Krisis vorüber, und von da ab handelte es sich nur noch um die Frage, ob ich unverzüglich in Freiheit gesetzt oder als prisonnier de guerre im „fernen Westen" interniert werden würde.

Welche Tage! In Stunden die Erlebnisse von Jahren zusammengedrängt; immer neue Bilder, immer neue Menschen; lange Schriftstücke und Konversationen, alles in französischer Sprache — ich habe in diesen drei Wochen mehr französisch gelernt, als sonst in einem Jahr, aber die Anstrengung ist kolossal. Wo die Kräfte herkommen, weiß ich nicht. Alles Gnade Gottes. Freilich wenn ich in Roche-sur-Yon sein werde, werd' ich vermutlich zusammenbrechen und ein Fieber durchzumachen haben; aber ängstige Dich nicht: Tee und Soda und Schlaf werden das ihre tun.

Ich lege diesen Zeilen einen Zettel bei, auf dem Du

---

*) Dank dieser Verwendung wurde Fontane in der Gefangenschaft hinfort „comme officier supérieur" behandelt.

verzeichnet findest, was ich in Roche-sur-Yon zu haben wünsche. Du mußt zunächst auf der Post anfragen, ob es überhaupt möglich ist (immer par la Suisse), eine solche Kiste zu schicken, und wenn die Antwort auf „ja" lautet, mußt Du fragen: wieviel es kostet? Kostet es unter fünf Taler, so schicke; kostet es drüber, so laß es. Natürlich würde der Empfang dieser Dinge sehr zu meinem Komfort beitragen, da ich eigentlich nichts bei mir habe.

Mit Sehnsucht warte ich auf den Brief, den mir Dein heut' empfangenes Telegramm in Aussicht stellt, hoffentlich lautet er nicht zu traurig. Cheer up! Du bist noch nicht ein lone 'lorn woman. Es werden wieder glückliche Tage kommen. Daß ich Dir diese Schmerzen bereitet habe, tut mir in der Seele leid; ich kann aber auch jetzt noch nicht finden, daß meine Verschuldung groß war. Man hatte mich sicher gemacht und meine Vorsicht eingelullt.

Küsse die Kinder; wie immer, Dein alter Leichtsinn

Th. F.

Wunschzettel
zum Aufbau in Roche-sur-Yon.

1. Zwei Taghemden. Die dänischen Knöpfchen. 2. Zwei Nachthemden. Ein Nachttuch. 3. Sechs gute Kragen. 4. Drei Paar wollene Strümpfe. 5. Ein Paar Unterhosen. (Weil ich nachts immer friere.) 6. Eine Leibbinde. 7. Die alte rote Kappe, after having been cleaned. 8. Ein Paar ältere, schwarze, mit kleinen weißen Pünktchen gesprenkelte Beinkleider; aber nicht etwa die dicken, graumelierten. 9. Die schwarze Weste, an die Basedow einen Schoß gesetzt hat. 10. Die Stiefel mit dem krausen, schlecht aussehenden Oberleder. 11. Ein Paar Filzsohlen, als Schuhe präpariert (wie die, die sich

jetzt in Toul befinden). 12. Das gebrauchte englische Rasiermesser aus dem Merington-Kästchen und den „strop“, den Du mir 'mal geschenkt hast. 13. Schachtel mit baby-pins. 14. Eine Binde, oder ein schwarzseidenes Tuch. Kann schon gebraucht sein. 15. Ein altes cache-nez.

---

107) Besançon, d. 28. Oktober 1870.

Geliebte Frau.

Endlich nun Entscheid. Morgen früh sieben Uhr werd' ich nach Roche-sur-Yon aufbrechen und hoffentlich am Sonntag abend daselbst eintreffen. Es ist eine weite Reise, aber was hilft's.

Deinen sehnsüchtig erwarteten Brief hab' ich auch heute nicht erhalten, und es werden nun also noch Tage vergehn, ehe ich Deine mir lieben Schriftzüge wieder zu Gesicht bekomme. Ein großer Trost und eine *sehr* große Freude sind mir Elsy v. *Wangenheims* französische Zeilen gewesen, die mir der Kommandant der Zitadelle heute brachte. Ich weiß doch nun einigermaßen, wie es bei Euch steht, auch daß George bis dahin heil und gesund geblieben war.

Wenn ich eine Stelle in Elsys Brief richtig verstanden habe, so haben sich *Heyden* und *Eggers* aufgemacht, um mich in der Löwenhöhle aufzusuchen; ist dem wirklich so, so ist Ritter Delorges ein Pappenstiel gegen beide. Die Güte meiner Freunde beschämt mich allerdings. Elsys Brief hat mich gerührt, sag' ihr das. Ich werde diese Beweise wahrer Freundschaft *nie* vergessen. — Die nächsten Zeilen also von der Vendée aus. Gott sei mit Dir und mit uns allen. Dein

Th. F.

---

108) Chateau Isle d'Oléron*), d. 14. November 1870.

Geliebte Frau.

Heute früh bin ich Deinem Geburtstage zu Ehren eine Stunde früher aufgestanden, habe schon um acht Uhr meinen Spaziergang auf dem rempart gemacht und nach Osten hinüberblickend, Deiner viel gedacht. Ich hoffe, daß dieser Tag kein allzu trüber für Dich gewesen sein wird. Ich lebe ja noch, bin relativ gesund und habe den Trost, daß zuletzt alles seine Zeit hat, auch der Krieg. Wir leben nicht in einem Zeitalter, das sieben- oder gar dreißigjährige Kriege führt; die Campagne von 66, die eigentlich nur sieben Tage dauerte, war ein Musterstück moderner Kriegführung. Dies große Duell von anno 70 dauert eigentlich schon viel zu lange.

Es ist jetzt $2^1/_2$, bei Euch bereits 3 Uhr, und ich sehe Dich auf dem Sofa ruhn, um Dich von den Anstrengungen der Gratulationscour zu erholen. Gewiß hat heute niemand gefehlt; es ist so natürlich, daß Deine Lage Teilnahme weckt. Etwas von Dir, von Euch allen zu hören, ist jetzt mein größter Wunsch; ich bitte Dich, recht oft zu schreiben; geht dann auch der eine oder andre Brief verloren, so hat man doch immer noch Chancen, einiges zu erfahren. Ich weiß absolut nichts, weder von Welt noch Krieg noch Familie.

Gott sei mit Dir und mit Euch allen, an diesem und jedem Tage. Wie immer Dein

Th. F.

---

*) Erst während seines Transportes durch Frankreich hatte Fontane erfahren, daß er nicht in Roche-sur-Yon, sondern auf der Insel Oléron interniert werden solle.

109) Chateau Isle d'Oléron, d. 24. November 1870.

Geliebte Frau.

Nur wenige Zeilen, aber die besten, die ich bis jetzt von hier aus geschrieben habe.

Ich bin frei!

Gott sei gedankt. Daneben Dank Dir, unserm Lazarus und Mr. Crémieux, der es, so vermute ich, siegreich durchgefochten hat. Ich kann leider noch nicht fort, da ich auf Geld warten muß, hoffentlich nicht zu lange. Tout à vous.

Th. F.

---

110) Chateau Isle d'Oléron, d. 26. November 1870.

Geliebte Frau.

Das waren zwei große Tage, der 24. und 25! Vorgestern früh erfuhr ich, daß ich „frei sei und auf Ehrenwort nach Deutschland zurückkehren könne". Gestern, ganz gegen Erwarten, glückte es mir, meine preußischen Bankscheine wechseln zu können (ohne diesen glücklichen Zwischenfall konnte ich von meiner Freiheit keinen Gebrauch machen), und endlich gestern nachmittag erhielt ich, durch gütige Vermittlung des Bischofs von La Rochelle und des hiesigen Geistlichen, Deine Zeilen vom 2. November, das erste Lebens- und Liebeszeichen von Dir seit länger als acht Wochen. Deine Worte haben mich tief bewegt, zugleich meinem Herzen wohlgetan.

Unsern Wangenheims und — zufolge ihrer Vermittlung — der Geistlichkeit dieses Landes verdanke ich überhaupt viel, vielleicht alles. Erst seit gestern weiß ich bestimmt, daß ich „dicht davor" war. — Wann ich hier abreisen werde, weiß ich in diesem Augenblick noch nicht. Vielleicht in drei oder vier Tagen; es ist noch eine Anfrage an den Divisionsgeneral in Bordeaux gerichtet.

Eben erhalte ich zwei reizende kleine Briefe aus England von Mrs. und Martha Merington; Poststempel London, den 28. Oktober. Der Brief ist also vier Wochen lang in Frankreich umhergefahren und hat mich ersichtlich in allen Winkeln gesucht. Gott sei mit Dir und mit uns allen. Dein

Th. F.

---

111) Berlin, d. 12. Dezember 1870.

Meine liebe, alte Liese.

Gerade heute, in dieser Stunde bin ich seit acht Tagen wieder „bei Muttern" und also im glücklichen Besitze alles dessen, wonach sich nachgerade einige hunderttausend Menschen sehnen, die es nun satt haben, tot zu machen oder tot gemacht zu werden, wobei sie natürlich dem ersteren doch immer noch den Vorzug geben. Meine Schicksale kann ich schlechterdings nicht in diesem Briefe deponieren; sie werden über kurz oder lang auf dem Löschpapier der Vossin zu Dir sprechen; auch von einem Buche ist bereits die Rede*). Du siehst, man tut sein möglichstes, um aus dem Pech, das man hatte, schließlich noch Gold zu machen.

Meine Schicksale kann ich auf diesem Briefbogen nicht deponieren, wohl aber meinen Dank. Alle Welt ist Deines Ruhmes voll, und neben meinem eignen Zeitungsroman wird nun der Deine als Heldenschwester ersten Ranges und als Panzer-Schwägerin genannt. Möge diese Ausbeute an Ruhm Dich für manches andre schadlos halten, beispielsweise für die Geschenke, die ich Dir nicht mit-

*) „Kriegsgefangen", erschienen im Verlage von R. v. Decker.

gebracht habe. Ich folge darin nachgerade einer Tradition, die man nicht leichtsinnig durchbrechen muß.

Nun lebe wohl, meine gute Liese. Gruß und Kuß Dir von Deinem alten

Theodor.

---

112) Berlin, d. 23. Dezember 1870.

Meine liebe Liese.

Wenn nicht auch zwischen Berlin und Ruppin wegen Geschütz- und Munitionskolonnen, die jetzt die ganze Welt unsicher machen, Verkehrsstockungen eintreten, so wirst Du diese flüchtigen Zeilen noch morgen erhalten. Habe, meine liebe Liese, für die Stütze, die Du in den schlimmen Wochen meiner Frau gewesen bist, nochmals herzlichsten Dank und laß Dir dafür morgen abend so viel wie möglich aufbauen. Wir werden diese poetischen Stunden des Jahres in alter Weise verleben, nur George und Mete werden uns fehlen und — „die schöne Jule", die heute gen Freiberg dampft. Sie war vorgestern noch bei mir und erzählte mir im Flüsterton: in der Stadt heiße es jetzt, Emilie sei toll geworden (Zehlendorf) und ich würde als Krüppel, an allen Gliedern gelähmt, von zwei Soldaten treppauf und -ab getragen.

Rollstuhl, Rückenmärker. Es gibt noch Heiterkeit, leider auch wirkliche, tiefe Trauer. — Max v. Below*) ist tot; heute früh schrieb es uns Klara; daß er vor Orleans schwer verwundet war (Zerschmetterung des Unterschenkels), wußten wir schon. Ich kann sagen, es hat mich apart bewegt. Es war ein guter, braver, liebenswürdiger Mensch. Wann wird es ein Ende haben?! Heute nachmittag fuhren zehn Waggons voll 24er Landwehr an uns

---

*) Max v. Below, Hauptmann im 90. Infanterie-Regiment, ein Verwandter von Frau Fontane.

vorüber. Sie sangen. Es ist noch das Beste, daß sie singen können, dieser unverwüstliche Leichtsinn der Menschennatur. — Habe frohe Festtage.

Wie immer Dein alter

Theodor.

---

113) Reims, d. 12. April 1871*).

Liebe Frau.

Seit heute mittag $2^1/_2$ Uhr bin ich hier im „Goldnen Löwen" (Hôtel du Lion d'Or), zu Füßen der Kathedrale (siehe „Jungfrau" 4. Akt). Viel Glück hat sie mir hier wieder nicht gebracht, denn Wohnung „is nich", und ich werde die nächste Nacht im Speisezimmer auf einer Matratze an der Erde schlafen. Bleibt als Steigerung nur noch das bekannte Billardbett.

Von „Vergnügen" hab' ich bis jetzt noch nichts genossen, läßt sich auch nicht danach an und ist auch nicht nötig. Ich hab' es auch nicht erwartet. Solche Reisen macht man, weil man sie, mit Recht oder Unrecht, für nötig hält, und dafür halte ich sie noch. Das Büchermachen aus Büchern ist nicht meine Sache.

Ergeh' es Dir gut und ängstige Dich nicht. Natürlich kann man, wie überall, einen Stein an den Kopf kriegen, aber zunächst und auf den großen Linien von Gefahr träumen, ist lächerlich. Passiert einem doch ein Unglück, so ist es das berühmte Fingerbrechen in der Westentasche. Wie immer Dein

Th. Fontane.

---

*) Auch von den während seiner zweiten Studienreise nach Frankreich geschriebenen Briefen Fontanes werden hier nur wenige Proben von intimerer persönlicher Färbung mitgeteilt. Im übrigen sei auf seine in Buchform erschienene Schilderung dieser Reise verwiesen.

114) St. Denis, d. 20. April 1871.

Liebe Frau.

Meine Zeilen von gestern hast Du hoffentlich erhalten. Unsre Partie nach dem „Windmühlenberge" von Sannois, der selbst seinen Berliner Namensvetter an Schönheit übertrifft, war vollkommen gelungen, ebenso das Diner beim General v. Medem, der unsern alten Lepel aufs beste grüßen läßt. Am Abend war ich im Theater. Toll. Forsche Gassenhauer, Tanz à la Gräbert, Leutnantskritik (z. B. „hübsche Figur, nur etwas schwach im Oberschenkel"), und dazu von draußen der dumpfe Donner vom Mont Valérien. Wunderbare Verhältnisse: reizvoll, poetisch, aber auf die Dauer doch gefährlich. Das Ganze eine große Vorschule für Bummelei und Aventurierschaft. Manches Leben wird daran zugrunde gehn. Nicht hier, nicht jetzt, aber — nach Jahren, wenn der Brotkorb wieder höher gehängt wird.

George ist gestern 5 Uhr nach Mouy zurückgereist. Er war sehr nett; eigentlich wenig verändert. Er ist noch ganz im Werden. Was aus ihm sich bilden wird, ist schwer zu sagen und wird von Fügungen abhängen. Er ist gar nicht ohne Selbstgefühl, oder noch richtiger, er hätte nichts dagegen, eine Rolle zu spielen; ich zweifle aber fast, daß er die rechte Dampfkraft dahinter setzen wird. Und davon hängt alles ab. Begabt ist jeder dritte Mensch. Er kann ein einfacher „bon camarade" werden, der Billard und Kegel spielt und eigentlich nicht recht von der Kneipe herunterkommt; er kann es aber auch zu einer feinen Künstlernatur und speziell zum Humoristen bringen. Nous verrons! Diese Bemerkungen bitt' ich Dich aber, nicht gegen ihn selber laut werden zu lassen; denn wiewohl sie mehr Lob als Tadel enthalten, kommt dabei doch nichts heraus. Wie immer Dein

Th. F.

115) Dorf Neuville bei Dieppe, d. 27. April 1871.

Liebe Frau.

Gestern in Rouen. Kostbar. Das Ganze wie eine Vereinigung aller Vorzüge dreier Länder: Frankreich, Deutschland, England. In der Tat liegt es so, daß es an alle drei grenzt, denn der Kanal ist mehr Brücke als Grenze.

Heute früh bin ich von Dieppe nach dem Hügeldorfe Neuville hinaufgestiegen, von dessen höchster Stelle aus man das Meer überblickt. Ich schreibe diese Zeilen in einem kleinen Wirtshaus bei einem Glase Bier, nur durch die Straßenbreite von Kirche und Kirchhof getrennt, auf dem Alexander Dumas père begraben liegt. Ich werde nun hinübergehn, um das Grab des französischen Gödsche (in Produktionskraft, Fähnrich-Bewunderung und Mohrenabstammung rivalisieren sie) zu besuchen. Vielleicht füg' ich dann noch eine Zeile hinzu.

Nachschrift. Es ist entzückend hier. Die Blumen sind von A. Dumas Grabe. Nimm sie, schreibe einige Zeilen an Ludchen*) und sage ihr: ich hätte an Dumas Grabe an ihren Vater gedacht und schickte ihm diese Blüten vom Grabe des großen Erzählers, des „Trovatore“. Dumas war halb Hesekiel, halb Gödsche und log wie beide zusammengenommen. Hiervon und von der gleichzeitigen Erinnerung an Gödsche mußt Du aber nichts sagen. Ist Dir die ganze Sache, die mir angenehm wäre, peinlich, so hebe die Blumen auf; ich bringe sie ihm dann persönlich. Doch wäre es wohl gut, Du tätest nach der Seite hin auch 'mal etwas. Mit den bloßen Sympathien und Antipathien kommt man nicht weit.

---

*) Ludovica Hesekiel, die gleichfalls als Romanschriftstellerin tätige Tochter von George H.

Man möchte hier 14 Tage oder doch wenigstens 8 Tage sein. Aber heut' abend geht's weiter. Rouen und Dieppe sind allerdings die reizendsten Punkte meiner Reise bis jetzt, wenn auch freilich nicht die wichtigsten. Aber das Reizende ist leider immer das weniger Wichtige.

Dein Th. F.

---

116) Berlin, d. 9. Oktober 1871.

Meine liebe Liese.

Es war sehr liebenswürdig von Dir, an den bedenklichen „5. Oktober", an dem der Vater starb und der Bruder, wider Willen, die vorbereitenden Schritte dazu tat, in so herzlicher Weise zu denken. Sei bestens bedankt dafür! Übrigens war mir am 5. und 6. in der Rückerinnerung ganz greulich zumute; es war doch eine tolle Geschichte.

Emilie weiß gar nicht, daß ich schreibe und wird in ihrem leise erwachenden Glauben an in mir vorhandene Gefühlsreste oder Anfänge neu gestärkt werden. Ich kann's brauchen.

Gestern war George mit seinem Freunde W. auf einen Tag hier; in gepumptem Zivil mit Kneifer. Ursache (vorgeblich) Theater. Wir haben auch nicht weiter nachgeforscht. „O rühre, rühre nicht daran." Sie waren nämlich schon am Sonnabend hier gewesen. Darüber liegt ein Schleier. Im übrigen machte er einen ganz guten Eindruck, war heiter wie immer, aß tüchtig Plumpudding und fand alles „rauhbeinig". Dies ist neues Modewort. Etwas unanständig.

Mit meinem Buche*) bin ich beinahe fertig; nur noch sieben Kapitel, — meine Brust weitet sich.

Mit herzlichsten Grüßen wie immer Dein alter

Theodor.

---

*) „Aus den Tagen der Okkupation", erschienen im Verlage von R. v. Decker.

Briefe aus den Jahren 1872—1878.

Im Jahre 1872 begann Fontane die Arbeit an seinem Buche „Der Krieg gegen Frankreich 1870—71", das erst i. J. 1876 zum Abschluß gelangte. Daneben beschäftigte ihn, außer seiner Tätigkeit als Theater-Referent der „Vossischen Zeitung", die Fortführung seiner „Wanderungen durch die Mark Brandenburg", von denen noch i. J. 1872 ein III. Band „Havelland" erschien, während die beiden älteren Bände neu aufgelegt und entsprechend ergänzt wurden. Erholung von den Anstrengungen seiner rastlosen Arbeit suchte er wiederholt in Sommerfrischen, sowie in den Jahren 1874 und 1875 auf zwei Reisen nach Italien, von denen die erste (in Gemeinschaft mit seiner Frau) bis nach Neapel ausgedehnt, die zweite auf Oberitalien beschränkt wurde.

Ein in Fontanes Leben tief eingreifendes Ereignis war seine im März 1876 erfolgte Berufung zum 1. Sekretär der kgl. Akademie der Künste; doch erkannte er bald, daß in dieser Stellung eine ihn befriedigende Fortsetzung seiner schriftstellerischen Tätigkeit unmöglich sei, und bat schon nach wenigen Monaten um seine Entlassung aus dem Amte, die ihm im August 1876 gewährt wurde. Die zunächst folgende Zeit bis 1878 wurde durch die Vollendung seines schon im Jahre 1866 begonnenen größeren Romans „Vor dem Sturm" ausgefüllt, an den sich demnächst die noch i. J. 1878 geschriebene Novelle „Grete Minde" anreihte.

117) Berlin, d. 15. Juni 1872.

Meine liebe, alte Liese.

Keinen Liebesbrief, den ich wirklich lieber schriebe, wiewohl auch nach der Seite hin nicht meine Forcen liegen, sondern einen Geschäftsbrief.

George, den in Geschäften auch alle guten Geister verlassen, schrieb mir gestern Mannigfaches über die bekannte unbezahlte Schneiderrechnung. Auslassungen, die ich in einer gewissen Scheu immer nur halb und ohne alle Neigung, den Gegenstand zu ergründen, lese, etwa wie man wegsieht, wo sich zwei verstohlen geküßt haben, teils um nicht ohne Not zu genieren, namentlich aber auch, um nicht vielleicht etwa noch mehr zu sehn. Solche Auseinandersetzungen stimmen nie; und je mehr man empfindet, daß sie nicht stimmen, desto mehr ärgert man sich. Also ich lasse mich lieber gar nicht darauf ein. Mir liegt weniger an der Kleinheit der moralischen, als an derjenigen der Kleiderschuld, und zehn Taler mit viel Verbrechen sind mir lieber als 100 Taler mit wenig. Ich schreibe nun, meine liebe, gute Liese, daß ich endlich erfahre, um welche Summe es sich handelt, möchte aber auch wirklich nur zu einer Equipierungs-Restzahlung und nicht zur Zahlung aller möglichen andern Hosen und Röcke herangezogen werden.

Ich wäre Dir sehr dankbar, wenn Du mit George über die ganze Angelegenheit auch 'mal vom Standpunkt der Schwester eines ennuyanten Bruders und nicht vom Standpunkte der Tante eines amüsanten Neffen sprechen wolltest. Philisterei hat mich nie gedrückt, und kleine Unkorrektheiten können keinen milderen Beurteiler finden als mich; aber G.s Handelweise ist wirklich nicht die richtige, wenn es mir auch nicht einfällt, in solchen Dingen Todsünden zu sehn, um derentwillen einem die Hand aus dem Grabe wächst. Emilie ist wirklich engelsgut zu ihm, gibt, was sie irgend hat und hat wahrhaftig keinen Anspruch darauf, von G. als eng und kleinlich im Geldpunkt dargestellt zu werden. Im Gegenteil. Wie sie überhaupt einen noblen Charakter hat, so hat sie ihn auch in Geldangelegenheiten. Sie ist viel gütiger als ich; ich bin in allen diesen Dingen der reine Blender, wie alle Menschen, die leicht geartet sind und eine Neigung haben, sich alles Unangenehme so lange wie möglich vom Leibe zu halten. Wenn Emilie also etwas herb (und vielleicht zu herb) geschrieben hat, so liegt das darin, daß sie ein sehr feines Rechtsgefühl hat und in diesem Rechtsgefühl sich durch

G.s ganze Art verletzt fühlt. In solcher Stimmung schreibt dann eine Frau ein Wort mehr als nötig.

(Verzeih, meine liebe Liese, daß ich Dich nur mit solchem Zeuge unterhalten habe; sehr nach meinem Geschmack ist es auch nicht. Denke, daß zu den Tantenrechten auch Tantenpflichten gehören. Vorläufig empfiehl' mich dem freundlichen Hause, dem Du zurzeit angehörst.) Wie immer Dein alter

Theodor.

---

118) Wusterhausen a. D., d. 16. September 1873.
9½ Uhr Abends.

Das tollste, was man sich denken kann,
Ist ein zärtlicher Ehemann. (Alte Ballade.)

Dennoch schreibe ich, oder um verbindlicher zu sein: parceque, nicht quoique.

Nachdem ich mich auf dem Bahnhofe . . .

17. September früh. Hier wurde ich gestern abend durch Herrn Dr. Ipscher, dessen Bekanntschaft ich im Omnibus gemacht hatte, und der hier die Doppelaufgaben Traubes und Langenbecks löst, unterbrochen, um aus meinem Zimmer in die Wirtsstube abgeholt zu werden. Hier fanden wir bereits den Burgemeister, den Apotheker und den ersten Kaufmann der Stadt und es hieß nun: „Beisammen sind wir, fanget an". Wir sprachen über Krieg, Unsterblichkeit, Volksunterschiede, Sprachenbildung, Louis Napoleon, Glaubensbekenntnis, Niedergefahren zur Hölle, Sydow und die kleinen Semmeln, so daß ich nicht glaube, daß es noch irgend etwas gibt, wovon wir nicht gesprochen hätten. Es dauerte bis 12½ Uhr. Sehr nette Leute. Auf wie lange, werde ich glücklicherweise nicht in der Lage sein, ausproben zu können. Im ganzen empfinde ich immer wieder die Kolossalwahrheit des Satzes:

„Die schlechteste Gesellschaft läßt Dich fühlen,
Daß Du ein Mensch mit andern Menschen bist."

Wenn ich mich aller Eitelkeit entkleide, so muß ich sagen, daß ich wohl mehr gesprochen habe als die andern, aber doch eigentlich auch nur Blech.

Eben bringt man mir den Kaffee; ein lieblicher Zichorienduft umnebelt orientalisch meine Sinne. Mir gegenüber befindet sich eine „Stadt London"; sehr ähnlich. In einer Stunde hoff' ich mit den Sehenswürdigkeiten fertig zu sein. Dann auf nach Trieplatz, in das „Rohricht" mitten hinein.

Grüße Liese, die Kinder, die Freunde; wie immer Dein

Th. F.

---

119) Neu-Ruppin, d. 23. September 1873.

Geliebte.

In dem „Szekler Landtag", einem ziemlich berühmten Gedichte von Chamisso, heißt es: „Der Regen regnet ewig fort". Darin hat er, große Situationen nach Dichter- und Prophetenart ein für allemal kennzeichnend, auch die meinige getroffen. Der Regen regnet ewig fort. Am Freitag Regen mit Pauke, heute Regen mit Regen. Den Alpakaschirm hab' ich bereits gesegnet, als ich heute mittag bei Gentz und der „Freundin" meine Besuche machte und natürlich keinen zu Hause traf. Ich ging dann zu Rüdiger oder vielmehr seinem Nachfolger und speiste mit dem Wirt selber, zwei Mann hoch. Brühsuppe, Schnittbohnen mit Hering und Kalbsbraten. Es hatte einen Wert von 5 Sgr., kostete aber 15, die ich, mit Rücksicht darauf, daß ich der einzige Gast war, gern bezahlt hätte, wenn nicht der Wirt selbst, im übrigen ein guter, dämlicher Kerl, durch Verbrauch von wenigstens 15 Zahnstochern und beständiges Nachhelfen mit allen fünf Fingern (und was für welchen) mir den Appetit total verdorben hätte. Ich empfand wieder ganz die Wonne, einem höheren Kulturvolk — nach einigen dem „einzigen" — anzugehören. Schweine sind es und Rüpel, nur dies steht fest.

Ich habe den ganzen Tag über geschrieben und gelesen und bin dadurch völlig auf meine Kosten gekommen. Ich las Mindings „Sixtus V." mit lebhaftestem Interesse, trotzdem ich die Arbeit durchaus verwerfen muß. Das Interesse galt zu erheblichem Teile dem Stücke selbst, das zwar nicht als Drama, aber doch als poetische Leistung überhaupt nicht geringe Meriten hat; noch mehr aber galt es den zwei Herausgebern, lieben guten Leuten, die in einer Vorrede verzweifelte Anstrengungen machen, der Welt zu beweisen, daß so etwas Großes seit 50 Jahren nicht da gewesen sei. An dieser Anempfehlung muß das Stück mindestens ebenso scheitern wie an sich selbst. Ich freue mich auf die Zeit, da ich mich über Minding — seit lange eine Lieblingsfigur von mir — werde aussprechen können.

In der Wirtschaft hier weiß ich nun völlig Bescheid und kann der Hilfeleistungen entbehren; in beschämender Weise hat Lieschen für mich gesorgt, doch werde ich nicht so unverschämt sein, ihr den Himbeersaft auszutrinken oder das Eingemachte aufzuessen. Jenes berühmte Ruppiner Liebespaar, das „nur das Eingemachte mitnahm", gehört zwar zu meinen Lieblingsfiguren, doch will ich nicht in ihre Fußstapfen treten, weder was die Liebe noch was das Eingemachte angeht.

Meine Situation hier würden einige als eine verzweifelte ansehn; ich behandle diese Dinge aber wie unser Sohn George. Als er zur 1. Kompagnie kam, schrieb er: „er habe nun einen Vorteil, der Musik am nächsten zu marschieren", eine Version, die er, als er einige Wochen später zur 4. und letzten Kompagnie kam, dahin abänderte: „er habe nun den Vorteil, die Musik des unmittelbar folgenden Bataillons zu hören". Er hat ganz recht; es kommt immer nur darauf an, daß, wie und wo man auch marschiert, man allerorten die Musik des Lebens hört. Die meisten hören nur die Dissonanzen.

Tausend Grüße an groß und klein. Wie immer Dein altes

Papaken.

---

120) Berlin, d. 16. November 1873.

Meine liebe Liese.

Auch von mir einige Dankesworte; Du bist in literarischen Dingen ungeheuer prompt und zuverlässig und gehst am Ende schließlich auch noch in die „böhmischen Wälder", in denen das Federvieh nistet. Leider selten Goldfasane. Über Neustadt bin ich nun genügend unterrichtet, und die Erzählung vom quer durchgesichelten Franzosen hat mich beruhigt. Der selige Baumgarten hob seiner Frau halber die Mordaxt, der Dreetzer wartet nicht so lange und haut schon um eines gestohlenen Pferdes willen zu. Dafür heißt er aber auch Stern und hat das Leuchtende schon im Namen. Der Musikdirektor stammt keinesfalls von ihm ab.

Außer um Dir Dank zu sagen, schreibe ich aber auch noch, um mich gegen eine falsche Anklage zu verteidigen. Ich soll Deine Wohnung nicht hübsch gefunden haben! Ist mir gar nicht eingefallen; im Gegenteil, ich finde sie nett, freundlich, geräumig, gerade so, wie Wohnungen für unsereins sein müssen. Ich hasse das Patentierte und habe jedesmal eine wohlige Empfindung, wenn ich in ein Zimmer trete, das mir ein Verwachsensein mit dem Bewohner und nicht mit dem Tapezierer zeigt, der es gestern oder vorgestern modisch eingerichtet hat. Außerdem bin ich klug und wohlerzogen genug, um nicht das zu tadeln, was andre mit Recht lieb haben. Ich habe nur über die Straße einzelne scherzhafte Bemerkungen gemacht, und die läßt allerdings an Langerweile und Charakterlosigkeit nichts zu wünschen übrig.

Empfiehl mich den Spitzen des Adels, des Militärs und der Bürgerschaft, und behalte in freundlichem Andenken Deinen alten

Th. Fontane.

---

121) Berlin, d. 22. August 1874.

Geliebte Frau.

Hoffentlich seid Ihr in gutem Wohlbefinden in Neuhof angekommen; einige Zeilen mit der Meldung davon, habe ich heute früh bei meinem Kaffee vermißt. Es fehlte auch sonst noch allerhand, namentlich Wohlbefinden.

Mit dem Parisiusschen Roman*) bin ich nun durch; er ist gut bis zuletzt; ich wollte, der meinige würde nicht schlechter. Es ist wirkliches Volksleben, dabei — nach Goethe eine Sache von höchstem Wert — alle Figuren liebenswürdig. Selbst mit dem einen Bösewicht versöhnt man sich in seiner Sterbestunde. Die Liebesverhältnisse, wie so oft in deutschen Romanen, lassen zu wünschen übrig; das meiste ist plump. Aber auch dies kann er wenigstens, denn eines der letzten Kapitel, das endlich die Verlobung zwischen Antonie und dem Assessor bringt, ist höchst vorzüglich. Liebenswürdig, echt und fein zugleich. Auch nicht ohne Originalität. Seine Force ist das gefühlvoll

*) „Pflicht und Schuldigkeit" von Ludolf Parisius, erschienen 1871.

Humoristische, und ich habe an vielen Stellen vor Bewegung und vor Vergnügen geweint. Er steht zwischen Willibald Alexis und Fritz Reuter mitten inne und hat von beiden viel. Betrüblich hat mich nur das eine gestimmt: solch' Buch kommt und geht und lebt nicht viel länger als ein Leitartikel oder eine Theaterrezension. Die Frage muß sich einem aufdrängen: verlohnt es sich dergleichen zu schreiben? Seit 20 Jahren redet man auf mich ein: „schreibe deinen Roman"; ich will froh sein, wenn er nicht schlechter wird als dieser, und doch läßt sich's nicht leugnen: es ist wie ein in den Teich geworfener Stein. Plumps, ein paar Ringe, und nach fünf Minuten ist alles wieder still und glatt. Was gibt mir ein Recht anzunehmen, daß ich es besser machen oder mehr Glück haben werde! Meine „Wanderungen" haben den einen großen Vorzug, als etwas relativ Originelles dazustehn, während Romane, selbst gute, im Dutzend verschwinden.

Auf dem Wege ins Theater begegnete mir gestern Alberts*). Ganz der alte Schwerenöter, aber doch etwas gedrückt. Die große Pleite berührt auch ihn; dabei ist er krank und angegriffen. Er meinte: „Sie kommen immer mehr 'rauf, ich immer mehr 'runter". Ich lachte. „Ja, ja, ich verfolge dergleichen." Ein paar Stunden später entdeckte ich die mutmaßliche Ursache dieser Huldigung. Alle Menschen haben nämlich den unsinnigen Aufruf zu dem unsinnigen Dichtertag in Weimar gelesen, wo mein Name mit obenan figuriert. Nachgerade merke ich aber, daß man nur von solchem dummen Zeuge Ehre und Ansehn hat. — Im Theater traf ich noch Herrn v. Hülsen im Foyer. Er reichte mir seine Patsche, um sich nochmals bei mir zu bedanken.

---

*) Man vergleiche die Fußnote auf S. 91.

Doch nunmehr die Hauptsache! Am 28. oder 29. September will ich meine Reise nach Italien, d. h. nach Rom antreten, und bin fest entschlossen, coûte que coûte, Dich mitzunehmen. Ich rechne auf Deine Zustimmung und während der Reise selbst auf Deine Entschlossenheit und gute Laune. Es tut nicht gut, philiströser zu sein als nötig. Exaktheit und Entsagen-können sind vorzügliche Dinge, aber es ist ein Fehler und ein Unrecht (wenn man sich nicht kirchlich die Askese zur Lebensaufgabe macht), davon mehr zu leisten, als dringend nötig ist. Von dem Gelde, das mir die dritte Auflage meiner Wanderungen und die zweite meiner Gedichte eingebracht haben, werden wir im wesentlichen die Reise machen können, da wir die Hauptzeit in Rom festsitzen wollen, wo man nicht teurer lebt als in Dresden. Ich rechne also auf Dein Jawort, wie am Altar. Grüße Meten. Wie immer Dein Th. F.

---

122) Berlin, d. 28. August 1874.

Geliebte Frau.

Nicht nur Deine Zusage allein, sondern ganz besonders wie sie gemacht wurde, hat mich von Herzen erfreut. So Du den rechten Willen hast, werden es schöne Tage werden, so nicht Gott eigens beschlossen hat, unser Gerstenfeld zu verhageln. Von Leichtsinn ist bei der ganzen Sache keine Spur; in 24jähriger, fast bis zur Peinlichkeit getriebener Exaktheit, haben wir uns einen ehrlichen Anspruch darauf erworben, auch 'mal fünfe gerade sein zu lassen. Übrigens bin ich, wie von meinem Leben, überzeugt, daß uns die Sache gar nicht besonders kostspielig werden wird. Das Gefühl „dies mußt Du sehn" hab' ich nie, wenn nicht die Dinge entweder billig und bequem zu haben sind, oder meinen ganz speziellen Zwecken dienen. Das Wichtigste hat man aber, beinahe ausnahmslos, immer ganz billig; denn das Wichtigste ist doch immer das, was sozusagen auf der Straße liegt. Über die Piazza del Popolo oder den Korso fahren, den Vatikan und die Peterskirche sehn, durch das Kolosseum schreiten und auf dem Forum romanum unter Trümmern Umschau halten, kostet zunächst gar nichts. Der Tiber fließt kostenlos an mir vorbei, und die sieben Hügel präsentieren sich mir, ohne Entree zu verlangen. Hat man das, was ich eben aufgezählt, so hat man schon ein gut Teil gesehen.

Vorläufig bin ich glücklich, daß die Partie so steht, wie sie steht. Bleibe nur bei guter Laune, Frische und Courage, das ist die Hauptsache und wichtiger als hundert Taler mehr oder weniger. Denn es kommt nicht auf die Masse des zu Sehenden und kaum auf die Bedeutung des einen oder andern an, sondern lediglich darauf, mit welchem Auge man sieht. Es darf nicht trübe sein. Wie immer Dein

Th. F.

---

123) Berlin, d. 3. September 1874.

Geliebte Frau.

Seit zwei oder drei Tagen habe ich nicht an Dich geschrieben, woraus Du ersehen magst, in welcher Hetzjagd ich lebe. Eigentlich tu' ich mir selber leid. Von einem Menschen, der mitunter an einem Tage eine Kritik und sieben Briefe schreiben, drei Korrekturbogen durchsehn, Fahnen lesen, Karten zeichnen, Holzstöcke revidieren, Schauspielerinnen empfangen, Zeitungen überfliegen, Bücher lesen und schließlich doch vor allem auch welche schreiben soll (und zwar, dem Umfange nach, was für welche): von solchem Menschen kann man nicht gut verlangen, daß er auch noch voll Zartheiten und Aufmerksamkeiten ist. Er muß zerstreut und abgezogen sein, weil beständig 15 verschiedene Dinge an seiner Seele zerren und ihn nervös machen. Nun gibt es ja einzelne Gottbegnadete, die es dann schließlich doch leisten und nicht bloß große Feldherren und Staatsmänner, sondern auch große Gatten und Väter sind; aber sie sind rar, müssen sehr gute Nerven und, wie Mohammed, die Kraft von 30 Männern haben. Das ist für alle Teile sehr angenehm, aber, wie der kleine Korff sagte: „Landwehrtrain-Assistenzarzt kommt selten vor."

Du wirst — wenn nicht der Deibel schnöderweise seine Hand in die Pastete steckt — auf der Reise, die wir vorhaben, sehn, daß ich auch aufmerksam sein kann, und daß ich mit meiner Frau lieber Sorbet oder Kaffee trinke, als festgenagelt an meinem Schreibtisch sitze.

Küsse meine Mete und sage Treutlers, daß ich ihnen aufs neue von Herzen dankbar sei, Dich wieder in Schick gebracht zu haben. Gruß und Kuß und frohes Wiedersehn. Dein

Th. F.

---

124) Berlin, d. 28. September 1874.

Sehr geehrter Herr,
Sehr willkommener Herr Schwager*).

Die letzten Zeilen, die ich vor einer größeren Reise — von der Sie vielleicht durch Liese schon gehört haben werden — niederschreibe, richten sich an Sie und sollen Ihnen ausdrücken, wie sehr wir uns freuen, unsre Schwester

*) Kaufmann Weber in Schweidnitz hatte sich mit Fontanes jüngster Schwester Elise verlobt; die Hochzeit fand am 26. Januar 1875 statt.

an Ihrer Hand einer glücklichen Zukunft entgegengehen zu sehn. Ich schreibe nicht, in vorsichtiger Wendung, einer „hoffentlich glücklichen Zukunft“, weil ich nach allem, was ich von Ihnen gehört und gelesen habe, eine Art Gewißheit Ihres beiderseitigen bescheidenen Glückes (was in meinen Augen die beste Form des Glückes ist) im Herzen trage. Das Leben hat mich gelehrt, daß alles auf die Menschen ankommt, nicht auf die sogenannten Verhältnisse. Die Menschen, in 99 Fällen von 100, machen diese. Auch wenn sie sich ungünstig gestalten, werden sie durch das, was wir in uns haben, doch schließlich besiegt. Besiegt, nicht um als irgendein Rothschild oder sonstiger Glücksprinz aus ihnen hervorzugehn, aber doch insoweit, um den feindlichen Mächten einen ehrenvollen Frieden abzuzwingen. Daß Ihnen beiden solche Kämpfe, die immer unbequem bleiben, nach Möglichkeit erspart werden mögen, ist mein herzlicher Wunsch.

Sie führen in meiner Schwester eine durch Esprit, Umsicht, große Entschlossenheit und noble Gesinnung gleich ausgezeichnete Lebensgenossin in Ihr Haus ein; es ist keine Spur von Kleinlichem oder Kümmerlichem an ihr; dies alles darf ich sagen, weil es die Wahrheit ist. Die kleinen Schwächen mögen Sie selber entdecken; sie stecken in den obengenannten Vorzügen eigentlich schon drin. Auch sie hat, wie die Besten, „les défauts de ses vertus“.

Meine Frau, Sie herzlich begrüßend, empfiehlt sich Ihnen angelegentlichst. Wenn wir von unsrer Reise zurück sind, hoffen wir, Sie bald zu sehn. Bis dahin und darüber hinaus Ihr aufrichtig ergebenster Schwager in spe

Th. Fontane.

125) Berlin, d. 27. März 1875.

Mein lieber alter Theo*).

Ich glaube nicht nur, daß Du der erste „primus omnium“ in der Familie bist, ich bin dessen gewiß. Nach meiner nun durch vier Generationen gehenden Kenntnis zählt es zu den fragwürdigen Vorzügen unsres Geschlechts, daß nie ein Fontane das Abiturientenexamen gemacht, geschweige vorher die Stelle eines primus omnium bekleidet hat. Der Durchschnitts-Fontane (wohin von Mutters Seite auch Deine Vettern gerechnet werden können) ist immer aus Oberquarta abgegangen und hat sich dann weitergeschwindelt, das beste Teil seiner Bildung aus Journalen dritten Ranges zusammenlesend. Ich war schon eine Ausnahme, ein abnormer Zustand, der nun durch Dich seinen Abschluß gefunden hat.

Wie immer Dein alter

Papa.

---

126) Berlin, d. 2. Juni 1876.

Meine liebe, süße Mete.

Mama hat wenig geschrieben, und ich werde durch meine Zutat das Fehlende schwerlich ausgleichen. Wir erleben wohl allerhand, aber wenig Erfreuliches, und was sonst noch von Bildern an einem vorüberzieht, wird von trüben Augen nicht recht wahrgenommen**). Verstimmte Sinne verlieren die Aufnehmekraft; das Bild fällt wohl

*) Fontanes zweitältester Sohn Theodor, damals Schüler des französischen Gymnasiums in Berlin.

**) Anspielung auf den ernsthaften Konflikt, der zwischen Fontane und seiner Gattin entstanden war, nachdem jener zum Verzicht auf seine amtliche Stellung als Sekretär der kgl. Akademie der Künste sich entschlossen hatte.

hinein, wird aber nicht festgehalten. Übrigens werden wieder heitere Tage kommen; das Schlimmste, so hoff' ich wenigstens, liegt hinter mir. Du wirst schon wissen, worauf sich dies bezieht. Sei glücklich, daß Du diese letzten Wochen auf neutralem Boden zugebracht hast.

Grüße Wittes*), groß und klein, aufs herzlichste. Dein alter

Papa.

---

127) Berlin, d. 17. Juni 1876.

Meine geliebte Mete.

Mama, die nicht wohl ist, tritt mir heute den Brief an Dich ab. Wir leben, nach außen hin, sehr ruhige Tage, und so ergibt sich kein Überfluß an Stoff. Auf Stadtgerichtsrat Lessings silberner Hochzeit waren wir nur durch 25 Rosen und einige Ottaverime älteren Datums vertreten. Theater ruht. Nur einmal war ich bei den Meiningern, um die „Kronprätendenten" zu sehen, ein dänisches Schau- oder Trauerspiel, das, aller Reklame zum Trotz, schließlich doch auch nicht besser ist als die hier Landes gewachsenen. Im Gegenteil.

Wie es im Rütli aussieht, weiß ich kaum noch. Meine Senatssitzungen fallen fast immer auf den Sonnabend und hindern mich am Erscheinen in dem alten Freundeskreise. Was mich am meisten beschäftigt, ist Mamas Reise, von der ich mir alles mögliche Gute für sie verspreche. Sie ist nervös sehr herunter und bedarf andrer Luft, andrer Menschen, andrer Eindrücke. Meine Reisepläne ruhn; ich werde nach dem 3. August, bis wohin ich keinen Tag fehlen darf, auf eine halbe Woche zu Wiesike**) gehn,

---

*) Über Dr. Fr. Witte und seine Gattin vergleiche man Fontanes „Von Zwanzig bis Dreißig", S. 536.

**) Über die Persönlichkeit Wiesikes vergleiche man Fontanes „Fünf Schlösser", S. 138 ff.

die Wirkung von Apfelwein und Schopenhauer auf mich abwarten und dann an meinen Schreibtisch zurückkehren.

Theo sehn wir ziemlich selten; er hat sich mit seinem neuen Stubenkameraden gut eingelebt und verbringt die Abende mit Skat und Wasserpartien. Ich gönn' ihm von Herzen diese kleinen Zerstreuungen; seine studentischen Ansprüche sind ohnehin so bescheiden. Von George haben wir seit länger als 14 Tagen nichts gehört; ob er studiert, Klavier spielt oder nach der Scheibe schießt, ist uns alles ein süßes Geheimnis. Gestern nachmittag besuchte uns Frau v. L. I, die jetzt in A. lebt. Ich hatte lange Gespräche mit ihr, da Mama zu angegriffen war, sie anzunehmen. Zum Schluß kamen wir auch auf die „Landgrafenstraße". Sie drückte sich selbst in dieser Weise umschreibend aus. Es machte einen herzbeweglichen Eindruck, die erste Frau v. L. über die zweite sprechen und sich nach dem Glück oder Unglück ihres ehemaligen Eheherrn erkundigen zu hören. Jede Antwort mußte ihr gleich wehe tun.

Herzlichste Grüße dem ganzen Hause Witte. Dir Gruß und Kuß von Deinem alten

Papa.

---

128) Berlin, d. 31. Juli 1876.

Liebe Frau.

Die Briefe von George und Mete, die ich gestern zur Post gab, wirst Du heute früh erhalten haben. Sie waren beide in ihrer Art ausgezeichnet. Wie treffend, wie allerliebst in Metens Brief der Vergleich zwischen Doberan und Warnemünde; wie fein, wie bescheiden und doch wieder wie selbständig Georges Urteile über die Goetheschen Dichtungen. Ich habe mich gleich hingesetzt und ihm den ganzen Bogenhausen geschickt, der meine eignen Aufzeichnungen über Wilhelm Meister enthält. Sonderbarerweise haben Vater und Sohn den Roman zu gleicher Zeit gelesen.

Das Briefschreibetalent der Kinder ist insoweit nicht verwunderlich, als sie es ebensogut von Mutter- wie Vaterseite her haben können. Über Deinen heut' erhaltenen Brief hab' ich mich sehr gefreut. Wenn Du doch diese selbständigen Gedanken, dieses gerechte Urteil auch im alltäglichen Leben und bei Würdigung dessen hättest, was ich tue oder lasse. Das Schlimme ist, daß Du Dich nicht daran gewöhnen kannst und auch nicht gewöhnen willst, mich für einen verständigen und auf meine Weise ganz praktischen Menschen anzusehn. Du läßt mir alle möglichen Vorzüge, betrachtest mich aber wie ein poetisches Kind, das jeden Augenblick auf dem Punkt steht, sich als Familien-Enfant-terrible aufzuspielen. So liegen aber die Dinge durchaus nicht; ich weiß auch, daß man Miete und Steuern bezahlen muß und daß man von der Luft nicht leben kann. Am wenigsten ich. Es ist auch nicht richtig, wenn ewig von meiner Lieblosigkeit gesprochen wird. Ich beobachte mich seit längrer Zeit auf diesen Punkt hin, und ich kann mit gutem Gewissen sagen: es trifft nicht zu. Egoistisch bin ich, aber nicht lieblos. Das ist ein großer, großer Unterschied. Ich könnte ein hohes Lied schreiben über die Erhabenheit, die Herrlichkeit, die Wonne, die Wunderkraft der Liebe, und zwar nicht Phrasen, die ich hasse, sondern Empfundenes. Aber freilich, was sich so gemeinhin Liebe nennt, diese ganze Reihe niedrigstehender, beleidigender, zugleich mit wuchtigster Prätention auftretender Bourgeois-Empfindungen — und dieses Bourgeoistum ragt in alle Stände hinein — für diese Sorte Liebe hab' ich nur Spott und Verachtung. Ich liebe Liebe, aber ich gucke sie mir an und prüfe sie auf ihre Echtheit; vieles, was sich in gutem Glauben dafür gibt, ist nicht weit her. Die bloße persönliche, aus leidlicher Begriffsverwirrung geborene Überzeugung: „ich liebe" ist noch lange keine Legitimation.

In der leidigen Sekretärangelegenheit bin ich so weit gegangen, vor etwa zwei Wochen schon an L. zu schreiben, daß — wenn man mein Verbleiben wünsche — ich meinerseits kein Hindernis mehr entgegenstellen würde. Weiter aber kann ich und werde ich nicht gehn. Es hat mich bei diesem Schritt sehr meine Liebe zu Dir mitbestimmt, weil ich Dich glücklich sehn und den heißesten Wunsch Deines Lebens — den ich nicht in gleichem Grade teile, aber völlig verstehe und respektiere — Dir riesig gern erfüllen möchte. Für mich persönlich bleibt es im übrigen bestehn, daß die Stelle, auch in rein pekuniärem Betracht, nicht das gelobte Land ist, von dem Du träumst, und daß ich, wenn ich sie nicht wiedererhalte, als freier Schriftsteller gerade so gut leben kann, wie als Sekretär der Akademie. Deinetwegen wünsche ich aber aufrichtig ein Wiedereinklingen. Die nächsten Wochen müssen endlich die Entscheidung bringen; ich bitte Dich schon heute, weder über „ja" noch „nein" den Kopf zu verlieren. Es wird gehen, gleichviel ob momentan die 6 oben liegt oder unten. Jeder Tag ist ein neues Würfelspiel, und die Zahlen und Werte wechseln. Ich habe das wieder recht in diesen bitterschweren Monaten erfahren.

Wie immer Dein

Th. F.

---

129) Berlin, d. 7. August 1876.

Liebe Frau.

Seit Freitag mittag habe ich nicht geschrieben; ich berichte in der Kürze.

Am Sonnabend arbeitete ich fleißig an meinem „Chorin-

Aufsatz“, änderte, kürzte und schickte ihn mit einem längeren Schreibebrief, in dem ich auch die Romanfrage regelte, an Dr. König*). Schon am Tage vorher, was ich Dir vielleicht schon schrieb, hatte ich ein andres Briefpaket ebenfalls nach Leipzig abgehen lassen. Es enthielt meine „Biographie“ für das Brockhaussche Konversationslexikon. Im Grunde genommen, habe ich nun alles Irdische erreicht: geliebt, geheiratet, Nachkommenschaft erzielt, zwei Orden gekriegt und in den Brockhaus gekommen. Es fehlt nur noch zweierlei: Geheimer Rat und Tod. Des einen bin ich sicher, auf den andern verzicht' ich allenfalls. Er kann mir aber auch noch beschieden sein.

Am Sonntag sattelte ich früh und war Punkt 11 Uhr auf dem katholischen Kirchhof in der Liesenstraße, wo Dr. J. L. Klein**) begraben werden sollte. Es ließen sich Bücher über dies Begräbnis schreiben. Glücklicherweise hab' ich es bei einem kleinen Artikel bewenden lassen, den ich Dir am Mittwoch schicken werde, wenn ihn die Vossin morgen bringt. Es sind nämlich Stellen darin, die aus diesem oder jenem Grunde beanstandet werden können. Der Artikel gibt übrigens nur ein schwaches Bild der Wirklichkeit. Von Theater, Kunst, Presse war niemand da; ich allein aus dieser Sphäre der Gesellschaft war gekommen. Ein paar katilinarische Existenzen, mit durchfettetem Hut und Rockkragen, standen allerdings mit am Grabe. Vielleicht waren es „Kollegen“, aber Deutschland kennt sie nicht.

Der ganze Vormittag, von dem Begräbnis abgesehn,

*) Dr. Robert König in Leipzig, damals Redakteur des „Daheim“, in welchem 1878 der erste Roman Fontanes vor seiner Buchausgabe erschien.

**) Dr. J. L. Klein, geb. 1804, dramatischer Dichter und Verfasser der „Geschichte des Dramas“.

stimmte mich ganz eigentümlich. Da war das Haus, in dem Du, glaub' ich, als Kind wohntest, dann Hennings Garten (jetzt Woltersdorff), ruppig und bummsartig geworden. „Liesens", wo wir noch 'mal als Brautleute — ich in gräßlich häßlichen Letschiner Kniebeutelhosen — Fanchon-Zeck spielten (ein Fräulein stürzte hin und die Röcke ihr über den Kopf), präsentierte sich jetzt als ein Bierpalast. Ich mußte an August Fontane*) denken, der hier sein Geld verspielte, an den alten Kummer mit der pfiffigen Biedermannsmiene, an die schöne Frau L. und an Tante Pine, die ewig Unschuldige (bis diese Stunde), die die Gurli spielte und von allem nichts wußte. Wie gnädig hat Gott einen geführt, daß man aus dieser Misere heraus ist; ich möchte nicht wieder hinein und will jede Stunde lieber sterben, als ein solches auf Lug und Trug gestelltes Leben noch einmal mit durchmachen müssen. Die Jugend freilich kommt über alles weg; Onkel August brachte ja mitunter Pfannkuchen und Zimmtbretzel mit.

Auch noch ein andrer Tag trat mir in der Liesenstraße, wo auch der neue französische Kirchhof ist, wieder vor die Seele: der Tag, an dem ich aus Versehen unsre letzten zwei Taler in die mir entgegengehaltene Armenbüchse steckte*).

Tausend Grüße dem ganzen Hause. Wie immer Dein

Th. F.

---

*) Über Onkel August Fontane und Tante Pine vergleiche man „Von Zwanzig bis Dreißig", S. 165 ff. sowie S. 561 ff.

**) Beim Begräbnis eines der früh verstorbenen Fontaneschen Söhne.

130) Berlin, d. 15. August 1876.

Liebe Frau.

Heute früh erhielt ich Deine Zeilen — die freundlichsten, die ich in diesen fünf Wochen empfangen habe — und danke Dir dafür. Du schreibst: „alles verwöhnte Dich dort, nur von hier aus würdest Du knapp behandelt“. Dem Zusamenhange nach, kann sich dies nur auf mein Briefschreiben beziehn, und da gehört denn diese Bemerkung wieder [zu jenen rätselhaften Äußerungen, in denen Du, wenigstens zu Zeiten, groß bist. Ich habe das gute Gewissen, Dir ganze Manuskripte geschickt zu haben; zweimal hab' ich drei, vier Tage vergehen lassen, ohne zu schreiben, aber lediglich aus Verstimmung über den Ton Deiner Briefe, oder doch aus Verstimmung über einzelne ganz ungehörige, mich kränkende Bemerkungen. So auch in Deinem längeren Briefe, der Deinen Besuch bei Schwester Liese schilderte. Was soll es heißen, wenn Du mir in bezug auf eine aus drei Personen bestehende Gesellschaft, in der noch nicht zwei Flaschen Medoc Cantenac à 12½ Sgr. getrunken wurden, kurz und feierlich schreibst: „so hatte ich mir unsre Zukunft gedacht“. Was soll ich mit solchem Satze machen? Möglicherweise ist es nicht böse gemeint gewesen, aber ich will den sehen, der aus einem solchen Satze Humor oder Harmlosigkeit herauslesen kann. Ich bilde mir ein, mich auf beide zu verstehn.

Meine liebe Frau, es ist im großen und kleinen das alte Lied. Du reizest mich bis aufs Blut und wunderst Dich hinterher, wenn ich heftig und bitter werde; Du machst ein böses Gesicht und wunderst Dich, wenn ich Dir aus dem Wege gehe; Du verhältst Dich ablehnend und wunderst Dich, wenn ich nicht zärtlich bin. Natürlich bin ich auch zu Zeiten unzärtlich, ohne vorher einer Nüchternheit begegnet zu sein; aber das ist nicht zu ändern, weil es ebenso in der menschlichen Natur wie ganz besonders in unsern Lebensverhältnissen liegt. Wenn ich bei einer Arbeit nicht von der Stelle kann oder das Gefühl des Mißlungenen habe, so bedrückt das mein Gemüt, und aus bedrücktem Gemüt heraus kann ich nicht nett, quick, elastisch und liebenswürdig sein. Aber das müßtest Du auch, wenn Du Dich ein bißchen auf meine Art verstündest, gar nicht von mir fordern. Daß ich Dich liebe, weißt Du; daß ich es Dir tausendfältig gezeigt habe, wirst Du nicht wohl bestreiten können. An diesem schönen Bewußtsein müßtest Du genug haben und als kluge Frau wissen, in 24 Stunden ist das alles vorüber. Statt dessen zeigst Du Deine ganz und gar unberechtigte Verstimmung, die mich nun erst wirklich verdrießlich und aus dem tristen Tage eine triste Woche macht. Wenn Du doch all dies einsehn, wenn Du Dich doch nicht in der Vorstellung verblenden wolltest, daß Du eine arme, zurückgesetzte Kreuzträgerin wärest. Es ist ja alles bittre Torheit; Du bist eine durch Deinen Mann, Deine Kinder, Deinen Lebensgang und Deine Lebensstellung unendlich bevorzugte Frau. Es gibt wenige, die es so gut getroffen haben. Daß Du das Glück nach der Zahl der Goldrollen bemessen solltest, für so inferior halte ich Dich nicht, habe auch keine Ursache dazu.

Wenn Du morgen über acht Tage kämest, so bist Du gerade sechs Wochen fort. Ich erwarte Dich mit alter Liebe, die ich immer für Dich in meinem Herzen habe, auch wenn ich Dir die bittersten Dinge sage, Dinge, die ich leider auch heute nicht zurücknehmen kann. Denn die Zuneigung ist etwas Rätselvolles, die mit der Gutheißung dessen, was der andre tut, in keinem notwendigen Zusammenhange steht. Natürlich wird es bei gebildeten Menschen immer dahin kommen, daß die Gutheißung den natürlichen Herzenszug unterstützt, und umgekehrt, wenn sie konsequent ausbleibt, diesen Herzenszug auswurzelt und tötet.

Du wirst bei Deiner Rückkehr mir gleich zeigen können, ob ich noch wieder auf friedliche, glückliche Tage rechnen kann oder nicht. Meine Angelegenheit hat sich mittlerweile entschieden. Am 2. August, am Tage vor der Akademiefeier, erhielt ich die amtliche Mitteilung, daß der Kaiser meine Entlassung genehmigt habe und daß ich nur noch die Ernennung eines Nachfolgers abzuwarten hätte. Im ersten Augenblicke war es mir Deinetwegen leid; ich hatte mich seit fünf, sechs Wochen derartig eingearbeitet, daß ich es für möglich hielt, die Sache auszuhalten, und in der äußren Lebenssicherheit ein Äquivalent für das erblickte, was ich, auch im glücklichsten Falle, hätte begraben müssen, ein Äquivalent für mein aufzugebendes Schriftstellertum. Aber was ich seit 14 Tagen nun wieder erlebt, zeigt mir, wie richtig meine ersten Eindrücke waren. Ich sehe ganz klar, wie es geändert werden könnte, aber zu dieser Änderung wird es so bald nicht kommen. Ich ersehne den Moment, wo ich aus diesem wichtigtuerischen Nichts, das mit Feierlichkeit bekleidet wird, wieder heraus sein werde. Dinge, Personen, Zustände sind alle gleich unerquicklich. Ich passe in solche Verhältnisse nicht hinein und will mich lieber weiter quälen. Eine gute Theaterkritik, um das Kleinste herauszugreifen, ist viel, viel besser als diese Reskripte-Fabrikation, bei der ich noch nichts Erfreuliches habe herauskommen sehn. Übrigens spreche ich über diese Dinge zu niemand, am wenigsten in diesem Ton. Die Welt verlangt nun 'mal ihre Götzen. Meinetwegen, wenn ich sie nur nicht mit anzubeten brauche.

Akademie lebe wohl! Aber, enfin, es muß auch so gehen. Eine Fülle neuer Arbeiten ist angefangen, und mir ist nicht so zumute, als würde ich mit nächstem in den

Skat gelegt werden. Im Gegenteil. Die Unsicherheit bleibt allerdings — es wäre lächerlich, sie fortdemonstrieren zu wollen — aber sie erschreckt mich nicht. Unsicher oder nicht, der Satz bleibt schließlich bestehen, daß ein Mann von Talent und Wissen, der fleißig ist und zu schreiben versteht, imstande ist, sein täglich Brot zu verdienen. Hat er es 'mal knapper, nun, so muß es knapper gehn; aber immer werden auch wieder hellere Tage kommen, die für Ausgleich sorgen. Es ist bisher gegangen, gut gegangen, und ich sehe nicht ein, warum es nicht weiter gehen soll. Die einzige Gefahr liegt bei Dir. Nimm mir die Stimmung und ich bin verloren. Ich beschwöre Dich, daß Du dessen eingedenk bist und das Deine tust, mich schwimmfähig zu erhalten. Dein

Th. F.

---

131) Berlin, d. 18. August 1876.

Meine liebe Frau.

Deine Zeilen vom gestrigen Tage haben mich beglückt und betrübt. Alles Schöne und Liebe und Tüchtige, was Du hast, spricht sich in ihnen aus, aber ich sehe darin auch die Keime neuer Szenen und Zerwürfnisse. Wenn Du glaubst, Deine bittren Empfindungen aus Liebe zu mir oder aus der Erkenntnis, „daß es nun doch 'mal ist wie es ist", unterdrücken zu können, so täuschst Du Dich. Diese Kraft haben sehr wenige, Du hast sie nicht. Ich bin erfreut daß Du den gewiß aufrichtig guten Willen hast, ein friedliches Zusammenleben wieder zu ermöglichen, aber selbst diese Friedlichkeit wird nicht kommen, noch viel weniger die Einigkeit. Ich muß es tragen und hoffe, es zu können. Eine vollkommene Heiterkeit erfüllt mein Gemüt, die Ruhe des guten Gewissens, und aus diesem heraus werde ich vieles tragen und alles milde beurteilen können. Ich verstehe Dich vollkommen und „tout comprendre c'est tout pardonner".

Ich kann von diesem anmaßlich klingenden Worte nicht ablassen; ja „tout pardonner“, denn es wird mir unglaublich mitgespielt. Niemand kennt die Verhältnisse, niemand gibt sich Mühe, sie kennen zu lernen, und der Weisheit ganzer Schluß läuft darauf hinaus: „ein armer Mensch gibt keine fixierten Stellungen auf“. Ich finde diesen Satz trostlos. Was heißt „unmöglich und unwürdig?“ Gewiß ist es, daß die Stellung miserabel ist. Und das ist gerade genug, um einen Rückzug aus ihr zu rechtfertigen. Die letzten 14 Tage haben mich erkennen lassen, welch’ ein Segen es war, daß der einlenkende Schritt, den ich unter momentan erträglichen Eindrücken tat, vergeblich geblieben ist. — Ich bin nun wieder auf mich selbst gestellt und freue mich dessen. Es hat etwas Komisches, diese einfache und alltägliche Tatsache zu einem abnormen und schrecklichen Ereignis heraufpuffen zu wollen. Tausende von Künstlern, Schriftstellern, Wissenschaftsmenschen leben hier in Berlin von der Hand in den Mund, gerade wie ich, und wenigstens viele Hunderte von ihnen leben auskömmlich und ohne Klage. Ich selber habe viele Jahre so gelebt. Was ist geschehn, daß die sonst gutstehenden Kurse meiner literarischen Existenz plötzlich so tief sinken konnten? Eine Panik, ein Gespenst, weiter nichts. Ein wiedergeholtes Vertrauen stellt auch die alten Kurse wieder her.

Doch wozu immer wieder dasselbe! In Gutem und in Bösem, in freundlichen und in bittren Worten, ist längst alles gesagt, was gesagt werden kann; man dreht sich nur noch im Kreise herum. Ich freue mich herzlich, Dich wiederzusehn, wenn ich auch die Hoffnung nicht hege, daß wir ruhigen Tagen entgegengehn, die mir mit glücklichen Tagen gleichbedeutend sind. Komm es, wie es soll. Ich laß es über mich ergehn. Dein

Th. F.

132) Berlin, d. 16. Dezember 1876.

Meine liebe Liese.

Seit vielen Monaten habe ich nichts von mir hören lassen, auch in jenen Wochen nicht, die für Dich aus mehr als einem Grunde die schwersten waren. Über die Veranlassung meines Schweigens wirst Du nicht im Unklaren gewesen sein; seit Beginn dieses Frühjahres konnt' ich — ohne in einen Sorgen-Wettstreit mit Dir eintreten zu wollen (denn Du bist mir über) — doch überallhin mit Guatimozin fragen: „liege ich denn hier auf Rosen?" Erst eine bedrückende Stellung; dann die Kämpfe vor Aufgebung derselben, und schließlich die, die folgten. In diesen stecke ich zum Teil noch drin. Auch Existenzsorgen stellten sich ein. Nicht daß ich einen Augenblick an meiner Kraft gezweifelt hätte; aber Emilie war in einer solchen Gemütsverfassung, daß mir der Gebrauch meiner Kräfte tagelang unmöglich gemacht wurde. Eine Woche Ärger bedeutet eine Woche Nichtarbeit; da stand dann freilich mitunter sehr Tristes mir vor Augen. Das Schlimmste scheint jetzt aber überstanden. Die Tage sind allerdings immer noch grau genug, aber grau oder nicht — ich zünde meine Arbeitslampe an und verscheuche mit ihrem stillen Licht den ganzen Trübseligkeitsnebel.

Aber da verschwatze ich mich in meine Angelegenheiten, statt ein Wort für Dich zu haben. Was ich zu sagen hätte, weiß ich wohl; indessen das billige Auskramen von Alltagsweisheit, das große Registerziehen ewiger Nützlichkeitserwägungen verletzt oft gerade da, wo es trösten soll. Das aber werd' ich ohne Anstoß aussprechen können: bewahre Dich Gott vor ähnlichen Katastrophen wie diese letzten waren.

Inmitten aller Verstimmungen haben wir gelegentlich auch heitre Tage gehabt, d. h. die Kinder hatten sie, und stellten, unbekümmert um die vermufften Alten, ihre Fidelität in die sonst vorherrschende Morosität hinein. George war im November hier, zugleich mit ihm Lise Witte*), die bei „Onkel Richard" wohnte und noch wohnt. Dies führte nun zu allerhand Unternehmungen: Jugendreunions, Ball und Liebhabertheater. Letztres war die Krone. Zwei Lustspiele: „Wie denken Sie über Rußland" und „Das Schwert des Damokles" kamen zur Aufführung. George, in beiden Hauptrollen, war ausgezeichnet; ebenso Martha im zweiten Stück, als rothaariger Buchbinderlehrling brillant. Die andern weniger gut. Seitdem sind Wochen vergangen, und für die Weihnachtstage ist George abermals in Sicht. Er hat den Vorzug, seinem ganzen Charakter nach nie zu stören; er ist der liebenswürdigste von der Familie, die Alten mit eingerechnet.

Grüße den Schwager aufs beste. Wie immer Dein alter

Th. Fontane.

---

133) Thale, d. 10. August 1877, Hotel Zehnpfund.

Liebe Frau.

Gestern abend acht Uhr bin ich bei leidlichem Wohlsein, mit Koffer, Rockbündel und Unsterblichkeitspaket, hier angekommen; ich erhielt Nr. 10, in dem es dermaßen nach einer Mischung von Multer und Levkojen roch, daß ich nach drei Minuten Kopfweh hatte und eine Versetzung nach Nr. 57 vorzog; hier floß aber der Rinnstein vorbei, während zugleich der Fettwrasen aus der Küche opfermäßig emporstieg. Ich beantragte also abermals meine Versetzung, die nun heute früh erfolgt ist. Ich wohne Nr. 45, habe einen

*) Lise Witte, die älteste Tochter von Fontanes Freunde Dr. Fr. Witte in Rostock (vergl. die Fußnote auf S. 233) und die nächste Freundin seiner Tochter Martha.

prächtigen Blick in die Vorberge, nur drei Stunden (von vier bis sieben Uhr nachmittags) Sonne, und Levkojengeruch ohne Multer. Denn mein jetziges Zimmer ist eine Treppe hoch, während Nr. 10 Parterre lag. Geschlafen hab' ich leidlich gut, im Lauf des Vormittags eine Promenade in das Bodetal hinein gemacht und einige Verse geschrieben; bei Tisch hab' ich mich mit einem Hamburger Kaufmann angefreundet, der außer einer operierten, freundlichen Frau aus Mecklenburg, zwei niedliche Töchter von 16 und 17 Jahren hat. „Es sind zwei Engel" hat er mir im Flüsterton anvertraut. Ich jedenfalls werde sie nicht zu Falle bringen.

In Magdeburg traf ich George. Da wir eine ganze Stunde Zeit hatten, so war er in der Lage, „to do the honors for all Magdebourg". Ich hatte Appetit auf Kaffee, den wir am „breiten Weg" bei Zuany, dem Magdeburger Josty, einnahmen. „Josty, mir auch eine!" Nach diesem alten Satze trank George mit mir oder ich mit ihm; denn er machte den Wirt. Ich bat mir sogar ein Stück Kuchen aus; man muß es mitnehmen. Ich hatte, wie immer, einen freundlichen Eindruck von George; ein wenig befangen, das ist Fontanesch und liegt in der Situation. Auch genieren Väter immer; der meinige genierte mich auch.

Ob ich hier werde arbeiten können, muß sich morgen zeigen; aber wenn es auch weniger wird, als ich hoffe: es war doch wohl ein glücklicher Gedanke, hierher zu gehen. Ich hätte mich in der Berliner Luft den ganzen Sommer über nicht mehr erholt.

Ich wünsche von Herzen, daß meine Abwesenheit zugleich als die Abwesenheit eines Druckes empfunden werden möge, und würde mich glücklich schätzen, zu hören, daß Ihr aufatmet. Letzte Vorkommnisse berühr' ich absichtlich nicht;

wie man die Streitigkeiten herzlich satt kriegt, so auch die Auseinandersetzungen darüber.

Gruß und Kuß Dir und den Kindern von Deinem alten

Th. F.

---

134) Thale, d. 13. August 1877.

Liebe Frau.

Seit heute geht es mir merklich besser; ich schiebe es, von der Wohltat des Luftwechsels abgesehn, auf die Forcetouren, die ich mache, und beinahe mehr noch auf den Wetterumschlag. Die Siebenschläferepoche ist seit gestern vorbei, wir haben Ostwind und die Elektrizität drückt nicht mehr auf die Nerven.

Zu vermelden ist im übrigen nicht viel. Heute früh war ich in der Apotheke, um mir ein Pechpflaster zu bestellen. Es war ein weiter Weg im Sonnenbrand; ich ging über eine halbe Stunde, wurde aber auch durch ein Apothekenidyll belohnt. Das Haus mit zwei Türmen liegt in einem Akazienpark, alles kühl, schattig; in der „Offizin" selbst die höchste Sauberkeit. Ich hatte das bestimmte Gefühl, daß Dich dieser Anblick mit Neid erfüllt haben würde; mich selber wandelte auch so etwas an. Und doch ist es am Ende besser so, trotz alledem und alledem; ein gewisser Reichtum des Daseins, in dem man Jahrzehnte lang gelebt hat, kann einem nicht mehr genommen werden.

Scott, in dem ich täglich lese, interessiert mich wieder aufs höchste. Im einzelnen ist es angreifbar: breit, vollgestopft mit Notizen von höchst zweifelhaftem Interesse, nicht allzu sorglich in der Ausführung, nicht allzu tief in der psychologischen Behandlung, aber enfin doch ganz einzig. Ein reicher, gottbegnadeter Mann, der da spielen durfte, wo andre sich im Schweiße ihres Angesichts quälen.

Alles einfach, natürlich, humoristisch und voll so entzückender Oasen, daß man die zwischenliegenden Steppen gern mit in den Kauf nimmt.

Gruß und Kuß von Deinem alten Th. F.

---

135) Berlin, d. 2. Juni 1878.

Meine liebe Frau.

Eben wollt' ich mich niedersetzen, um nach Beendigung einer Theaterkritik Dir einen langen Brief mit den Erlebnissen dieser letzten Tage zu schreiben, als Theo, hereinstürzend, mir mitteilte, daß der Kaiser erschossen sei; Herr K. sei beinahe Augenzeuge gewesen und habe den Kaiser tot oder auf den Tod verwundet, und in den Armen seines Leibjägers ruhend, langsam an sich vorüber fahren sehn. . . . .

Eben kommt Theo aus der Stadt zurück; er soll nicht tot sein, sondern nur zweimal verwundet und nicht schwer, einen Schrotschuß ins Gesicht und eine Kugel in die Schulter. All dies ist aber wohl unsicher. Jedenfalls lebt er noch; ich glaube, ihm wäre besser tot. 81 Jahr und das erleben, in vier Wochen einem zweifachen Mordversuch preisgegeben! Der Mörder ist ein Dr. Nobiling, Beamter im landwirtschaftlichen Ministerium oder Museum. Motiv zunächst unerklärlich. Als das Volk das Haus stürmte, hat er sich zu erschießen versucht, aber auch sich nur verwundet. Dein Th. F.

---

136) Berlin, d. 3. Juni 1878.

Meine liebe Frau.

Es ist eine schlimme Zeit zum korrespondieren: das Große und Allgemeine nehmen einem die Telegramme und

Zeitungen vorweg, und das Kleine und Besondere interessiert weder den Schreiber noch den Empfänger. „Die Zeit ist aus den Fugen" sagt Hamlet, und „Ich verstehe die Welt nicht mehr" sagt der alte Tischlermeister in Hebbels Maria Magdalene. Freilich, zu verstehn ist es schon. Massen sind immer nur durch Furcht oder Religion, durch weltliches oder kirchliches Regiment in Ordnung gehalten worden, und der Versuch, es ohne diese großen Weltprofoße leisten zu wollen, ist als gescheitert anzusehn. Man dachte in „Bildung" den Ersatz gefunden zu haben und glorifizierte den „Schulzwang" und die „Militärpflicht". Jetzt haben wir den Salat. In beiden hat sich der Staat, ja mehr denn das „die Gesellschaft" eine Rute aufgebunden: der Schulzwang hat alle Welt lesen gelehrt und mit dem Halbbildungsdünkel den letzten Rest von Autorität begraben; die Militärpflicht hat jeden schießen gelehrt und die wüste Masse zu Arbeiterbataillonen organisiert. Gewiß, der Versuch *mußte* gemacht werden, aber Rousseau hat recht behalten, der schon 1750 schrieb: „Künste und Wissenschaften zwingen es nicht". Nun soll der Brunnen zugemacht werden; ein Reaktionsregiment wird beginnen, und der Notschrei „Religion, Religion" wird überall laut werden, sogar in den Bourgeoishäusern, die ernstlich anfangen, für ihren Geldbeutel besorgt zu werden. Aber es wird nichts helfen. So 'was läßt sich nicht „besorgen". Es muß *kommen*, das Erscheinen großer Geister muß den Volksgeist umgestalten. Aber dürfen wir darauf rechnen? Mit Gesetzesparagraphen und langweiligen Pastoren zwingt man's nicht.

Hier alles munter. Ergeh' es auch Dir gut. Dein

Th. F.

---

137) Berlin, d. 5. Juni 1878.

Meine liebe Mete.

Man geht durch alle möglichen Stadien, und mein neuestes Stadium ist Abneigung gegen Briefschreiben, sonst hättest Du längst ein paar Zeilen von mir erhalten. Über Dr. Nobiling verbreit' ich mich nicht; die Zeitungen bringen alles, was sie wissen und nicht wissen. Von letzterem am meisten. So die rührende Geschichte von der Konfrontation von Mutter und Sohn, die, schlecht gerechnet, eine Million Tränen hervorgerufen hat; denn Rührseligkeit und Tränendrüse sind auch der entarteten Menschheit treu geblieben. Ich traute übrigens der Geschichte gleich nicht. Es sind ja doch alles gebildete Menschen, und da fand ich den Anfang des Dialogs: „Karl, hast du Geld genommen?" etwas unterm Stand. Diese Frage, so conspicuously in den Vordergrund gestellt, kann nur von einem Reporter herrühren, der keins hat. Übrigens ist Berlin schon wieder fidel, und die Meininger, der Kongreß und die Badereisen fangen schon wieder an, die hiesige Menschheit mehr zu interessieren, als die 38 Schrotkörner und die Frage, ob sie sich „verkapseln" werden oder nicht. Mich amüsiert am meisten in solchen Zeiten das Zeitungsdeutsch; in jedem Satz sind drei Widersprüche oder drei Dummheiten oder drei hochverräterische Anzüglichkeiten. Am meisten, wenn sie loyal sein wollen. So las ich heut' in der Vossin: „... die kronprinzlichen Herrschaften trafen ein, er blaß und bewegt, die Frau Kronprinzessin aber vollkommen wohl und von blühendstem Aussehn". So darf man in solchen Zeiten als Schwiegertochter nur aussehn, wenn man Kupfer im Gesicht hat. Ich bin wahrscheinlich der einzige Leser, der dergleichen aufpickt und sich daran erquickt.

Mama ist nun schon acht Tage fort, ohne daß ich

Ruhe gefunden hätte, die, bei manchem sonstigen Schatten, die Lichtseite des Alleinseins ist. Es geht mir nicht besser als Herrn H. Dieser erzählte mir neulich: „Sehn Sie, da reist meine Frau nach Wesel, um bei Fannys Entbindung zugegen zu sein. Ich geb' ihr meinen Segen und rechne so: 14 Tage warten, dann das Kind, dann nach vier Wochen Taufe, dann Rückkehr. Aber was geschieht? Um sieben Uhr kommt meine Frau an, um neun Uhr ist der Junge da. Was sagen Sie dazu? Ein Reinverlust von baren 14 Tagen." So hab' ich auch die Rechnung ohne den Wirt gemacht. Ich wollte mich „einkapseln", viel spazieren gehn, viel lesen und mich peu à peu auf meine Arbeiten vorbereiten; statt dessen rast das Theater und verlangt beinahe täglich sein Opfer. Natürlich mich. Auch für L. P. habe ich einspringen und zwei lange Kunstkritiken für ihn schreiben müssen. Die Sachen selbst haben mich übrigens interessiert, und hinterher bin ich froh, das Einerlei meiner Tage durch etwas, was mich fördert und belehrt, unterbrochen zu sehn.

Letzten Freitag war ein großes Dejeuner bei Paul Lindau, dem neuen amerikanischen Gesandten Bayard-Taylor zu Ehren — seines Zeichens eigentlich Schriftsteller, sogar Dichter. Also niedrigster Grad. Von politischen Persönlichkeiten waren noch Odo Russell (der ein besonderes liking für Lindau hat), der griechische Gesandte Rhangabè und Dr. Lasker geladen. Russell kam nicht, hatte Wichtigeres zu tun; sein Vater, der berühmte Lord John Russell, später Earl Russell, war gestorben. Sonst waren noch die alten Nummern da: Auerbach (der Taylor in sehr hübscher Weise antoastete), Heinrich Kruse, Dohm, Scholz, Meyerheim, Anton v. Werner, Gussow, ein Daily-News-Korrespondent (mein Tischnachbar) und viele andre noch; im ganzen 26 Personen. Alles höchst opulent. Als ich um sechs Uhr das Lokal verließ

(Kronprinzenufer 4) und eben die kleine scheußliche Unterbaumbrücke passierte, fuhr ein dicker, wohlsituierter Herr in einer Droschke, übrigens zweiter Klasse, an mir vorüber. Sein Kopf steckte halb in einem Zeitungsblatt. Keine Zeit versäumen! Dieser dicke, wohlsituierte Herr war natürlich Onkel Witte. Grüße ihn bestens, ebenso seine teure, hochverehrte Frau, Lisen und den Kinderrest. Ergeh' es Dir gut. Wie immer Dein alter

Papa.

---

138) Berlin, d. 5. Juni 1878.

Meine liebe Frau.

Besten Dank für Deinen Brief. Du fragst, wie man früher solcher Bewegungen Herr geworden ist? Darauf ist nicht direkt zu antworten; denn solche Bewegungen hat es früher nicht gegeben. Wie war es früher? Eine revolutionäre Natur, ein mit Potenzen ausgerüsteter Tunichtgut verführte entweder große, harmlose Volksmassen, oder er stellte sich an die Spitze bereits vorhandener Unzufriedener. Im ersten Falle fing man den Anführer, hing ihn und alles war vorbei. Im letzteren Falle geschah zunächst dasselbe, aber kleine berechtigte Forderungen (Bier- oder Brottaxe heruntergesetzt, und ähnliche Lappalien) mußten erfüllt werden. Das alles war Kinderspiel; man befand sich einer stupiden Menge gegenüber. Das ist jetzt anders. Millionen von Arbeitern sind gerade so gescheit, so gebildet, so ehrenhaft wie Adel und Bürgerstand; vielfach sind sie ihnen überlegen. Der junge R. ist ein Tischlergeselle; glaubst Du, daß er verschiedenen jungen Leuten aus unsrer Bekanntschaft nachsteht? Gewiß nicht. Nun ist der junge R. zwar zufällig ein Bürgerssohn, er könnte aber auch der Sohn einer alten Waschfrau sein. Dann hättest Du den echten Repräsentanten des vierten Standes. Alle diese

Leute sind uns vollkommen ebenbürtig, und deshalb ist ihnen weder der Beweis zu führen, „daß es mit ihnen nichts sei", noch ist ihnen mit der Waffe in der Hand beizukommen. Sie vertreten nicht bloß Unordnung und Aufstand, sie vertreten auch Ideen, die zum Teil ihre Berechtigung haben und die man nicht totschlagen oder durch Einkerkerung aus der Welt schaffen kann. Man muß sie geistig bekämpfen, und das ist, wie die Dinge liegen, sehr, sehr schwer. — Vorläufig ist übrigens noch keine Gefahr. — Gruß und Kuß von Deinem Th. F.

---

139) Berlin, d. 8. Juni 1878.

Geliebte Frau.

Am ersten Pfingsttage sollen Dir Grüße von hier nicht fehlen. Unter den Beilagen dieses Briefes lege ich Dir den Artikel über den Untergang des „Großen Kurfürsten" und unsre Marine überhaupt besonders ans Herz. Alles ist mir wie aus der Seele geschrieben, wobei ich noch eigens bemerken muß, daß die Weser-Zeitung (in Bremen erscheinend) nationalliberal, preußisch-ministeriell — nicht nach Stellung, sondern nach Überzeugung — und überhaupt das vornehmste Blatt ist, das wir in Deutschland haben. An der Spitze stehen Männer wie Gildemeister, der, wenn ich nicht irre, vor 15 Jahren sogar der Chefredakteur des Blattes war. Vier Schiffe bilden eine Flotte; Wert derselben 40 Millionen Mark, also halb so viel, wie früher der ganze preußische Staat Jahreseinnahme hatte. Und in nicht voll 14 Tagen, ohne Sturm, bei dem klarsten Wetter, bei vollzähligster Bemannung sind drei Schiffe vorläufig unbrauchbar: eins total verloren, das andre halb ruiniert und das dritte dreimal auf den Grund gefahren. Wenn das alles Unglück ist, dann muß es von unserm 70er Kriege mit demselben Rechte heißen: alles Glück. Davon will man indessen — und mit Recht — nichts wissen. Ebensowenig ist aber die Schiffsgeschichte „Unglück". Was die Weser-Zeitung andeutet, aber nicht nennen will, das ist das von mir ewig gesungene Lied von der Examenweisheit und vom Examendünkel. Erst neulich sagte ein ernsthafter Mann — ich glaube Alexander Meyer oder Gildemeister —, wir seien die Vorderchinesen. Ja, das ist richtig. Einer wird dreimal oder siebenmal examiniert, und nun weiß er nicht bloß alles, nun kann er auch alles. Bei jeder Entbindung, bei jedem verrenkten Fuß wird einem klar, was bei der ewigen Studiererei herauskommt. Wissen ist gut, als Unterstützung, Förderung und Aufklärung im Praktischen; wenn es aber die Praxis ersetzen soll, so ist es keinen Schuß Pulver wert. Selbst in der Armee, dem Besten, was wir haben, fängt die Sache an gefährlich zu werden; jeder generalstäblert, schlägt Schlachten auf dem Papier und kann keine Sektion über den Rinnstein führen. Alles immer von höchsten Gesichtspunkten aus, alles immer im Zusammenhang mit Wissenschaft und Ewigkeit, und das Kleine, das recht eigentlich das Leben ausmacht, geht darüber verloren. Jeder hält sich für das Größte berufen und das Kleinste kann er nicht. Daher will alles Meister sein, Lehrlinge und Gesellen gibt es nicht mehr. Jeder liest eine Zeitung, schreibt einen Brief und zahlt seine Steuern; und wer das kann und tut, der ist so gut wie sein Nachbar, der ja im wesentlichen auch weiter nichts leistet. Vor diesem Geist der Unbotmäßigkeit erschrickt jetzt alles; aber damit, daß sie wie verrückt nach Kirche und Polizei schreien, damit werden sie ihn nicht bannen. Entweder „Hammerschläge I" und „Hammerschläge II", wie komischerweise in Allein und

Frei*), müssen kommen oder, was schöner wäre, ein großer Mann, ein Erwecker, ein Licht- und Flammenträger muß die ganze Geschichte 'mal wieder aus ihrer Misere herausreißen. Ich freue mich, in dieser Zeit gelebt zu haben und nicht ein Menschenalter oder ein Jahrhundert früher. Aber das ist wahr: eine grenzenlose Fadheit und Flachheit gähnt einem überall entgegen, und der gebildete Durchschnittsmensch, der Examenheilige, macht einen unsagbar tristen Eindruck.

Dies ist ja eine wundervolle Pfingstpredigt geworden und natürlich auch von einem richtigen Klugschmus gehalten. Aber zweierlei hab' ich voraus: erstens hab' ich keine Examina gemacht oder schlechte, und zweitens hab' ich ein Einsehn davon, daß es mit meiner Weisheit nichts ist, daß es überall entsetzlich hapert. Wenn ich dann und wann sicher bin, so sind es Sachen, die mir der liebe Gott mit auf den Lebensweg gegeben hat. Empfiehl mich allerseits. Dein

Th. F.

---

140) Berlin, d. 12. Juni 1878.

Meine liebe Frau.

Es ist sehr liebenswürdig, daß Du auf meine vielleicht nur allzu oft wiederholte Klage eingehst und in aller Gütigkeit gegen mich doch schließlich alles aus meinen eignen Fehlern und Schwächen, großen und kleinen, erklären willst. Es hilft mir nun 'mal nichts; es mag liegen, wie es will, das Ende vom Liede bleibt doch immer, daß ich unrecht habe. 'Mal sagst Du's freundlich, 'mal unfreundlich, aber es bleibt immer dasselbe. Streite ich mit dem dümmsten Menschen über Kunst, schreibt mir wer einen anzüglichen

*) „Allein und frei", Roman von Theodor Hermann (Pantenius).

Brief, findet wer meine Kritik zu scharf, meine Bücher zu langweilig, — Du sekundierst immer meinem Gegner. Diesmal meinst Du es sehr gut, aber es wird dadurch nicht richtiger. Ich bin kühl, nicht sehr aufmerksam, etwas rechthaberisch, etwas pedantisch und viel breiter und gründlicher, als die Menschen lieben. Es ließe sich über alle diese Dinge schließlich auch noch sehr streiten, aber ich will sie 'mal ohne weiteres gelten lassen; ich sage nur einfach: sieh Dir die andern an. Denkst Du denn, daß mich Z.s Urteile über Bücher, die er nicht gelesen hat, besonders interessieren? Glaubst Du denn, daß es eine Freude für mich war, unsern alten R. über seine unendlichen „Sitzungen" perorieren oder eine Anekdote zum 20. Male vortragen zu hören! Denkst Du denn, daß es mir nicht eine Tortur ist, unsern X., wenn er mit „Macbeth" oder „Hamlet" beginnt, sofort bei den „Walküren" oder dem „Oluf" ankommen zu sehn. Von den viel matteren Pilgern der Gesellschaft — denn dies sind die glänzenden Nummern — will ich gar nicht erst sprechen. Aber hast Du je ein Zeichen der Ungeduld bei mir wahrgenommen? Zum Donnerwetter, wer sind all die lieben Leute, daß sie den Anspruch erheben können, meine Aufmerksamkeit fordern zu dürfen, während sie mir die ihrige, nach Laune, versagen oder gewähren? Du weißt recht gut, daß ich, mit alleiniger Ausnahme von L. (und gerade über den hab' ich mich nie zu beschweren), den andern an Wissen, Esprit und Gedanken überlegen bin, und ich verlange, daß man mir dies zugesteht, sonst soll man mich in Ruhe lassen. Ich dränge mich nirgends ein; man fordert mich auf, zu erscheinen, und nachdem ich erschienen bin, Du wirst dies einräumen, schaff' ich Leben in die Bude. Dafür sollte man mir danken; ich habe Anspruch darauf, „kajoliert" zu werden; denn, wie Du nur zu gut weißt, ich bringe

Opfer, wenn ich mich von meinem Buch und meinem Teetisch trenne und statt dessen in meine halbschmutzigen weißen Handschuhe fahre. Nun aber ist das Opfer gebracht; mit einem heitern Todesmut, der einer bessern Sache wert wäre, spring' ich in die Bresche und erzähle den Leuten (nicht zu meiner Erbauung — ich schwiege lieber) vom Hundertsten und Tausendsten. Dafür verlang' ich einen Gesellschaftsorden, aber nicht lange Gesichter. Wer mir die zeigen will, der soll mich zu Hause lassen. Von aus dem Moment heraus erwachsener Verschuldung kann keine Rede sein; es wird nicht oft vorkommen. Kommt es aber vor, so muß man eben dieselbe Nachsicht üben, die ich beständig übe, und muß es um so eher, als ich solche gelegentlichen Verstöße gleich selbst fühle und nie unterlasse, um Entschuldigung zu bitten. Das tu' ich auch in bezug auf diesen Brief; ich habe nicht recht geschlafen, bin deshalb angegriffen, und so ist alles schwerfälliger und weitschichtiger herausgekommen, als es sollte. Soviel bleibt aber bestehn, und das ist des Pudels Kern: ich bin im gesellschaftlichen Leben sehr artig, sehr milde, sehr zum Verzeihen geneigt, und die andern sind es nicht.

Zwei Briefe leg' ich bei, die Dich mehr erfreuen werden, als mein eigner deutscher Aufsatz. Namentlich die Zeilen von Hertz sind sehr freundlich. Zu meinen kleinen, beinahe zu meinen großen Glücken zählt es, daß dieser Mann, was sonst auch seine Schwächen sein mögen, in seinen freundlichen Gesinnungen gegen mich und meine Arbeiten so treu aushält. Bei meiner großen Reizbarkeit, die ich beklage, aber nun nicht mehr ablegen kann, würd' ich mit einem mäkligen, sich immer nüchtern und ablehnend verhaltenden Buchhändler gar nicht auskommen können.

Auf die „Ahnfrau" haben die Berliner nicht recht angebissen. Es war auch eine sonderbare Pfingstüberraschung;

eine Frau wurde ohnmächtig, ein Mann vom Schlage getroffen. Kein Wunder. Den Schluß bildet eine Mondscheingruft mit neun Prachtsärgen; aus einem erhebt sich, völlig geisterhaft, die „Ahnfrau“. Das war zu viel. Der Mann im Parkett fiel um. — Alles grüßt aufs herzlichste. Am meisten Dein

Th. F.

---

141) Berlin, d. 15. Juni 1878.

Meine liebe Frau.

Gestern kam ich nicht zum Schreiben; allerhand kleine Pusselarbeit fraß den Tag weg. Habe Dank für Deinen letzten, sehr liebenswürdigen Brief. Was meinen „Unmut“ angeht, dem ich in meinen zwei letzten Briefen Ausdruck gab, so kommt er mir heute schon wieder lächerlich vor. Jede kleine Freundlichkeit stimmt mich wieder um. Aber doch auch heute noch kann ich, trotz bester Laune und freundlichster Gesinnung gegen all und jeden, nicht finden, daß ich mit meinen gelegentlichen Verstimmungen und Anklagen unrecht hätte. Nein, nein, die Sache liegt einfach so, daß auch die besten Menschen das verdammte Erziehen nicht lassen können. Man spricht lebhaft, mit einem Anfluge von Eitelkeit, Selbstgefühl, Überschätzung, und sogleich sind zwei, drei liebe Freunde da, die, als Anwälte höherer Sittlichkeit, glauben, einen Dämpfer draufsetzen zu müssen. Das ist aber ungehörig. Wer sich andauernd unpassend oder unbequem benimmt, mit dem bricht man den Verkehr ab. Wer sich im Einzelfall unpassend benimmt, dem sagt man es offen. Aber wegen ganz, ganz kleiner Eigenheiten, deren Nichtberechtigung schwer nachweisbar sein würde, aus bloßem Erziehungsdrang oder aus einer Eitelkeit heraus, die viel, viel größer ist als die des Beschuldigten, sich kühl, nüchtern, ablehnend verhalten wollen, das kann ich nicht billigen. Solche Bagatellen hat man die Verpflichtung, nicht bloß ruhig, sondern auch artig und freundlich hinzunehmen. Hinter dem Rücken, in Gesprächen mit der Frau oder mit andern Freunden, kann man sich schadlos halten und hecheln und medisieren; aber direkte kleine Strafakte von Mann gegen Mann dürfen nicht vorgenommen werden. Bei Behandlung dieses Themas — eine Art Gesellschaftslehre — will ich doch auch gleich anfügen, daß ich mich freue, Dich in Deiner Stellung zu den sogenannten „gleichgültigen Menschen" grundsätzlich verändert zu sehn. Die Menschen und unsre Beziehungen zu ihnen dürfen uns nicht gleichgültig sein. Man kann die Menschen vermeiden, aber von dem Augenblick an, wo man mit ihnen verkehrt, hat man auch Verpflichtungen gegen sie. Man muß freundlich sein, sich angenehm zu machen suchen und erst damit aufhören, wenn man wahrnimmt (in Deutschland leider die Regel), daß alle diese Anstrengungen vergeblich sind.

Deine Bestellungen an Mathilde hab' ich ausgerichtet, nur nicht die wegen des Tapeziers. Es ist mir unangenehm (darin der reine Gutzkow mit „blauen Atlastapeten"), ohne Teppich in meiner Stube zu sitzen; oder richtiger, ich fühle, daß, wenn auch noch der Teppich fehlt, die ganze Sache zu sehr „unter unserm Stand" ist. Und gerade dann kommt vielleicht Besuch.

Mit meiner Gesundheit geht es gut, besser als seit Jahr und Tag. Und doch fühl' ich, daß es eine wacklige Geschichte ist. Neulich im Theater hatt' ich einen Ärger, im Grunde genommen nur eine Bagatelle, aus der ich noch dazu mehr als Sieger wie als Besiegter hervorging. Und doch war mir eine Viertelstunde lang zumute, als müßt' ich auf dem Platze bleiben; das Herz schlug mir krankhaft, und um die Hüften herum hatt' ich einen heftigen

Schmerz. Erst ganz allmählich ließ es nach. Das ist alles nicht so, wie es sein sollte; nervös war ich immer, aber doch nicht so. Und dann sag' ich mir wieder, was will man denn noch? Das Leben liegt hinter einem und die meisten 58er sind noch ganz anders ramponiert. Tieck, damals erst dreißig, kam zu dem berühmten Dr. Reil. Als Reil ihn untersucht und zugleich erfahren hatte, daß T. guten Schlaf habe, essen und trinken, spazieren gehn und arbeiten könne, schnauzte er ihn an und sagte: „Gehen Sie, Sie sind eine der undankbarsten Kreaturen, die mir vorgekommen sind. Was wollen Sie denn eigentlich noch? Zum Bäume-ausreißen sind Sie doch nicht auf der Welt!" Was würde der alte Reil erst mir gesagt haben? „Seien Sie froh, daß Sie sich noch des himmlischen Lichtes freuen, und verhalten Sie sich ruhig." Dr. H. ist kein Reil, macht aber immer Andeutungen, die auf diesen letzten Satz hinauslaufen.

Der Heydensche Geburtstag war reizend. Er muß sehr reizend gewesen sein, da ich dies ausspreche trotz des Bewußtseins, mit meinem kleinen Toast abgefallen zu sein. Ich hatt' es aber erwartet; es war meine Schuld, es konnt' ihn keiner recht verstehen. Und so war ich auch nicht empfindlich. Der Zauber dieser Heydenschen Gesellschaften besteht in ihrer Schönbildlichkeit; es sind immer Paul Veroneses, die man vor Augen hat, und jedesmal hab' ich das Gefühl: wenn sich dies doch einfach in Worten wiedergeben ließe; es wäre das entzückendste und zugleich lieblichste Romankapitel von der Welt. Ein schöner Sommertag, die Türen auf, so daß man nach der einen Seite hin in das schöne Vorderzimmer, nach der andern Seite hin auf die kleine Treppenveranda sah. Keine strahlenden Schönheiten, aber lauter feine Köpfe. Dann nahmen wir den Kaffee auf der Veranda, alles in plaudernden Gruppen zu zwei und drei; nur unten schossen die jungen Leute nach der Scheibe. Von fern her Musik. Plötzlich hieß es: Clementine*)! Und unerwartet, frisch und im reizenden Reisekostüm stand sie zwischen uns, händeschüttelnd, begrüßend und erzählend. Du siehst, ich kann auch 'mal loben. Mit einer Sensationsnachricht will ich schließen: N. ist wieder entlobt; die Braut, ohnehin nur durch ihre Eltern bestimmt, wollte schließlich nicht. Ich kann es ihr nicht verargen. Wenn ich mir N. in Leidenschaft denke, wird mir ganz himmelangst: ein Satyr, aber kakerlakig und ohne Haare. Und die sind noch das Beste am Satyr. Als ich's hörte, war ich einen Augenblick „perfectly struck“, weil ich den Tag vorher hatte schreiben und ihn zu heute (Sonnabend) allervertraulichst zu Tisch hatte einladen wollen, zugleich unter scherzhaften Betrachtungen über Ehe, Brautstand, Liebe — alles so anzüglich wie möglich. Wie immer Dein

Th. F.

---

142) Wernigerode, d. 11. Juli 1878.
Borchertsche Häuser.

Mein lieber, alter Theo.

Deine Kiste hat mich sehr gerührt. „Ganz Theo“, darin faßte sich das Familienlob zusammen. Und wie ich mich bei Dir dafür bedanke, so kannst Du Dich bei Deiner Mama bedanken, von der Du zwar nicht die Kiste, aber doch die Gabe des Schenkens und — was noch wichtiger — die Gabe des Aufmerkens mit dem Herzen hast. Die Fontanes sind alle hartgesottene Egoisten, die dann und wann Anfälle von Generosität kriegen, aber selten. Im ganzen verfahren sie nach dem Prinzip: „nehmen ist

---

*) Clementine v. Weigel, die jüngste Schwägerin des Malers August v. Heyden.

seliger denn geben" und erkennen die Pflicht der Dankbarkeit theoretisch an, ohne sie praktisch zu betätigen.

Ein Bild unsres Daseins hier zu geben, ist nicht schwer: wir leben, sind glücklich und frieren. Das wird nun wohl Onkel Zöllner als untereinander unvereinbar ansehn; es ist aber doch so, denn aus dem Frieren erwächst einem eine beständige Berechtigung zum schlafen, was wir denn auch zu allen Tageszeiten ausführen, ohne deshalb unsre Nacht zu verkürzen. Im Gegenteil, wir betrachten den Tagesschlaf als die Vorübung, um dann eine lange Nachtruhe als desto virtuosere Leistung folgen zu lassen. Nach diesem allen wird es Dich überraschen, zu hören, daß ich, eine Parforcetour unternehmend, anderthalb Tage von hier fort war, um in Tangermünde Kirche, Burg und Rathaus anzusehn. Du weißt, daß meine neue Arbeit (Novelle)*) dort ihren Schauplatz hat. Die Reise war recht nett, trotzdem ich fünfmal umsteigen mußte. Wie leben doch die Leute in solcher Stadt. Mir war, als wär' ich in Reykjavik gelandet; Gott sei Dank hatte ich während der Nacht nicht den Krabla in der Nähe. Nichts belief mich.

Leb' wohl, mein alter Kerl. Wir haben hier den einen Trost, daß Du unter allzu großer Hitze nicht leiden wirst. Grüße alle lieben Freunde. So sich's macht, lade den jungen K. ein; ich komme für das „Fäßchen" auf, allenfalls auch für Deinen Verlust im Skat, wenn Du nicht zu viel Pech gehabt hast. Denn das Tollste muß man immer allein tragen. Mit diesem großen Abgangssatz (eine Kunst, die mir Mete abgeguckt hat) schließ' ich, und bin wie immer Dein alter

Papa.

---

*) „Grete Minde", erschienen 1880 im Verlage von Wilhelm Hertz.

143) Berlin, d. 26. Juli 1878.

Meine liebe Mete.

Das sind jetzt Tage, wo man eine frische Brise von der See her brauchen kann; Ihr habt Euren Umzug gerade zur rechten Zeit bewerkstelligt. Ich sitze hier in „schwebender Hitze", die nicht viel besser ist als „schwebende Pein". Es freut mich, daß Dir Warnemünde wieder so sehr gefällt; es wäre auch reizend, wenn es nicht so reizlos wäre. So z. B. die Kiefernschonung; sie wirkt wie eigens für die Kiefernraupe angelegt, und doch fehlte selbst diese, als ich 1870 im Schatten dieser schattenlosen Anlage spazieren ging. Vielleicht ist es jetzt besser; doch sah das Ding aus, als sei es als Krüppel geboren und müsse bleiben, wie es ist. Dann ist noch die „Vogtei". Aber der Kaffee hatte immer einen Beigeschmack, und der Ozongehalt der Luft wurde durch die Flunder siegreich niedergekämpft. Das beste: der Schnatermann ist mir ein süßes Geheimnis geblieben. Übrigens, meine süße Mete, vergiß beim Baden nicht, daß Du eine Erdgeborene bist und trotz unsrer Herkunft aus dem südlichen Frankreich, nicht von den Lusignans stammst, aus denen die schöne „Melusine" entsproß. Wolle also nicht zu sehr „Meermaid" sein und halte Dich im Seh- und Stimmbereich mecklenburgischer Badefrauen. Vor denen erbangen selbst die Geister der Tiefe.

Daß Du mir Tillas*) Brief beilegtest, war mir sehr lieb. Ich glaube, Du hättest ihr eher schreiben müssen, und sie hat ganz recht, sich darüber in übrigens liebevollen Worten zu beklagen. Im ganzen bist Du ja erstaunlich nett und rücksichtsvoll zu ihr, aber Du fängst es nicht ganz richtig an. Die Situation ist freilich sehr schwer und wird durch Tillas Charakter noch erschwert, da sie, bei

---

*) Man vergleiche die Fußnote auf S. 121.

all' ihren großen Vorzügen, doch etwas Bockiges und Herrschsüchtiges hat. Nach dieser Seite hin hast Du Dir viel mehr gefallen lassen, als nötig gewesen wäre; Du hättest ein gutes Recht gehabt, ihr 'mal zu sagen: „meine liebe Tilla, wir sind alte Freunde, und ich liebe Dich und habe Dir immer gehorcht. Aber mit dem ‚Gehorsam' muß es doch 'mal ein Ende haben; Du kannst mir etwas sagen und ich werde es dann tun oder nicht tun, aber wenn ich es nicht tue, so mußt Du Dich darin finden usw." Vielleicht hätte das geholfen und die Situation geklärt; denn sie ist sehr verständig und urteilsfähig. Nun das aber unterblieben ist, muß anderweitig Rat geschafft werden, und Zeit und Trennung, die so viel vermögen, werden auch hier zum Guten wirken. Du wirst eines Tages wiederkommen, und ohne daß Du etwas sagst oder tust, nicht mehr als „Mete", sondern als „Dame" auf sie wirken, und von dem Augenblick an wird alles einklingen und trotz ganz veränderter Verhältnisse doch wieder einen natürlichen Ton annehmen. Du wirst heiter, liebevoll, selbst mitteilsam sein können, ohne dadurch an Ansehn und Stellung zu verlieren; denn Du wirst Deine Ladyschaft als einen „rocher de bronce" stabiliert haben. So 'was läßt sich nicht erzwingen, das kommt von selbst.

Ergeh es Dir nach wie vor gut und lasse gelegentlich 'mal wieder von Dir hören. Wie immer Dein alter

Papa.

---

144) Berlin, d. 10. August 1878.

Meine liebe Frau.

Besten Dank für Deine freundlichen Zeilen vom gestrigen Tage. Ich finde es ganz in der Ordnung, daß Du auf eine eigentliche Festbeschreibung verzichtet hast; dazu gehören ruhige Stunden, viele Bogen und bessere

Tinte. Vorläufig genügen die 500 Kuchen. Da ich mir denke, daß es teils Kirsch- und Besing-, teils Kaffeekuchen mit Zucker und Zimmt und gelbe Butterkuchen gewesen sind, so läuft mir das Wasser im Munde zusammen. Ich hätte nur gern ein paar Worte über diese Doppelausgabe der „promessi sposi" gehört. Übrigens bin ich persönlich gegen alle Zusammenmanschung, auch gegen die von Festen. Jeder muß sein Fest allein haben.

Hier passiert glücklicherweise wenig; ich bin bis 9 Uhr zu Hause, gehe dann eine Stunde spazieren, trinke Tee, lasse zwischen Zeitunglesen und im Fenster liegen Mitternacht, auch eins und zwei herankommen und trete dann meinen Rückzug ins Allerheiligste an.

Am Mittwoch kam ein mächtiges Paket aus Leipzig, am Donnerstag ein kleineres aus Fehrbellin. Jenes enthielt mein Romanmanuskript*); mit eigentümlichen Empfindungen hab' ich es auf den Boden schaffen lassen. So wird man auch selber 'mal beiseite geschafft, Müh' und Arbeit liegen zurück, und niemand kümmert sich mehr drum. Auch nur einen Augenblick darüber traurig sein zu wollen, wäre lächerlich. — Das Fehrbelliner Paket kam natürlich von meinem Hakenberger Kantor und enthielt sechs dicke blaue Hefte, aktenartig, in denen die Fehrbellinfeier (1875), Denkmal, Kugeln und sonstige historische Reliquien, alles ausführlich beschrieben sind. Dazu die mit den Behörden geführte, endlose Korrespondenz. In der Regel um einen Nasenp .... Ich hatte zunächst einen unangenehmen Eindruck davon und sah recht deutlich wieder, daß die Pflege des „Patriotischen" in unserm Lande Sache der Stümper, der Bedienten, der armen Teufel ist. Es hätte dies unter

---

*) „Vor dem Sturm", mittlerweile im „Daheim" zum Abdruck gelangt.

Umständen 'was Erfreuliches; aber überall guckt das Eselsohr der Eitelkeit, der Wichtigtuerei, der Ordenssucht heraus. Auch wohl eine Art Bettelei. Und aus den prinzlichen „Schatullen usw." werden dann von einem Hofrat zwei Taler geschickt. Alles unsagbar miserabel. An ein paar Stellen amüsierten mich diese langweiligen Aktenstücke aber doch. Dem Kantor war wirklich „der Adler zum Hausorden der Hohenzollern" zugebilligt worden, und dem Fehrbelliner Superintendenten ging Ordre zu, dem zu Dekorierenden diesen „Adler" feierlich zu behändigen. Über die Art und Weise, wie diese Feier in Szene zu setzen sei, wechseln nun der Fehrbelliner Superintendent und der Hakenberger Prediger Briefe, die von Spott und Verdruß eingegeben sind und in denen der zu feiernde Kantor immer nur der „patriotische Kugelsucher" genannt wird. Ich würde ganz auf Seiten der beiden Schwarzröcke stehn, wenn nicht Neid und Hochmut der „Studierten" zu sehr hervorträten.

Außer den beiden Paketen sind mir noch zwei junge Damen ins Haus gekommen. Jede blieb zwei Stunden. Ich muß für die „älteren Semester" oder für die, die schon mit jüngeren Jahren im höheren Alter stehn, etwas Anziehendes haben. Und dabei beide grünen Rouleaux 'runter; eine wahre Tempeldämmerung rings umher. Aber freilich, wenn ich meine eigenen Empfindungen frage, so war es Diana- oder Vestatempel. Und nun lebe wohl. Herzlichste Grüße allerseits; Dir den besten von Deinem

Th. F.

---

145) Berlin, d. 13. August 1878.

Meine liebe Frau.

Besten Dank für Deine freundlichen Zeilen vom gestrigen Tage. Zu meiner Beruhigung habe ich daraus entnommen, daß Dein neuster Courmacher 85 Jahr ist. Sonst ist bekanntlich an goldenen und silbernen Hochzeiten alles möglich, und auch der älteste Flaschenwein kommt noch 'mal ins Steigen und Gähren.

Gestern war ich bei N.s zu Tisch und blieb von vier bis neun. Sehr angenehm, comme toujours. Sie bereiten nur eine unglaubliche, schmutzig-rötliche Suppenpampe, die sie, glaub' ich, „Krebssuppe" nennen, eine Monstrosität auf dem Gebiete der Kochkunst und von einer Bauchgefährlichkeit ohnegleichen. Dabei fällt mir ein, daß mir, auf dem Rückwege von Ns., W. G. begegnete, der mir ausführlich von seiner Frau erzählte: „er habe anfangs geglaubt, sie werde verrückt werden; schließlich aber habe sich herausgestellt, sie habe eine „Wandelniere". Um das „Wandeln" — eine Art Bauchpromenade — wieder zur Ruhe zu bringen, befände sie sich in Franzensbad; andere Ärzte aber meinten, sie könne auch ebensogut im Zoologischen Garten sitzen. Ich schloß mich dieser letztern Ansicht mit voller Überzeugung an. Aber ich frage Dich, was soll noch Bestand auf Erden haben, wenn selbst die Nieren zu wandeln anfangen. Die Nieren*steine* sind ja alte Planeten oder Wandelsterne des bäuchlichen Mikrokosmus, aber die Niere selbst war Fixstern im System.

Meine Novelle hab' ich angefangen und sehe wenigstens, daß es geht. Bleibt mir Kraft und Gesundheit, so muß es etwas Gutes werden. Zugleich hoff' ich, den Leuten zu zeigen, daß ich auch, wenn der Stoff es mit sich bringt, eine „psychologische Aufgabe" lösen und ohne Retardierung erzählen kann. Ich wiegte mich gestern in sehr angenehmen Vorstellungen darüber, die heute wenigstens noch nachklingen, oder richtiger, deren ich mich heute wenigstens noch erinnere. Denn meine momentane Stimmung ist ziemlich deprimiert und muß alles, was wie Hoffnung aussieht, aus dem Gestern und nicht aus dem Heute schöpfen. Ich leide nämlich unter diesem Wetter, das heute toller, herzbeklemmender und lähmender ist, als seit Wochen. Das wird mir immer klarer, daß man während der Monate Juli und August wirklich in Berlin nicht leben kann; bei bummeln, spazierenfahren und frühstücken kann man's allenfalls aushalten, geistige Arbeit aber verbietet sich.

In den letzten Tagen hab' ich viel Julian Schmidt gelesen, immer wieder mit Vergnügen; schade, daß er persönlich oder wenigstens gesellschaftlich unzuverlässig ist. Jetzt lese ich die Memoiren von Sophia Schwerin, aus denen ich doch viel lerne (mehr als ich erwartete), und werde, wenn ich damit fertig bin, die von Harnisch und Kügelgen folgen lassen. Ich brauche nämlich Züge aus diesen Büchern zu einer zweiten Novelle, die folgen soll, wenn ich mit „Grete Minde" fertig bin*). — Gleichzeitig mit diesen Zeilen geb' ich die letzte Nummer der „Gegenwart" zur Post. Der längere, aus „Blackwoods Magazin" genommene Artikel über Bismarck ist so gut, wie ich auf diesem Gebiete lange nichts gelesen habe. Dagegen verblaßt wieder der Macaulay-Essay. Ich denke mir, daß inhaltlich das meiste von Bucher herrührt, und daß Herr von Blowitz ihn geschrieben hat. Dieser Herr v. B., ein ganz eminenter Kerl, ist Times-Korrespondent in Paris, war aber während des Kongresses von der Times hierher geschickt worden und hatte bei dieser Gelegenheit mehrfache Gespräche mit Bismarck.

Tausend Grüße. Wie immer Dein Th. F.

---

*) Es handelt sich um die Novelle „Schach von Wuthenow", die allerdings erst 1883 zur Veröffentlichung gelangte, nachdem mittlerweile noch „Ellernklipp" und „l'Adultera" erschienen waren.

Briefe aus dem Jahre 1879—1881.

Wie schon in den Jahren 1876 bis 1878, so war auch in den unmittelbar folgenden die schriftstellerische Tätigkeit Fontanes vorzugsweise dem Gebiete des Romans und der Novelle gewidmet. Noch in der zweiten Hälfte des Jahres 1879 wurden „Schach von Wuthenow“ und „Ellernklipp“, in den ersten Monaten des Jahres 1880 „L'Adultera“, in den letzten Monaten des Jahres 1881 „Stine“ geschrieben, während dazwischen auch schon „Graf Petöfy“ in Angriff genommen worden war. Veröffentlicht wurden davon vorläufig nur „L'Adultera“ und „Ellernklipp“, da sich Fontane in der wiederholten Durcharbeitung und Feilung seiner Arbeiten, für die er in der Regel die Muße seiner Sommerfrischen verwandte, nicht genug tun konnte. — Von seinen „Wanderungen durch die Mark Brandenburg“, deren neue Kapitel — wie schon früher — zunächst in verschiedenen Zeitungen und Zeitschriften zum Abdruck gelangten, erschien im Jahre 1881 ein IV. Band „Spreeland“. Auch sind in jener Zeit bereits einige seiner umfangreicheren märkischen Studien entstanden, die später zu dem Buche „Fünf Schlösser“ vereinigt wurden.

146) Berlin, d. 6. Mai 1879.

Meine liebe Frau.

Seit ich zuletzt an Dich schrieb, hab' ich Welten erlebt, wenigstens für meine kleinen Verhältnisse, in denen es eine Bedeutung hat, wenn ich abends Zwieback statt Milchbrot kriege. Am Dienstag aßen wir bei N.s; sie waren alle sehr nett und freundlich, und unser Beisammensein wurde durch nichts gestört; dennoch ist es, wie es ist. Sonderbar, daß zwanzig Jahre dazu gehörten, einem die Augen aufzuschließen; alles glatt, freundlich, sogar wohlwollend, aber ohne jede tiefere Teilnahme für Person oder Sache, und jedem tapfren Tun, jedem glücklichen Erfolge gegenüber immer zu der impotenten Betrachtung geneigt: „Na, so viel wird wohl auch nicht damit los sein.“ Ich bedaure es herzlich, dies schreiben zu müssen. Es ist aber so, leider noch ein klein, klein bißchen schlimmer. Über ein freundliches Nebeneinander kann es nicht mehr hinauswachsen.

Am Mittwoch war ich im Theater, wo mir die Ziegler die mir ohnehin langweilige Thusnelda noch mehr verleidete. Dagegen war Klein, Kaiser Caligula, wieder kapital. Seine armen Kollegen tun mir leid; sie müssen in die Ecke gehn und weinen. Und ich glaube, mancher ist klug und scharf genug, um zu sehen, wie's liegt. Berndal ist nach seinem 25jährigen Jubiläum plötzlich ein alter Herr geworden; dabei ein Organ, das von der Existenz der Brustkaramellen keine Ahnung zu haben scheint. Der Ziegler, glaub' ich, hab' ich ihr Gastspiel total verleidet; ihr Beifall kommt nur noch aus dem zweiten und dritten Rang herunter; das Parkett verhält sich still. Als die Claque sie zum vierten oder fünften Mal an die Lampen haben wollte, zischte das Parkett. Ich bin, wie immer, wenn ich solche Damen tadeln muß, in einem Zwiespalt; „laß es laufen," sagt die eine Stimme in mir, „nein, nein" sagt die andre. Und ich glaube, die zweite Stimme hat recht. Es ist die reine Kunstquacksalberei von Anfang bis Ende, Charlatanerie, Betrug. Die Menschen werden betimpelt und in ihrer schon vorhandenen Kunstdummheit noch dümmer gemacht. Die Ziegler ist fünf Fuß neun Zoll groß, hat einen schönen Wuchs und eine schöne Stimme; weiter aber hat sie gar nichts. Und daraufhin ist sie im Leben und auf den Brettern eine Art Fürstin geworden. Kränze, Buketts, zwanzigmaliger Hervorruf, prinzliche Huldigungen und hohe Honorare. Wenn einem die Dummheit der Menschen, auf keine Spur von künstlerischen Verdienst hin, so viel gewährt, so muß ein so verzogenes Glückskind den Widerspruch eines Einzelnen ertragen können. Dieser Einzelne hat keine Verpflichtung, sich dem stupiden Begeisterungsbäh aus bloßer Artigkeit oder Gutheit anzuschließen. Das ist nicht mehr gut, das ist schwach. Aber ich habe mir immer wieder einen Ruck geben müssen, denn alles Lärmmachen und Streitsuchen widersteht meiner Natur.

Heute vormittag ein vierstündiger Besuch von Redakteur D., der im Auftrage Hallbergers kam. Natürlich alles Folge von „Grete Minde", speziell auch von den kleinen Notizen darüber in der Vossischen. So erfreulich dies nun alles ist, so traurig ist es doch auch. Vor allem aber ist es nicht im geringsten schmeichelhaft. Denn man bilde sich doch nicht ein, daß diese Huldigungen dem Talente gelten, daß dahinter die klare und freudige Erkenntnis steckte: „Dies ist wirklich ein Poet". Gott bewahre. Die Huldigung gilt nur dem kleinen Erfolg, und um allerhand dumme Weiber, die mit Hilfe von Keil, Dummheit und Compagnie ganz andre Erfolge haben wie ich, reißt man sich auch noch ganz anders. Es ist alles allergröblichstes Geschäft. Alles, was mir D. erzählte, war mir lehrreich und interessant, über vieles hab' ich auch herzlich gelacht, weil ich kein dummsteifer Moralist und Weltverbesserer bin; aber wenn ich sagen sollte, daß mir diese Einblicke ins Metier wohlgetan hätten, so müßt' ich lügen. Details mündlich. Es ist Stoff für manche lange Abendunterhaltung.

Lebe wohl; Gruß und Kuß von Deinem Th. F.

---

147) Berlin, d. 11. Mai 1879.

Mein lieber Theo.

Hast Du Dir selber den Prozeß gemacht und Dich zu sechswöchentlicher Haft ohne Feder und Tinte verurteilt? Wir ergehen uns abends beim Tee in Vermutungen über Dein Schweigen und sind bis zu der Annahme gediehn, „daß Du Dich unstandesgemäß verlobt hättest“. Nur Mete hält es nicht für möglich; ob auf Deine Schwächen oder Vorzüge gestützt, weiß ich nicht.

Hier ist alles beim alten: der Wind geht, Mama spricht vom Wetter, und Friedel sitzt unter Büchern. Ich selbst bin unter Arbeiten längst petrefakt worden. Nur Metes Tage wechseln, da Frau Witte vierzehn Tage oder drei Wochen hier war. Ihre jours de fête begannen meist mit Reichstagssitzung, standen bei Kranzler auf ihrer Höhe und schlossen mit Wallnertheater ab. George hat vorgestern geschrieben*); es geht ihm gut und sein etwas hypochondrischer Zustand scheint überwunden. Er gibt wöchentlich elf Stunden und erhebt sich bis zu der Betrachtung: „Bar Geld lockt“. Ob er dabei auch an den Schneider denkt, der diese Anschauung unzweifelhaft teilt, weiß ich nicht. Schreibe aber über solche Dinge **nicht** an ihn; es verstimmt und hilft nichts. Alles Gute muß aus einem selbst kommen, sonst bringt man es über einen bloßen Anfall nicht hinaus.

Alles grüßt herzlich. Wie immer Dein alter

Papa.

---

148) Berlin, d. 26. Mai 1879.

Meine liebe Frau.

Es ist 5¼, und ich nehme an, daß irgend ein Vater oder Großvater in diesem Augenblick den Toast auf das junge Paar ausbringt. Hier stimmt alles mit so viel Kraft ein, wie die schwebende Hitze uns übrig gelassen hat; es

---

*) Fontanes ältester Sohn, Leutnant George Fontane, hatte damals ein Kommando als Erzieher an der Kadettenanstalt zu Oranienstein.

drippelt freilich in diesem Augenblick, aber das ist das Allergefährlichste und gebiert nur neue, gesteigerte Schwüle. Ich bin ganz kaput und werde mich erst bei kühlerem Wetter wieder erholen. Gott sei Dank, kann ich schlafen, schlafen und schwitzen, und der schwitzende Mensch ist immer noch ein Hoffnungsmensch.

Gestern im Theater („Maria und Magdalena") hat mich die Ziegler doch beinah' erobert. Ich glaube, es ist eine geistig nicht sehr hochstehende Person, und so muß sie alles Große, Bedeutende, Ideale notwendig verderben; bei Darstellung dieser Schauspielerinrolle hatte sie aber nur sich selbst zu geben. Inhaltlich war nicht fehlzugreifen, und so kam ihre glänzende Persönlichkeit zu einer wunderbaren Wirkung. Ich muß dem Publikum recht geben, wenn es hingerissen ist; selbst der Kritik fallen die Angriffswaffen aus der Hand.

Vorgefallen ist gar nichts. Friedel holt mir eben Geld von der Zeitung. Hattest Du mir nicht irgendwo einen Taler zurückgelassen? Finden konnt' ich nichts. Diese Anfrage soll aber kein Vorwurf sein. Ich will nur meine Bestände kennen.

Empfiehl mich. Wie immer Dein

Th. F.

---

149) Berlin, d. 28. Mai 1879.

Meine liebe Frau.

Habe Dank für Deine heute früh eingetroffenen Zeilen. Ich begreife, daß Du müde und abgespannt bist; Hochzeitstrubel bei solcher Hitze wirft den stärksten Mann nieder, von Erholung konnte also keine Rede sein. Das wird aber anders werden, wenn erst die Wolken- und Menschenschwüle vorüber ist.

Die Tage vergehen still, aber doch mit kleinen Unterbrechungen. Vorgestern abend traf ich Herrn v. Quast, seinen Onkel, den Regierungspräsidenten v. Diest, und einen Herrn v. Balan, Sohn des früheren Gesandten usw., im Theater, die mich, sehr gegen meinen Willen, mit zu Julitz schleppten. Schließlich, wie gewöhnlich, war es mir nicht unleid. Herr v. Diest ist ein sehr guter Erzähler und kramte politische Anekdoten aus, alte und neue. Die beste, funkelnagelneu, war die folgende. Prinz Battenberg stellt sich Bismarck vor und sagt: „Durchlaucht, wie denken Sie über die Sache?" „„Gut, es wird eine hübsche Rückerinnerung für Sie sein"". Um 12½ Uhr kam ich nach Haus. Mete mit schwarzen Augenrändern; sie hatte mich als Leiche erwartet. Ganz Mutters Tochter.

Seit gestern sitz' ich bei meinen Feldherren*); heute war Moltke dran, und Brachvogel hat mich wieder geradezu zur Verzweiflung gebracht. Es liegt daran, daß das, was er sagen will, an und für sich nicht schlecht, mitunter sogar ganz gut ist. Es ist also zum einfachen Wegwerfen sozusagen zu schade, und doch ist es in der furchtbaren Wuschelform, die er der Sache gegeben hat, gar nicht zu brauchen. Einem andern Menschen aber seine schiefen und verwachsenen Gedanken orthopädisch gerade zu rücken, ist eine wahre Hundearbeit. Unter Gruß und Kuß Dein

Th. F.

---

150) Berlin, d. 1. Juni 1879.

Meine liebe Frau.

Du wirst diese Zeilen erst übermorgen erhalten, da niemand da ist, sie zur Post zu bringen; ich will aber doch

*) Fontane hatte es übernommen, den Text zu einer von dem Kunstverlage von R. Schuster in Berlin veranstalteten Veröffentlichung der Camphausenschen „Brandenburgisch-preußischen Reiterbilder" zu schreiben.

schreiben, einmal, um die Stille zu benutzen, dann, um morgen einen ganz freien Tag für meine „alten Generale“ zu haben. So legt sich jeder die Pfingstfeiertage nach seiner Art zurecht. Ein Glück, daß nicht alle so denken wie ich. Was würde aus unsern zehntausend Vergnügungslokalen!

Heute mittag besuchte mich der alte Wangenheim in weißer Piquéweste und stahlblauem Überrock; er sah ordentlich forsch aus und ganz jugendlich. Er muß zwei- oder dreiundsiebzig sein. Hält sich einer so gut, so darf er alt werden. Gestern war ich in der „Phädra“ von G. Conrad. Es ist schon ein Beweis der kolossalen Einfalt der Ziegler, in solchem Stück überhaupt aufzutreten. Auf der andern Seite darf man sagen: solche Tragödien, an denen nichts zu verderben ist, sind wie für sie gemacht. Meine Kritik über den Abend hab' ich heute vor- und nachmittag geschrieben; ich schicke Dir das alles, wenn ihr Gastspiel zu Ende ist.

Passiert ist nichts. Ich habe heute früh den „Großen Kurfürsten“ absolviert, der sich Dir in einigen Tagen mit der Bitte um Abschrift vorstellen wird. Es ist der einzige, den ich im Brouillon gearbeitet und der Dir noch nicht unter den Händen war. Hab' ich Glück, so werd' ich noch in dieser Woche fertig und gehe dann zu den zwei Kapiteln über, die ich noch für die neue Auflage der „Wanderungen“ zu schreiben habe. Lange Arbeit wird es nicht. Wie immer Dein

Th. F.

---

151) Berlin, d. 8. Juni 1879.

Meine liebe Frau.

Es ist mir leid zu hören, daß Du mit Deinem Befinden immer noch nicht ganz in Ordnung bist; zu gutem Teil schieb' ich es auf das Wetter. In solchen Tagen ist

Hochgebirg oder See doch ein Segen. Ich bewundere Z.s, die nun wieder ruhig in ihrer Kanalnähe bleiben und zufrieden sind, allfreitäglich in Wilmersdorf Kegel schieben und eine Bowle trinken zu können. Es gehört ein volles und innerlichstes Berlinertum dazu, um das ohne Klage, vielleicht sogar mit Befriedigung hinnehmen zu können.

Unsre heutige Reunion bei Heydens verlief ganz angenehm; alle Parteien waren guter Laune, von Gereiztheit oder Anzüglichkeiten keine Rede; es erinnerte an alte Zeiten. Eine Hauptunterhaltung drehte sich um Menzel, der gestern im Rütli wieder „große Sätze" ausgespielt hatte. Du entsinnst Dich seiner Behauptung: „Kugler habe physisch und geistig einen Wasserkopf gehabt". Das gestrige Seitenstück dazu lautete: „er (Menzel) habe neuerdings ein überraschend hübsches Gedicht von Friedrich Eggers gelesen: denn, im ganzen genommen, habe dieser doch ‚wenig Grütze' in seinem Topf gehabt." Zöllner mißbilligt solche Sätze aufs entschiedenste, und er wird wohl recht haben; ich meinerseits meine und sprach es auch heute aus: es hängt alles von der Vorfrage ab, „wie groß ist Menzel?" Ist er bloß ein sehr guter Maler, so darf er dergleichen nicht sagen; ist er aber, wie ich überzeugt bin, allerersten Ranges, eine epochemachende Nr. I, ein Sanspareil, so darf er es sagen. In solchem Falle gesteh' ich ihm das Recht zu, ästhetische Besserwissereien als impotentes, langweiliges Zeug von der Hand zu weisen. Es ist wie mit unserm Reichskanzler. Heißt er Schnökel oder Hasemann, so muß er der Glocke des Präsidenten gehorchen; heißt er Bismarck, so muß er ihr nicht gehorchen. Carlyle hat recht, der Einzelne bestimmt alles, darf alles, wenn er der Mann danach ist. Daran hängt's.

Montag nachmittag. Nichts passiert. Gestern abend machte ich mich noch ernsthaft an Stanleys Reise durch Afrika und habe auf den beiden Riesenkarten die ganze Reise von Ort zu Ort verfolgt, wozu einem ein angehängtes Itinerarium (Reiseübersicht) von nur etwa 30 Seiten gute Gelegenheit gibt. Ich weiß nun ganz genau über den Gang im großen und ganzen Bescheid und kann, mit Übergehung alles Nebensächlichen, die Hauptsachen im Detail leicht nachholen. Es war eine sehr mühevolle Arbeit, und ich kam erst nach zwei Uhr zu Bett, ganz ermattet von der Gedächtnisanstrengung. Ins Theater muß ich noch einmal. Ist mir auch noch gerade um einmal zu viel, denn ich hab's nun satt. Damen wie die Ziegler dürfen nur noch in Liegnitz gastieren; an solchen Orten versichert dann der Gymnasialdirektor: „Griechenland, oder besser noch Hellas, sei neu erstanden und wandle wieder unter uns." Und dann steht es im Wochenblatt, und jeder glaubt es. Und so auf allen Gebieten! Man muß entweder, wie Thiemus, für einen Menschen schreiben, oder wie Sir John Redcliffe oder Samarow gleich „for the million". Ein Mittelkurs ist eigentlich Unsinn, denn die Wissenden zählen wirklich nur nach Einern.

Ergeh' es Dir wieder gut. Wie immer Dein

Th. F.

---

152) Berlin, d. 11. Juni 1879.

Meine liebe Frau.

Wenn ich heute schreibe, so ist es eigentlich nur, um Dir für Deinen apart netten und liebenswürdigen Brief zu danken. Denn zu berichten ist nichts. Was Grete Minde angeht, so verlangst Du zuviel; ich kann nicht täglich ein Bewunderungstelegramm empfangen. Im ganzen muß ich mit diesem Novellendebut sehr zufrieden sein. Es versteht sich von selbst, daß die Freunde die einzigen sind, die es sentweder noch nicht gelesen haben oder wenigstens sich wieder aufs Schweigen legen. Ich bin jetzt so weit, und Du wirst es mir vielleicht glauben, daß mich das amüsiert. X. sagte nach halber, d. h. in Wahrheit nach Viertel- oder Sechszehntellesung, „is ganz hübsch, Noel“. Ich will ihm auch schon dafür dankbar sein, weil sich doch eine Art von Freundlichkeit darin ausspricht. Er meldet sich; er gibt ein Lebenszeichen. Au fond ist es aber doch besonders traurig. Es erwächst nämlich alles aus der Vorstellung, daß ich mit einem Dreier abzuspeisen bin; Fräulein X. schreibt eine Novelle, Frau v. Y. schreibt eine Novelle, Noel schreibt eine Novelle. Novelle ist Novelle, d. h. gar nichts, etwas unsagbar Gleichgültiges und Überflüssiges. Daß dies ein Kunstwerk ist, eine Arbeit, an der ein talentvoller, in Kunst und Leben herangereifter Mann fünf Monate lang unter Dransetzung aller seiner Kraft tätig gewesen ist, davon ist nicht die Rede. Es ist so furchtbar respektlos und bestärkt mich in meinen Anschauungen von dem innerlichst niedrigen Standpunkt unsrer sogenannten „regierenden Klassen“. Übrigens ist es zum Totlachen, daß gerade X., so lang' ich ihn kenne, immer von „Fahne hoch halten“ und „Wahrung der ideellen Interessen“ spricht. Alles Larifari.

Heute läuft alles mit „Kornblumen“ im Knopfloch herum. Es ist eine lederne Blume, bloß blau, ohne Duft, ohne Schönheit, ohne Poesie. So recht wie geschaffen für uns; irgendwo müßte sie noch einen roten Hosenstreifen haben. Zahllose langbeinige Leutnants, mit ihrem mephistohaften langen Krötenspieß an der Seite, meistens überhaupt wie hagere, karikierte Spanier aussehend, laufen in der Potsdamer Straße auf und ab und zwingen mich wieder zu einem beständigen Kopfschütteln. Und das findet man fein und schön! Ich habe kein Organ für all' dies

Wesen, und mir wird immer erst wieder wohl, wenn ich von 10 bis 3 Uhr nachts mit meinem Freunde Stanley um den Viktoria-Nyanza-See herumfahre und in der Schilderung seiner Erlebnisse die Stimme der Natur zu hören glaube. Da ich meine Orden schon vor zehn Jahren nur für den Zahnarzt hatte, so kannst Du nicht sagen, daß dies alles bloß Anwandlungen oder gar Verstimmungen seien. Im Gegenteil; ich fühle mich sehr wohl dabei.

Wie immer Dein

Th. F.

---

153) Berlin, d. 15. Juni 1879.

Meine liebe Frau.

Es ist sehr freundlich von Dir, daß Du so oft schreibst, aber ich erwart' es nicht und entbinde Dich feierlichst davon; denn wenn ich schon nicht viel Stoff habe, so hast Du natürlich noch weniger. Ausmalungen im Stil Stifterscher Studien aber waren nie Deine Sache. Was Du über unsre Kinder schreibst, ist ja richtig und auch ganz in der Ordnung. Nur nimmst Du's um ein paar Grade zu feierlich. Du machst — nicht im einzelnen — aber im ganzen mehr davon als nötig ist; denn wir können mit dem, was uns nach dieser Seite hin zugefallen ist, immerhin ganz zufrieden sein.

Vielleicht sollte man überhaupt zufriedener sein, auch ich, der ich doch eigentlich nicht zu den Unzufriedenen gehöre. Aber ich ertappe mich jetzt beständig auf großen und kleinen Verstimmungen, mindestens auf innerlichen Kopfschüttelungen. Ich habe nun mit zwei großen und ernsten Arbeiten Glück gehabt und doch auch wieder gar kein Glück. Und dies zieht sich durch meine ganze literarische Laufbahn von Anfang an. Denke an meine „Männer und Helden“, die mich auf einen Schlag zu einer kleinen Berühmtheit machten: an drei, vier Stellen wurden sie zu gleicher Zeit gedruckt, der Tunnel hatte gejubelt, in Theatern und öffentlichen Lokalen wurden sie gesungen, und G. Schwab bedauerte in einer Vorrede, „daß er die Bekanntschaft dieser Lieder im ‚Morgenblatt‘ zu spät gemacht habe, um sie noch in seine Sammlung aufnehmen zu können“. Seitdem sind sie volkstümlich geworden, und die Lieder vom alten Zieten und Derfflinger stehen in allen Anthologien. Und nun vergleiche damit, was ich davon gehabt habe. Ich meine nicht an Geld, nein, auch an Ehre, Namen, Anerkennung. Die wenigsten wissen, daß ich diese Sachen geschrieben habe. Dies Schicksal begleitet mich nun durch dreißig Jahre. Die Sachen von der Marlitt, von Max Ring, von Brachvogel, Personen, die ich gar nicht als Schriftsteller gelten lasse, erleben nicht nur zahlreiche Auflagen, sondern werden auch womöglich ins Vorder- und Hinter-Indische übersetzt; um mich kümmert sich keine Katze. Es ist so stark, daß es zuletzt wieder ins Lächerliche umschlägt. Und das rettet mich, sonst würd' ich leberkrank.

Heut' nachmittag um 5 Uhr wurden Herr und Frau Professor v. K. gemeldet, und um 5½ erschien Herr Lehrer Goldig aus Plötzensee, um mich für einen 62jährigen Fontane, heruntergekommenen Schlächtermeister, der im dortigen Gefängnis sitzt, zu interessieren. Mete empfing K.s; sie waren sehr nett und liebenswürdig, und ich darf sagen, daß dies über ein Leben weg sich noch 'mal die Fingerspitze reichen, doch einen poetisch wohltuenden Eindruck auf mich macht. In Lederfarbe und Schrumpligkeit übertreibt es meine alte Liebe freilich; gegen sie ist ja eine Backbirne glatt, aber enfin „wenn's Herz nur schwarz ist“. Und so bin ich über dies Gegenstück zum „egalen Teint“, auf den die Engländer so viel Gewicht legen, glücklich hinweggekommen. Mete hatte die Schwäche der liebenswürdigen Frau gleich weg und sagte: „stark ausgebildeter Familiensinn“. Beide lassen sich Dir empfehlen. — Dem Lehrer aus Plötzensee händigte ich zwei Mark ein. Alles, was er mir über das Gefängniswesen, Personen, Einrichtung, Schule erzählte, war so interessant und lehrreich, daß ich es mit dieser Spende für meinen Namensvetter nicht zu teuer bezahlt habe.

Wie immer Dein

Th. F.

---

154) Berlin, d. 20. Juni 1879.

Meine liebe Frau.

Habe Dank für Deinen reizenden Brief, der auch Mete — zwei Stellen übersprang ich beim Vorlesen, um ihrer Phantasie nicht zu viel Nahrung zu geben — sehr erfreut hat.

Seit gestern früh hab' ich kaum einen Strich gearbeitet, teils weil ich nicht recht wohl war — die Nerven sind doch 'runter —, teils weil ich wieder über vier Stunden Besuch hatte, darunter eine Stunde lang Herrn Rudolf Schuster, der mir seine besondere Zufriedenheit ausgesprochen und mir die bedungenen 1200 Mark eingehändigt hat. Ich gebe die Zahl ihrer Stattlichkeit halber absichtlich in Mark.

Was Du über Reuter und Dickens schreibst, ist richtig. Deshalb ziehen so viele Engländer Thackeray weit vor trotzdem ich glaube, daß Dickens Talent viel größer ist. Bei Reuter ist es mir nicht aufgefallen; ich bin sehr von ihm eingenommen, und was Du trivial, gröblich, kritiklos nennst, nenn' ich humoristisch. Nun hast Du zwar für Humor auch ein Gefühl — glücklicherweise, setz' ich hinzu, denn humorlose Menschen sind mir schrecklich —, aber Du bist nebenher zu feinnervig und zu kritikvoll. Ein ganzer voller Humor aber kann mit und vor der Kritik selten bestehn. Es gehört eine wenigstens momentane Kritiklosigkeit dazu, einerseits um humoristisch zu sein, andrerseits um den Humor andrer zu genießen. Von dieser Regel wird es nur ganz, ganz wenige Ausnahmen geben. Der Don Quixote gehört vielleicht zu diesen Ausnahmen (ich bin nicht ganz sattelfest in Angelegenheiten des guten Ritters), und sicher kann ich nur Sterne als Ausnahme gelten lassen. Aber Sterne ist auch weit mehr witzig als humoristisch, und nur das Hinüberschieben des Witzes aufs Gebiet des Zweideutigen läßt manches humoristischer erscheinen, als es eigentlich ist. So viel aber, glaub' ich, darf ganz allgemein gesagt werden, daß all' den genialen Massenproduzenten, gleichviel, ob Engländer, Franzosen oder Deutsche, etwas Kommissiges anhaftet. Sehr feine Schriftsteller, die jede Zeile, die sie schreiben, vor Gott und Menschen verantworten können, können nicht 60 oder 70 Bände schreiben, und so stell' ich denn freilich — und ich freue mich, dies aussprechen zu können — in gewissem Sinne Talente wie Mörike, Tieck, Eichendorff, Keller, Storm höher als beispielsweise Scott. Dein

Th. F.

---

155) Berlin, d. 16. Oktober 1879.

Meine liebe Mete.

Damit Deine diesjährige Mecklenburger „Saison“ nicht ganz ohne Lebenszeichen von meiner Seite verläuft, raff' ich mich aus einem Wust von Korrekturbogen — die beiläufig Wust behandelten — auf, um Dir mit der bekannten dicken Feder einen kleinen Brief zu stiften. Es geht mir seit gestern etwas besser, wie es mir denn wohl keinen Tag so schlecht gegangen ist, als es Mama — so nehm' ich an — geschildert haben wird. Das „Beautifying for ever" ist nicht ihre Sache. — Du bist so rücksichtsvoll, mich an halb zugesagte Verse nicht zu mahnen; ich werde sie aber doch schreiben.

Deine Freundin P., die uns kürzlich aufsuchte, ist ein kleines, gutes Tier und wohl zu leiden, aber kaninchenhaft oder seidenhasig wie ihre ganze Familie. Alle sieben Geschwister unter die hydraulische Presse gelegt und den Alten obenauf, kommt noch kein Tropfen Esprit heraus. Ja, den Alten hab' ich im Verdacht, daß er, wie Löschpapier, einen in der Bildung begriffenen Tropfen einsaugen würde. Meine Verehrung der Familie wird aber dadurch nicht angefochten. Im Gegenteil; geistreich-sein ist bloß gefährlich, wie schön-sein, und ruiniert den Charakter.

Ergeh' es Dir gut. Wie immer Dein alter

Papa.

---

156) Berlin, d. 20. März 1880.

Meine liebe Frau.

Vielleicht freut es Dich, morgen, nach der ersten kalten Abreibung, einen Gruß von mir zu bekommen. Es ist nicht viel, aber das Leben hat uns überhaupt auf Minimalsätze gesetzt. Alles klein, klein, klein.

Ich konnte nicht wieder einschlafen, und als ich mir herausgerechnet hatte, jetzt treffen sich die beiden Damen*) und umarmen sich wie Friedrich und Josef auf der Treppe zu Neiße (ein mit Rücksicht auf die Menzelschwester gewählter Vergleich), erhob ich mich, schimpfte einen Morgen-

*) Frau Fontane hatte in Gemeinschaft mit Frau Krigar, der Schwester von Adolf Menzel, eine Reise nach der Kaltwasserheilanstalt Nassau angetreten.

segen aus mir heraus und goß ein Glas Kaffee in mich hinein. Und nun wollt' ich arbeiten. Aber es ging nicht. Es erschien mir alles so affig und laffig, daß ich die Bogen wieder zurückschob. Ich nahm nun statt dessen die geliebten „Wanderungen" vor, die immer helfen und heilen müssen, und gegen die wir immer ungerecht und undankbar sind. Sie sind das Einzige, was mir Freude gemacht hat, und dafür werden sie gepufft und als inferior behandelt. Ich korrigierte das Kapitel „Oranienburg", in dem Prinz August Wilhelm vorkommt, der vor Gram über nichtsnutzig schlechte Behandlung starb. Gott, und er war ein liebenswürdiger Prinz! Sowie man die Augen auftut, sieht man, daß es immer und überall Pech und Kränkung gegeben hat. Um zwei ging ich zu meinem Freunde W. auf die Zeitung, um mir endlich den Falkenrehde-Artikel zu verschaffen. Er war auch dazu bereit und sehr gütig und entgegenkommend, was mir in meiner Stimmung wohltat. Ich trage mich ganz ernsthaft mit dem Gedanken, mich aus der Welt zurückzuziehen, ich meine nicht im großen Stil, auch nur im kleinen. Also nicht in den Himmel, sondern in ein Dorf. Ach, ich habe die Menschen so satt, selbst die lieben, guten, wohlmeinenden! L. mit seinen alle fünf Minuten wiederkehrenden Anfällen von Liebeswahnsinn ist doch eigentlich ungenießbar. Ich will mit solchen Urteilen nicht länger zurückhalten, ich will alles sagen. Es gewährt einem wenigstens ein momentanes Labsal. Ein Glück, daß ich T. gestern nicht zu sehen brauchte; ich hörte nur seine Stimme und fühlte, daß ich bei diesem sonoren Biedermanns-Gedröhn ganz nervös wurde. Und nun gar die B.! Hör' ich deren rheinische Weisheitsstimme (wie rheinisches Mus), so kann ich die Auferstehung versäumen.

Von den heute angekommenen Briefen enthielt der

eine eine Einladung, in einem Vorstadttheater einer Aufführung von „Onkel Bräsig“ beizuwohnen, in einem anderen aus Landsberg bittet ein Buchhändler, „meinen gefeierten Namen“ als Mitarbeiter auf sein Blatt setzen zu dürfen. Mög' er mehr davon haben als ich.

Nimm diese Zeilen nicht von der feierlichen Seite. Du weißt, wenn ich so schreibe, ist mir schon wieder besser, und alles fängt mir schon wieder an, lächerlich zu werden. Empfiehl mich Deiner teuren Kranken, deren Kranke Du hoffentlich nicht werden wirst. Kalt Wasser kann viel; leider fehlt es ihm an Nahrungsstoff, sonst regelten sich viele Fragen. Eigentlich sollte ich ganz heiter sein, denn wir haben heute Mittag Klöße gegessen. Aber der Mensch ist anspruchsvoll über die Maßen. Ergeh' es Dir gut, lebe wieder auf. Wie immer Dein

Th. F.

---

157) Berlin, d. 25. März 1880.

Meine liebe Frau.

Mit mir geht es etwas besser. Ich muß in den letzten anderthalb Wochen eine Art Gallenfieber oder dem ähnliches gehabt haben; leider liegt es aber so, daß ich nicht verstimmt bin aus Galle, sondern gallig aus Verstimmung. An und für sich bin ich der ungalligste Mensch von der Welt; aber das Leben packt mir so viel kleinen Ärger auf, daß auch meine gar nicht auf Galle gestellte Leber ein Treibhausbeet wird, drauf sie üppig gedeiht. Der Ärger als Mist. Was er wirklich ist. Ich kann übrigens auch heute noch nicht sagen, daß ich mich bei den zurückliegenden Szenen vergalloppiert oder irgend etwas übertrieben hätte. Das Geheimnis ist: man muß in Preußen etwas äußerlich *sein* oder *haben*. Nun weißt Du leider so gut wie ich, daß ich weder etwas bin, noch etwas habe. Und danach richtet sich der Ton der Menschen, mit denen man verkehrt. Überall prävaliert ein Standes- oder Bourgeoisgefühl, und ich kenne keinen, der sich ganz davon frei hielte. Ich habe das übrigens auch schon früher beobachtet, und in Situationen, wo nicht ich der Betroffene war, sondern andere, also in Fällen, wo von Voreingenommenheit und persönlicher Reizbarkeit gar nicht die Rede gewesen sein konnte. Mein Leben hat in dieser Beziehung viele Vergleichspunkte mit dem Scherenbergs. In die Bewunderung oder doch mindestens Anerkennung seines Talents mischte sich immer Mitleid und Achselzucken, weil er ein armer Teufel war und blieb. Er war nur glücklicher und schlauer organisiert als ich und trug es mehr comme philosophe. Vielleicht liegt es auch daran, daß ich ein starkes Gefühl habe, mehr Ansprüche machen zu dürfen als er. Ob als Poet, mag zweifelhaft sein, denn er hat Einzelnes geschrieben, das sich neben das Beste stellen darf; aber aufs Ganze hin angesehn, bin ich ihm sehr über. Er war einseitig und verrannt und stand ganz außerhalb des Lebens und seiner Ansprüche.

Am Dienstag oder Mittwoch war ich auch bei Frl. v. Kahle, um mir die Büste von Eva Dohm anzusehn. George begleitete mich. Er sagte nachher sehr richtig: „Es mag eine gute Büste sein; aber daß es nicht Eva Dohm ist, darauf leb' ich und sterb' ich.“ Keine Spur von Ähnlichkeit. Danach ist mir denn doch der Mut vergangen, 20 Sitzungen an mein Tonbild zu setzen. So viel liegt mir nicht daran, als „männliche Porträtbüste“ mit im Katalog zu stehn.*)

---

*) Fontane hat seinen Entschluß nachträglich doch geändert. Die damals geplante, aber von Frl. v. Kahle erst im Januar 1881 vollendete, wohlgelungene Porträtbüste von ihm ist die einzige geblieben.

George lebt übrigens nur noch für Zola und geht in seiner Schwärmerei offenbar zu weit. Das Talent ist kolossal und gar nicht zu überschätzen; es ist mir aber ganz unzweifelhaft, daß die Kunst andre Aufgaben hat. Es ist ein Unterschied, ob ich die Morgue male oder Madonnen, auch wenn das Talent dasselbe ist.

Lebe wohl und habe ein leidlich frohes Fest. Wie immer Dein

Th. F.

---

158) Berlin, d. 1. April 1880.

Meine liebe Frau.

Seit Tagen bin ich nicht zum Schreiben gekommen. Gestern abend endlich lag das Blatt vor mir, da kam Besuch, Freund D. Beinah' sechs Stunden — etwas lange. Seine Mitteilungen waren wieder recht interessant und lehrreich, aber wenig erfreulich. Es geht mir klar daraus hervor, daß ein Schriftsteller eigentlich nur noch leben kann, wenn er sich in den Dienst eines Buchhändlers begibt. Nur auf diesen kommt es an. Einem Ideale nachjagen ist lächerlich. Nur wer es versteht, Aufsehen zu machen, ist ein Gegenstand der Beachtung. Ordentliche, fleißige Arbeit ist Sache der Mittelmäßigkeiten. Will jemand seinen eigenen Weg gehen, so tut er's auf seine Gefahr; vielleicht reüssiert er, in der Regel wird er scheitern. Es kommt nur noch auf die Blätter an; Bücher sind altmodisch, beinah' lächerlich. Das ist so ein kurzer Auszug aus seinem Gespäch. Aus allem ging nur hervor, daß mich mein Instinkt wieder richtig geleitet hat und ich ganz recht getan habe, mit H. gar nicht erst anzubinden. Erziele ich noch mal einen wirklichen Erfolg (höchst unwahrscheinlich; aber bei Gott ist kein Ding unmöglich), so wird man mir kommen. Käme ich, so wäre mir Ablehnung halb gewiß. Es handelt sich nur noch um Schablonenarbeit.

Theo erschien vor einer halben Stunde mit dem Gefreitenknopf am Kragen; er hat, wie der militärische Witz lautet, „den höchsten Grad des Gemeinen" erreicht. Bei Heydens hat er neulich im Skat 65 Pfennige gewonnen; die Damen haben inzwischen die Summe mit 100 multipliziert oder den Point statt mit einem Pfennig mit einer Mark berechnet und ihm heute in sehr sinniger Weise ein Skat-Blockbuch mit 65 Mark durch Mete überreichen lassen. Unser Leben ist nun mal „auf Geschenke" gestellt; da man sie uns gern und freiwillig macht, so soll es mich nicht kränken. Es ist ein kindischer Stolz, nichts nehmen zu wollen; freilich wäre geben mehr nach meinem Geschmack.

Empfiehl mich der teuren Frau und ergeh' es Dir gut. Wie immer Dein alter

Th. F.

---

159) Berlin, d. 5. April 1880.

Meine liebe Frau.

Ich bin auch ein bißchen erkältet, ein bißchen überarbeitet und ein bißchen gastrisch. Die Erkältung stammt von Krigars Geburtstag her, wo drei Fenster und sechs Türen aufstanden; überarbeitet hab' ich mich, um endlich, gestern abend noch, die berühmte Novelle einsiegeln zu können, und das Gastrische stammt von einem Plumpudding her. Darin ist Nolipoli besser; nicht ganz so „substantial".

Gestern ging ich in den Rütli (bei Menzel). Ich fand noch den alten Mittagsbestand vor, Geh. R. Klix immer noch tapfer da, und mit ihm drei askanische

Oberlehrer, die natürlich hinter ihrem obersten Chef nicht zurückbleiben wollten. Allmählich verkrümelte sich aber alles (einige sichtlich schlachtenmüde) und nur Menzel, als Rütliwirt, hielt aus, unterstützt durch drei frische Kräfte: Zoellner, Senator Eggers und mich. Es entspann sich nun eine wundervolle Szene, so wundervoll, daß wir uns beim Nachhausegehn auf der Treppe gerührt in die Arme sanken und gegenseitig erklärten: „das sei zehn Daler wert gewesen". Menzel ergriff nämlich die Gelegenheit (es war von Blomberg die Rede), uns und sich zu beglückwünschen, „daß der Rütli seit drei, vier Jahren viel, viel besser geworden sei". Dabei vergaß er, daß der Senator, als Friede's Bruder, mit zugegen war und schüttelte nun in starken, leidenschaftlichen Worten sein Herz aus „über die Imbecilitäten zurückliegender Rütlitage". Es fielen aber dabei viel, viel stärkere Worte, die den jahrelang aufgespeicherten Groll verrieten und mir zugleich zeigten, wie nur allzu richtig ich damals die Situation beurteilt habe. Es wurde mir von den andern gelegentlich bestritten; nun wird es keiner mehr bestreiten. Ich würde, weil ich annehme, daß Du den Inhalt meiner Briefe Frau K. mitteilst, über all dies kein Wort schreiben, wenn ich nicht völlig auf Menzels Seite stünde. Diese Friede'schen Klugschmusereien waren nicht auszuhalten, und ich weiß, daß mir oft vor Verlegenheit das Blut zu Kopfe schoß. Es war alles im Ton so grenzenlos verfehlt. Auf das Materielle geh' ich gar nicht ein. Es mußte natürlich Friede'n freistehn, gelegentlich auch 'mal eine antimenzelsche Richtung zu vertreten oder richtiger, die ausschließliche Berechtigung der anderen zu bestreiten; aber nach meiner Meinung mußte das immer mit Ernst, mit Respekt und mit Bescheidenheit geschehn. Über das Schöne darf schließlich jeder sprechen, der dem Dienst des

Schönen ernsthaft nachgegangen ist. Aber Friede, der, mit Ausnahme von ein paar höchst fragwürdigen Redensarten aus Hegels oder Vischers Ästhetik, nur sehr wenig wußte und noch viel weniger konnte, der eine dünne Natur, und zwei, drei reizende plattdeutsche Gedichte abgerechnet (in denen alles Gute, Gescheite, Tüchtige, was in ihm war, ein paarmal glücklich aufblühte), ein ganz kleines Talent, ein bloßer, gebildeter Durchschnittsmensch war — Friede, sag' ich, hatte kein Recht, sich mit bevaternder Superioritätsmiene neben Menzel zu stellen und zu sagen: „Nein, Engel, da sind Sie 'mal wieder ganz auf'm Holzweg" oder ihn mit den Worten: „Nein, Rubenschen, davon verstehn Sie nun 'mal nichts" rc. zu klopfen, zu patscheln und zu umarmen. Er stellte sich nicht *neben* ihn, sondern in seiner Eigenschaft als Kritiker und Ästhetiker *über* ihn. Und das war einfach ungehörig. Menzel muß jahrelang ganz unsagbar darunter gelitten haben. Ich gehöre keineswegs zu denen, die der Kritik den Mund stopfen wollen; aber die Kritik muß klug und bescheiden geübt werden und muß sich bei jedem Wort *ihrer Grenzen bewußt bleiben*. Wer eine Kunst nicht selber übt, hat sein Lob und seinen Tadel an bestimmter Stelle schweigen zu lassen, nämlich da, wo das mangelnde Können auch sein Wissen lahm legt. Daß die Maler *aller* Kritik von Nichtmalern überhoben sein möchten, ist ein Unsinn und eine Anmaßung. Über viele Dinge steht es dem Ästhetiker, dem Schönheitsverständigen allerdings zu, seine Meinung zu sagen. Aber nicht mit „lieber Engel" und in überheblichem Tone, am wenigsten *dann*, wenn der Künstler absolut ersten Ranges und der Kritiker im günstigsten Falle zweiten Ranges ist.

Wir waren alle drei durch das kleine Vorkommnis erregt und erheitert — zu seinem Ruhme sei es gesagt, auch der Senator, der alles von der humoristischen Seite nahm.

Seid alle herzlich gegrüßt. Wie immer Dein

Th. F.

---

160) Berlin, d. 7. April 1880.

Meine liebe Frau.

Gott sei Dank, bin ich mit dem Zietenhusaren-Aufsatz so gut wie fertig; ich habe das 670 Seiten dicke Buch des Leutnants v. Ardenne, danach auch noch Droysen und W. Hahn durchlesen und mit einem immer dicker werdenden Kopf Notizen und Auszüge machen müssen. Nun sind Friedel und Mete beim Abschreiben der von mir notierten Stellen. Morgen mittag ist, denk' ich, alles fertig und kann abgeschrieben werden. Ich erzähle Dir das so ausführlich, weil man daran das lächerlich Miserable des literarischen Erwerbes studieren kann. Ich kaufe ein Buch, das wenigstens vier Taler kostet, arbeite drei Tage lang und lese drei Tage lang bis nachts um zwei; zwei Kinder schreiben viele, viele Seiten ab, und zum Schluß mache ich mich an eine Korrektur und Glattfeilung des Ganzen. Dafür erhalte ich dann 20 oder, wenn es hoch kommt, 24 Taler! Wobei ich mein Wissen und mein Talent noch gar nicht rechne. Weiß nämlich einer von diesen Sachen wenig oder nichts, so kann er freilich auch denselben Aufsatz schreiben. Aber wie? Ich würde sagen zum Weinen, wenn nicht der Masse des Publikums „gut" oder „schlecht" ganz gleich wäre. Ebensowenig wie die Menschen das Bedürfnis des Schönen haben, ebensowenig haben sie das des Klaren und Durchsichtigen. Wenn sie etwas nicht verstehn, so ist es auch noch so.

T. hat wieder Starkes an Verschraubtheiten und

Eigensinnigkeiten geleistet, die sich Recht oder Prinzip oder Konsequenz nennen. Wie niedrig stehen doch alle diese Dinge! Und wie himmelhoch steht daneben die heitre Freiheit, die heute dies tut und morgen das, bloß immer das Richtige. Wenn Du wiederkommst, muß ich Dir einige Anekdoten erzählen, aber unter der Bedingung, „daß ich sie Dir erzähle". Es ist schrecklich, daß Du Dich mit solchen Geschichten immer auf den Markt setzt und sie dem Betreffenden, der sie gerade nicht hören soll, zum besten gibst. Es ist das zu kleiner Stil und nimmt einem jegliche Lust zu konfidentiellen Mitteilungen. Schafft auch jedesmal Verlegenheiten. Wenn Du sagen willst, „das ist meine Freiheit", so will ich das gelten lassen; nur kann ich auch hierbei nicht gelten lassen, daß diese Freiheit das Richtige trifft, und darauf kommt es an.

Gestern nachmittag machte ich auch einen Besuch bei Pine.*) Sie war wieder allein und krank im Bett. Eine furchtbare Existenz. Das die-Alten-vom-Baume-schütteln, bis sie ins Wasser fallen und ertrinken, ist eigentlich gar nicht so übel. Es ist der kürzere Qualenweg. Von „ihrem lieben Alten" quatschte sie zum Übelwerden. Es ist doch nichts schrecklicher als ewige, gewohnheitsmäßige, längst zur Natur gewordene Unwahrhaftigkeit. Alles ist immer nur halb und viertel richtig, meist einfach nur dadurch, daß die Hauptsachen verschwiegen werden. So sind auch „Caroline Bauers Memoiren", die jetzt wieder durch einen neuen Skandal von sich reden machen. Es liest sich alles ganz gut, aber das Unerquickliche ist: sie spielt die Casta Diva und war doch weiter nichts als ein

*) Man vergl. über „Tante Pine", S. 164 ff. sowie S. 564 in „Von Zwanzig bis Dreißig".

auf Vorteil und Liebschaften gestelltes Theaterbalg. Immer lächelnd und immer berechnend. — Ergeh' es Euch gut. Wie immer Dein alter

Th. F.

---

161) Berlin, d. 10. April 1880.

Meine liebe Frau.

Die Wochen vergehen still und arbeitsvoll; mit Ausnahme des ridikülen Diners, das ich selber gegeben habe. Zunächst hab' ich freilich eine kleine Gesellschaft in Sicht, und zwar bei Hertz, den ich heute mittag besuchte. Mit seinem Befinden geht es besser; die Wunde ist mehr als halb zugeheilt, und ich fand ihn außer Bett. Aber er ist alt geworden, und die Nase wölbt sich immer mehr. Eine gute Geschichte erzählte er mir aus seinen Stiehltagen her. Stiehl*) konnte einen andern Geheimrat, den Hertz gerade sehr gern hatte, nicht leiden und sagte in seiner cynischen Manier: „Der Kerl ist wie ein lästiger Floh; den ganzen Tag sucht man danach und möcht' ihn knicken oder abschütteln, aber nirgends ist er zu finden, und doch ist er da und quält und sticht einen weiter." „Das ist mit solchem Floh eine eigene Sache," sagte Hertz; „mitunter ist es nämlich gar kein Floh, sondern ein Tropfen böses Blut in den eigenen Adern. Und das quält und sticht einen." Stiehl lächelte und sagte: „Sie können recht haben." H.s Antwort ist brillant.

Gestern ging ich mit den Kindern spazieren und sah mir auch das Königin Luise-Denkmal an. Es ist nicht die Königin Luise, wie sie uns vorschwebt, aber im übrigen merkwürdig gut. Das Ganze hat etwas Vornehmes.

*) Vortragender Rat in der Unterrichtsabteilung des Kultusministeriums, bekannt durch die von ihm bearbeiteten „Regulative".

Desto schrecklicher sind die Reliefs. Es ist zum Lachen. Wie schwer ist doch Kunst!

Am Abend las mir George den Schluß von Ludwig Pfaus Aufsatz über Zola vor. Einzelnes ist geistvoll und zutreffend, alles ist gebildet, und im ganzen ist es doch nicht einen Schuß Pulver wert. Immer begreiflicher wird mir der Haß der bildenden Künstler gegen die Kunstphilosophen. Kunstgeschichte geht, so lang' es einfach Geschichte bleibt, aber sowie das Räsonnement anfängt, wird es furchtbar. Das Urteil eines feinfühlenden Laien ist immer wertvoll, das Urteil eines geschulten Ästhetikers meist absolut wertlos. Sie schießen immer vorbei; sie wissen nicht, haben oft gar keine Ahnung davon, worauf es eigentlich ankommt. In der Dichtkunst, so weit sie auch darstellend und plastisch ist, ist es gerade ebenso. Der gedankliche Inhalt kann unter Umständen die Hauptsache sein, in der Regel ist er es nicht. Und überall da, wo es auf das „gestalten" ankommt, reden die Philosophen Unsinn. Es fehlt ihnen ganz das Organ für das, was die Hauptsache ist. Man mag Zola vernichten, aber noch im Vernichten muß man ihn bewundern. Zu diesem Gefühl vermag sich der „Ästhetiker" nicht zu erheben.

Wie immer Dein

Th. F.

---

162) Berlin, d. 22. April 1880.

Meine liebe Liese.

Zu Deinem Geburtstage morgen sollen auch meine Glückwünsche nicht fehlen. Verlebe den Tag, so gut er sich verleben läßt, erfreut durch alles, was die Gegenwart irgend bieten kann, und vor allem unbeängstigt durch die Zukunft. Man muß alles nehmen, wie's fällt, und die

Kunst lernen, über jede Stunde glücklich zu sein, wo der Schuh nicht allzu empfindlich drückt. Von dem, was Dir bevorsteht, hab' ich gehört; ein großes Glück ist es nicht und aller Trost und aller Rat lautet: mache das beste davon. Ohne ein gutes Stück Türkentum kann man überhaupt nicht existieren. Es ist schade, daß Dir die Breslauer Verwandtschaft so wenig bieten kann; durch Verwandte sind wir von Jugend auf nicht beglückt und nicht gefördert worden, und so ist es geblieben. Außer dem einen hellen Stern: Sommerfeld, alles Nacht und Dunkel. Ein Glück, daß Du T. hast. Denn 'mal will jedes Menschenherz seine „Aussprache" haben.

Von uns ist wenig zu melden; es geht alles im alten Gleise weiter, ohne rechte Lust und Freudigkeit, und doch muß man noch von Glück sprechen. Es könnte alles noch viel, viel anders sein, und mitunter ängstigt mich die Vorstellung, daß einem noch viel mehr die Bescheidenheit des Lebens als das Glück des Lebens fehlt. Doch das sind feine Fragen. Fraglos ist nur, daß ich Dir und den Deinen alles beste wünsche. Viele Grüße an Weber. Wie immer Dein alter

Th. Fontane.

---

163) Berlin, d. 25. Juni 1880.

Meine liebe Mete.

Wie ein Rabenvater komme ich mir vor, daß ich in fünf Wochen keinen einzigen Brief an Dich geschrieben habe! Aber das „Geschäft" geht stärker denn je, und ich bin gegen meine Gewohnheit abends oft recht angegriffen, weil mich Schwüle, Fliegen und vielleicht auch der schon überhitzte Kopf um meinen Nachmittagsschlaf bringen. Und der unausgeschlafene Mensch ist eine Null oder, wenn der Mensch überhaupt eine Null ist, die Null einer Null.

Im Hause treibt das Notfloß unseres Lebens ruhig weiter, und unsere vier Wände haben einen richtigen Spreeufer-Charakter, wie es sich für den großen „Wanderer“ ziemt. Sand, Torf, Kusseln und 'mal ein sickernder Hoffnungsbach und noch öfter Raupenfraß in der Heide. Man gewöhnt sich auch an das und findet es schließlich nicht schlimmer als anderes. Und wirklich, die Dinge machen es nicht, sondern unsere Stellung dazu!

Von unsern kleinen gesellschaftlichen Erlebnissen wird Dir Mama geschrieben haben. Bei B.s war es wie immer. Zum Glück war der Maler Geselschap da, eine liebenswürdige Künstlernatur. Das einzige, was ich an ihm auszusetzen fand, war, daß er 70000 Taler für Ausmalung der Kuppel in der Ruhmeshalle bekommen soll. Dies hören und nicht neidisch werden, geht über die menschliche Kraft. Übrigens stammt die Zahlenangabe aus dem J.schen Hause, woraus ich schließe, daß es wohl nur Mark sein werden. Geh' es Dir gut. Dein alter

Papa.

---

164) Bremen, d. 17. Juli 1880.
Hillmanns Hotel.

Meine liebe Frau.

Gestern um vier Uhr bin ich glücklich hier eingetroffen. Unterwegs hatte ich mich mit meinen drei Damen, Polinnen, angefreundet. Sie waren alle drei sehr nett, am nettesten eine staubgrau gekleidete, die Dir George vielleicht schon beschrieben hat. Es ist doch kein leerer Wahn, was von der Liebenswürdigkeit und einem eigentümlichen „charme“ der Polinnen gesagt wird. Die Deutschen mit ihrer „ewigen Ordnung“ kann ich nicht als das Ideal der Schöpfung ansehn. Es ist gerade gut genug für den

Alltag und — die Langeweile. Die Damen gingen nach Norderney, und ich bin gebeten worden, sie dort aufzusuchen. Absichten auf mich werden sie wohl nicht haben. Wenn nicht vielleicht der kleine Hut für zwölf Mark mir auch einen „charme“ gegeben hat. Unterwegs hatt' ich noch ein mir sehr interessantes Erlebnis. Alles schrie nach Wasser, auch meine Damen. Ich stürzte dienstbeflissen heraus; unmöglich, es war nichts zu kriegen. Da sah ich Leute, Kinder und Erwachsene, mit Blechtöpfen am Brunnen stehn, und ich rief einem Manne von 40 Jahren zu: „Hier, hier“. Und er kam auch und „tränkte“ die Damen. Es entspann sich nun folgendes Gespräch:

Ich: Heiß heute.

Er (achselzuckend): De l'Amérique.

Ich: Kuba, Havannah, San Domingo?

Er (kopfschüttelnd und auf sich zeigend): Sam.

Die Sache hing also so zusammen. Es waren Auswanderer, die vierter Klasse fuhren und mit ihren Blechtöpfen an den Brunnen gelaufen waren. Einer von ihnen, der den Führer „bis hinüber“ machte, war ein gewöhnlicher Amerikaner, mutmaßlich aus der Ohio- oder Mississippigegend. Er war sofort bereit, auf meinen Zuruf den Damen Wasser zu bringen, eh' er's noch seinen eignen Leuten brachte. Diese Form von Politesse, Menschlichkeit, ja selbst Ritterlichkeit imponierte mir riesig. Ein gewöhnlicher Deutscher hätte dies nie getan. Er denkt an sich und ist in seiner kleinen, engen Seele zu jeder Gentilität unfähig. Es ist leider so. Dieses Fehlen jeder Spur von Kavalierschaft in unserm Volksgemüt ist das, was uns so unbeliebt macht. „Der große Knote der Weltgeschichte“.

Meinen Kaffee nahm ich hier im Hotel auf einer entzückenden Terrasse, eine Blumenbalustrade vor mir und dahinter ein Stück Park mit zahllosen Kindern, Kinderwagen und Kindermädchen. Es sah aus wie ein Feenmarkt. Dann ging ich in die Stadt — das sehr schöne Hotel liegt am Rande, am ehemaligen Wall — und flanierte vier Stunden, kaufte mir Plan und Büchelchen und kenne nun Bremen fast so gut wie Berlin.

Mein Tagewerk besteht heute darin, das Innere einiger Kirchen, darunter im Dom einen „blauen Teufel" (mutmaßlich der preußische), und des Rathauses anzusehn. Abschließen will ich mit einem Déjeuner dinatoire im Ratskeller, wo ich in der berühmten „Rose" als ritterlicher Deutscher ein Glas auf Dein Wohl trinken werde.

Grüße George und Tilla. Reisebeschreibeln für die Vossin werd' ich nicht; es ist eine zu gemeine Beschäftigung.

Wie immer Dein

Th. Fontane.

---

165) Emden, d. 18. Juli 1880.

Meine liebe Frau.

Ein halbes Dutzend rotbraune Giebel, mit einer Turmspitze dazwischen, gucken mir über einen Hof, gegen den unser früherer in der Königgrätzer Straße den Charakter einer Riesenarena hat, ins Fenster, und hieran, wie an vielem andern, merkt man die Nähe Hollands. Beständig treten mir die Andreas Achenbachschen Ostendebilder vor die Seele. Meinen Tee gestern abend erhielt ich auf einem porzellanenen Untersatz, darin ein Öllämpchen von der Größe eines Nachtlichts brannte. Es stank entsetzlich; ich blies es aus und stellte es ins offene Fenster, um es verduften zu lassen. Aber in dem zuglosen Hofe stand die Luft, und so mußt' ich persönlich damit fertig werden.

Um 7¾ Uhr wollt' ich gestern aus Bremen fort,

aber im letzten Moment hieß es: „Die Maschine leckt", so daß erst eine neue Maschine geheizt werden mußte. Dies dauerte fast eine Stunde, so daß es ein Wunder ist, daß wir den Anschluß an einen andern Zug nicht versäumten und immer noch einigermaßen rechtzeitig hier eintrafen. Gerad' um Mitternacht. „In einer so ‚kleinen Stadt' wie Bremen," bemerkte ein mitreisender Bremer spöttisch, „darf dergleichen vorkommen." Bremen hat beiläufig über 100000 Einwohner. Dabei sei bemerkt, daß ich mich doch mehr und mehr zum Preußen- und Berlinertum zu bekehren anfange. Freilich spät, aber besser spät als gar nicht. Das *alte* Berlin und das *alte* Preußen waren allerdings etwas Entsetzliches, und wo ihr Pferdefuß zum Vorschein kommt, find' ich es noch heute furchtbar. Aber seit 1840, seit 1848 und namentlich seit 1870 ist alles anders geworden, und wir haben nun selbst *die* Gegenden in Deutschland weit überflügelt, die früher Vorbilder für uns sein konnten. Dresden wirkt jetzt wie ein pauvres, zurückgebliebenes Nest. Hamburg ist uns an Gewaschenheit und Sauberkeit immer noch voraus, aber dafür fehlt doch vieles, vieles andre. Wasser allein tut es nicht.

Gestern besuchte ich also die Börse, das Rathaus und den Ratskeller von Bremen. Es war mir alles sehr interessant. Die Börse, erst 12 oder 14 Jahr alt, ist sehr schön und gefällt mir besser als die Börse Hitzigs in Berlin, die, glaub' ich, überhaupt nicht zu seinen Glanzleistungen gehört. Der große Rathaussaal voller Bilder, Holzschnitzereien und Schiffsmodelle fesselte mich über eine Stunde.

Im Rathauskeller hatt' ich nur ein mäßiges Vergnügen, und nur der Wein, den ich trank, war sehr schön, sowohl der junge wie der alte. Dabei beides sehr billig. Eine halbe Flasche Marcobrunner 15 Sgr., ein Spottgeld für so guten Wein, und ein Glas 1727er Rüdesheimer nur 8 Sgr. Die meisten Menschen machen sich nichts aus so altem Wein, deshalb wird er zu so billigem Preise weggegeben. Mir schmeckte er ausgezeichnet, und ich wünschte wohl, ein „Verehrer" (die ja zeitlebens so viel für mich getan) schenkte mir 50 Flaschen davon. Ich aß einen halben Hummer, womit ich den ganzen Tag auskam. Danach ließ ich mich in den Kellern umherführen. Mir trat der Tag wieder vor die Seele, wo ich 1844 auf meiner ersten Londoner Spritzfahrt in den Dockskellern umhergeführt wurde. Sind 36 Jahre. Dazwischen liegt das Leben. Und doch kam ich mir nicht 'mal sehr verändert vor. Arm, unsicher und selbstbewußt, gerade wie damals. In dem einen Keller liegt in 12 Stückfässern der „Apostelwein"[; jedes Faß hat einen Apostelnamen. Der „Judaswein" ist natürlich der beste.

Ergeh' es Dir gut. Dein

Th. Fontane.

---

166) Lützburg,*) d. 22. Juli 1880.

Meine liebe Frau.

Ich wähle diese späte Stunde, um Dir endlich eine Zeile über meinen Verbleib zu schreiben.

Es ist sehr schön hier, und Baron Dörnberg hat mir nicht zu viel versprochen: reiche, vornehme, charaktervolle und überaus wohlwollende Wirte, dazu acht Komtessen von 17 bis 5 und ein kleiner Graf von etwa 6 Jahren. Natürlich auch Besuch: Generalleutnant v. Krosigk nebst

*) Fontane befand sich in Lützburg, um im Archiv des gräflich Knyphausenschen (seither gefürsteten) Geschlechtes Studien über die im Kapitel „Hoppenrade" seiner „Fünf Schlösser" erwähnte „Krautentochter" anzustellen.

Tochter, Baronesse Dörnberg (natürlich Schwester ihres Bruders) und Graf Wedel. Morgen kommt Graf Schulenburg=Beetzendorf. Du siehst, ich werde ordentlich eingegraft.

Die Ausbeute, die mir das „Familienbuch" gewährt, ist noch viel größer, als ich erwartete. Wahre Schätze. Ich könnte vier Wochen hier lesen und extrahieren und würde immer noch nicht fertig sein. Das geht nun aber aus hundert Gründen nicht; so werde ich mich auf meine Hoppenrader Geschichte, deren Held ein Knyphausen war, beschränken. Ich denke nicht, daß man mich hier länger festhalten wird, weil es dem Grafen einleuchten muß, daß ein paar Tage mehr mich in Bewältigung des Stoffes nur wenig weiterführen. — Im übrigen bin ich froh, 'mal nichts von Zeitungen, Blättern, Redakteuren und Honoraren zu hören, wovon ich auch sagen kann: „Mir ekelt".

Herzlichst Dein

Th. F.

---

167) Berlin, d. 4. August 1880.

Meine liebe Mete.

Ich will doch nicht von hier fort, ohne Dir zuvor als 60jähriger Turner und Springer ein „Gut Heil" zugerufen zu haben. Ich glaube, daß Du's gut getroffen hast; einige shortcomings und drawbacks fehlen nie. Es gibt kein unbedingtes und ungetrübtes Glück, das länger als fünf Minuten dauerte. Das Tollste sind Flitterwochen in einem englischen Seebade. So langweilig, daß Zankszenen eine Erlösung werden.

Einen Punkt will ich hier eigens noch berühren. Wer dient, muß gehorchen und schweigen können.*) Das ist

*) Fontanes Tochter, die inzwischen ihre Lehrerinprüfung abgelegt hatte, war im Begriff, eine Stelle als Erzieherin im Hause des Herrn v. M. zu Klein-Dammer in der Neumark anzutreten.

nicht bloß militärisch, das ist überhaupt gültig in der ganzen Welt. Als ich noch auf der Kreuzzeitung war, sah ich dem seligen Beutner (aber er lebt noch) an, daß ihm Widerspruch verhaßt war; von dem Augenblick an widersprach ich nicht mehr. Es ist mir auch nicht sauer geworden. Also gehorchen und schweigen. Aber ich brauche Dir wohl nicht erst zu sagen, daß dies nichts zu schaffen hat mit timider, sklavisch-unwürdiger Unterordnung. In entscheidenden Momenten, wo das Beste, was man hat, auf dem Spiele steht, muß man sprechen, ordentlich, fest, bestimmt, mutig. Aber die Lebenskunst besteht darin, sein Pulver nicht unnütz und nicht in jedem Augenblick zu verschießen.

Laß keine Briefe umherliegen, weder solche, die Du schreibst, noch solche, die Du empfängst. Solche, die einem irgendwie Verlegenheiten schaffen können, muß man gleich verbrennen oder in kleine Stücke zerreißen. Faß' alles ernst und freudig und mit ganzem Herzen an, bringe, so lang' es geht, Dingen und Personen Liebe entgegen; das erwirbt einem auch Liebe, und wenn dies ausnahmsweise mißglückt, so hat man doch die Ruhe des Gemüts, die des Lebens Bestes ist.

Und nun lebe wohl. Wie immer Dein alter

Papa.

---

168) Wernigerode, d. 5. August 1880.

Meine liebe Frau.

Eben hab' ich auf dem Balkon meinen Tee getrunken und mich dabei an den alten Bildern erfreut: auf dem Schloß ein paar Lichter, der „weiße Hirsch“ abwechselnd in grün und rotem Licht, am Horizont ein letzter dunkler Streifen Abendrot, und dazwischen Musik unten in der

Stadt und oben auf dem Lindenberg. Oben auf dem Lindenberg konzertierte ein Solist, ein Hornbläser und blies als letztes Stück eine Piece, die ich 1852 von einem Cornet à piston-Virtuosen in Brighton blasen hörte. Es war am Abend vor meiner Rückkehr nach Deutschland. Es liegt einiges dazwischen.

Heute früh übersiedelte ich vom Hotel in meine Villa. Um 1 Uhr aß ich; Frau K. hatte gekocht. Aber es ist mir doch zu schlecht, und so werd' ich von morgen ab 'mal hier, 'mal dort einfallen und sehen, was die Küche gibt. Viel erwart' ich nicht. Die Kochkunst blüht nicht in diesen Gegenden, und das Fleisch ist schlecht, wie in allen kleinen Städten. Nichts ist falscher, als die Vorstellung der Gutsbesitzer, man könne sich bei ihnen ein Bänzlein anmästen; im Gegenteil, man fällt ab und kommt von Kräften. Dafür hab' ich mich aber bereits an Erdbeeren für 15 Pf. delektiert und an zwei Semmeln für 8 Pf., wogegen die ganze Thiersche Herrlichkeit versinkt. Wenn letztrer mehr Bäcker und weniger Stadtverordneter wäre, gewönne unsre ganze Gegend.

Bald nach Tisch wurd' ich müde und schlief an zwei Stunden. Ich freue mich darüber und habe nach den beständigen Anspannungen der letzten drei Wochen eine wahre Sehnsucht, zu schlafen und zu ruhn. Die schöne Luft und ein mittlerer Erkältungszustand unterstützen mich dabei. Wenn ich sage „schöne Luft", so bezieht sich dies nur auf den Grundton, auf die reine, sittliche Tendenz des Ganzen. Im Detail laufen viel Unkorrektheiten mit unter, wie ich das überall in der „reinen Natur" gefunden habe. Plötzlich an Stellen, die aller Menschlichkeit entrückt scheinen, trägt einem ein linder West eine Luftwelle zu, die von Otto Devrient unverändert in die klassische und selbst in die unklassische Walpurgisnacht aufgenommen werden könnte. Mephisto könnte sogar sagen: „Hab' ich doch meine Freude dran". Ich nicht.

Morgen fang' ich an zu arbeiten, aber peu à peu. Wie immer Dein

Th. F.

---

169) Wernigerode, d. 8. August 1880.

Meine liebe Mete.

Dein Brief, den ich eben an Mama schicke, hat mich sehr erfreut. Ist es so und bleibt es so, dann ist es ein Ideal und zählt mehr zu dem Beglückenden als zu dem Bedrückenden des Lebens. In einem schönen Sinne dienen, d. h. also Pflichten übernehmen und erfüllen und dabei der Anerkennung aller Nächstbeteiligten sicher sein, ist etwas Hocherfreuliches, und diese Freude, denk' ich, soll Dir zuteil werden. Sei nur ja auf Deiner Hut; bald gewöhnt man sich an das Gute, nimmt es als selbstverständlich hin und hat eine Neigung, das zu betonen, was einem fehlt. Es gehört zu den ersten Regeln der Lebensklugheit, über dies Fehlende, wenn es nicht schwerer wiegt als das Gute, was da ist, hinwegsehn zu lernen.

Ich lebe hier still und einsam und langweilig und glücklich. Es wäre das Glück noch größer, wenn mich nicht der Novellenschacher und die kleine, kümmerliche Rolle, die man dabei spielt, beständig ärgerte. Vielleicht aber hab' ich Unrecht und vergesse zu sehr, daß ein Leben ohne solche Kriegführung, ohne solchen Kampf widerstreitender Interessen gar nicht möglich ist. Andrerseits ist mir so viel gewiß, daß ich durch meine persönliche Haltung einen Anspruch darauf hätte, gleichsam als Ausnahmefall, dieser Häßlichkeiten und Unwürdigkeiten überhoben zu sein.

Sehr interessiert hat mich Herrn v. M.s Äußerung, daß der preußische Staat durch sein alles Wichtignehmen groß geworden sei. Dies unterschreib' ich de tout mon cœur, und der historische Sinn, den ich habe, läßt mich mit Achtung von dieser Seite unsres Staats- und Volkslebens sprechen, so weit als das der Vergangenheit angehört. Es war hier, auf dem Terrain zwischen Oder und Elbe, wenig oder nichts gegeben, und die beiden organisatorischen Genies, Friedrich Wilhelm I. und Friedrich II., schufen durch künstlerische Werte wirkliche Werte, wie finanzielle Genies immer verstanden haben, aus Papierwerten Goldwerte zu machen. Beide genannten Könige nahmen einen ganz gewöhnlichen, oft einen ruppigen Kerl und sagten: „Du bist nun Rendant oder Steuerinspektor, oder Postmeister oder auch Gesandter." Alle vier, in den weitaus meisten Fällen, blieben ruppige, rohe, selbstsüchtige Subjekte; der Rang aber, der ihnen verliehen worden war, die bevorzugte Stellung, deren sie sich erfreuten, die pekuniären Vorteile, die ihnen zuflossen, gaben ihnen ein starkes Standes- und zuletzt auch ein persönliches Selbstgefühl, das in der zweiten und dritten Generation segensreiche Frucht trug. Es war also inzwischen nicht bloß ein Staatswesen, sondern, was ich höher veranschlage, eine Gruppe kluger, rechtschaffner und selbst edeldenkender Familien geboren worden. Alles bloß aus dem „Wichtignehmen", aus dem unausgesetzt genährten Gefühl heraus, ein K. Postsekretär, ein K. Wegebaumeister, ein K. Kanzleirat ꝛc. seien höchst wichtige Personen.

Aber alles hat seine Zeit. So lang' es galt, aus einem fruchtbaren Rohmaterial erst ein brauchbares Staats- und in weiterer Entwicklung auch ein einigermaßen genießbares Menschenmaterial herzustellen, war dieser Prozeß des „Wichtignehmens" nicht bloß selber wichtig, sondern auch überaus erfreulich und beinah' schön.

Nun aber sind wir aus dem Gröbsten heraus, und

es muß nun mit dem Scheinwesen ein Ende haben. Ein Leutnant darf eben nur ein Leutnant sein und muß darauf verzichten, selbst wenn er bei den Zietenhusaren steht oder wohl gar einen großen Totenkopf an der Pelzmütze trägt, ein Halbgott oder überhaupt irgend was Exceptionelles sein zu wollen. Aber wir arbeiten immer noch mit falschen Werten und stecken immer noch im „Wichtignehmen" drin, wo längst schon nichts mehr wichtig zu nehmen ist. Wir müssen jetzt anfangen, mit wirklichen Größen zu rechnen und die Dinge zu nehmen als das, was sie sind, nicht als das, was sie scheinen. Kraft und Vermögen, sie mögen nach einer Seite hin liegen, wohin sie wollen, sind immer eine wirkliche Macht; Titulaturen, Orden und andre Wichtigtunsattribute sind aber Alfanzereien, gehören der Vergangenheit an und haben mit Freiheit und Gesittung nichts zu schaffen.

Wie immer Dein alter

Papa.

---

170) Wernigerode, d. 10. August 1880.

Meine liebe Frau.

Sei bestens für Dein Paket bedankt. Ich kann doch nun wieder schwimmen und über die „Krauten-Tochter", deren Spuren ich seit Jahren folge, den momentanen Wernigeroder Jammerzustand vergessen: Regen und Wind und Hunger und Kälte. Heut' ist nun schon der dritte Tag, und es sieht nicht aus, als ob es vorüber wäre. Die Sonne ging gestern dunkelschwefelfarben unter und erinnerte mich an das Höllenloch im Viktoria-Theater.

Eine halbe Stunde nach dem Paket kam der einliegende Brief, der mich doch sehr glücklich macht. Ich bin nun diese große Sorge los, die noch viel größer war, als ich Dir sagen mag. Ich bilde mir ein, friedfertig und für einen alten Herrn und anerkannten Schriftsteller keineswegs unbescheiden in meinen Forderungen zu sein; dennoch steht es, ohne jegliches Verschulden meinerseits, so, daß ich eigentlich gar keine Blätter zur Verfügung habe. Bei der „Gartenlaube" kann ich mich nicht melden, und auffordern wird man mich nicht; die „Daheim"-Leute haben sich nüchtern und ungentil gegen mich benommen, „Nord und Süd" hat nach der bisherigen Haltung seiner Herausgeber wenig Ermutigendes für mich, und mit R. bin ich gleichfalls so ziemlich fertig. Es mußte mir also an dem Zustandekommen mit Westermann außerordentlich viel gelegen sein. H.s Unternehmungen machen einen traurigen Eindruck auf mich; bloß Geld verdienen wollen, wenn man nicht Bäcker oder Brauer ist, ist doch unwürdig. Und es kann darauf kein Segen ruhn, selbst dann kaum, wenn sie nebenher Kirchen und Hospitäler gründen. Was sie übrigens bisher nicht getan haben.

Mir schwirrt der Kopf. Und das heißt Erholung, und ist auch insoweit eine, als ich andre Luft atme und keinen Menschen sehe. Ich kann mich, aller Zerstreuung unerachtet, die in der Beschäftigung mit hundert verschiedenen Dingen ruht, doch konzentrieren, indem ich mich stundenlang ungestört auf eines richte. Als ich aber heute den Blücherschen Brief und dann die beiden Pastorenbriefe durchgelesen hatte, war es mir doch zu viel, nicht der Masse des Stoffes halber (die könnt' ich bezwingen), sondern weil sich alles untereinander widerspricht. Und zwei Dinge kann ich meiner ganzen Natur nach nicht aushalten: Ärger und Konfusion. Ich bin auf ein stilles Licht gestellt, auf Ruhe und Klarheit. Während der letzten drei Tage hab' ich an meiner neuen Novelle gearbeitet und mich in Wien hineingelebt*). Ich kenne jetzt in der Altstadt jede Gasse und weiß ganz genau, wo meine Personen wohnen. Dies lokale Sicheinleben bedeutet furchtbar viel; das andre findet sich schon allmählich — selbstverständlich, wenn man einen Stoff als Keim des Ganzen hat.

Der Karpelessche**) Brief gibt uns nun glücklicherweise freie Bewegung, und es kommt auf ein paar Taler mehr oder weniger nicht an. Thale ist reizend, und es ist — da sich der Geldpunkt nicht bedrücklich macht — nur eines, was dagegen spricht: ich muß dann wieder packen, wieder reisen und werde wieder in meiner Ruhe gestört. Überlege das alles und triff eine kluge Entscheidung. Dich wieder hier kochen und krebsrot und verstimmt (verstimmt mit Recht) zu Tische kommen zu sehn, ist mir sehr gegen die Leber, so daß Aufbruch doch vielleicht das kleinere Übel ist. Nun, nous verrons!

Heute früh hatten wir hier einen pea-colored fog, das einzig Englische, was sich hier vorfindet; namentlich aber fehlt mutton und beef. — Ich habe heute mit „Ellernklipp"***) angefangen; es geht langsam, aber ich will es nicht übertreiben, weil ich sonst ganz herunterkomme.

Herzliche Grüße Dir und den Kindern von Deinem

Th. F.

---

*) „Graf Petöfy", während dieses Aufenthaltes in Wernigerode begonnen, aber erst i. J. 1883 vollendet.

**) Dr. Karpeles, damals Redakteur der „Westermannschen Monatshefte".

***) Die in ihrer ersten Fassung schon im Herbst 1879 vollendete Novelle erschien i. J. 1881 zuerst in den „Westermannschen Monatsheften" und sodann als Buch im Verlage von W. Hertz.

171) Berlin, d. 16. Januar 1881.

Meine liebe Mete.

Mitternacht ist zwar schon heran, aber das Glas Tee mit dem silbernen Untersatz noch nicht ausgetrunken; ich kann also noch ein bißchen mit Dir plaudern. Es hat uns alle sehr gefreut, so gute Nachrichten von Dir zu bekommen, und wenn mich nicht alles täuscht, so werden nun wieder gesundheitlich bessre Tage für Dich anbrechen. Solche Nervenpleite hat immer ihre Zeit, meist 7 Wochen, und wenn die vorüber sind, so stellt sich ein leidlicher Zustand wieder ein. Es war ein Unglück für Dich, daß Deine Nerven-Baisse mit der Schlacht- und Wurst-Hausse zusammenfiel; es gibt Zustände, wo eine einzige Schweinegriebe den stärksten Mann umwerfen kann. Gib nur ja die Spaziergänge nicht auf; Luft und Bewegung sind die eigentlichen Geheimen Sanitätsräte, und an denen, die sich so nennen, ist das das Beste, daß sie dies mehr und mehr einzusehn beginnen.

Wir leben hier im alten Gleise, still und arbeitsam, und erschrecken, wenn wir aufgestöbert werden. Am Donnerstag war ich im Theater; ein wunderbares Stück: „Des Hauses Ehre", wurde gegeben, darin nur drei Personen in drei Stunden auftreten: ein alter Ehemann, eine junge Gattin und ein Liebhaber. Allerdings kann man sagen, es sind dies Himmel, Wasser und Erde, woraus die Welt besteht. Der Verfasser (jetzt tot) hieß Karl Hugo und pflegte bei Kroll den „Tell" in Frack und weißen Glacéhandschuhen zu rezitieren; im linken Arm aber hielt er eine Armbrust. Also verrücktes Genie.

Den Tag darauf besuchte mich Graf Eulenburg*)

*) Graf Philipp Eulenburg, der spätere deutsche Botschafter am Wiener Hofe, war durch Fontanes Studien für das Kapitel „Liebenberg" seiner „Fünf Schlösser" zu ihm in Beziehung getreten.

und blieb wohl anderthalb Stunden; gestern abend ist er nach Paris abgedampft. Er war wieder sehr liebenswürdig, erzählte mir allerhand Interna und auch manches über seinen 71er Aufenthalt in Paris. Er stand damals bei den Garde du Corps, legte seine Uniform ab, zog ein mäßiges Zivil an und ging gerade in den Tagen, als die Versailler Truppen mit den Communards ihre Straßenschlacht schlugen, nach Paris hinein, wo er fünf Tage lang Quartier im Grand Hotel nahm. Er versicherte, sich ganz ungeniert gefühlt zu haben, mit Ausnahme eines Falls, wo er mitten in einen Haufen fliehender Communards hineingeraten und von den salvengebenden Truppen verfolgt worden sei. Mir tat es leid, daß Mama nicht dabei war, als er erzählte; sie hätte sich überzeugen können, daß es viele Personen gibt, „die nach Domremy gehen“.

Ergeh' es Dir gut. Empfiehl mich dem verehrten Paar. Wie immer Dein alter

Papa.

---

172) Berlin, d. 3. Juni 1881.

Meine liebe Mete.

Seit vier Wochen heißt es in meinem Tagebuche täglich: „Gearbeitet — Groeben und Siethen“, aber seit gestern fehlt diese Zeile; Groeben und Siethen*) ist fertig, und ich fange nun an, den Briefberg oder die Briefschuld abzutragen, die vor mir liegt. Auch Dir ein paar Zeilen, meine liebe Mete. Heute früh kam Dein Brief mit den schönen Spargeln. Von diesen sind die dicksten zu „Geheimrats“ ci-devant Hofrats gewandert, die wegen

*) Band IV der „Wanderungen durch die Mark Brandenburg“, 4. Aufl. S. 355 ff. Zuerst als Aufsatz erschienen in „Nord und Süd“.

mannigfach bewiesener Freundlichkeiten 'mal königlich belohnt werden mußten. Der eine Riesenspargel sah ohnehin wie ein Szepter aus.

Es freut uns stets, von Deinem Wohlbefinden zu hören, am meisten, wenn Friede mit Deinem Zögling herrscht. Wir können alle keinen Ärger ertragen, und das ist eine Art Lebensunglück. Man muß Ärger aushalten können; wenn man es nicht kann, wenn man ihm überall aus dem Wege geht, so erreicht man nichts. Bei Frauen mag dies nur halb zutreffen oder noch weniger als halb, bei Männern ist es wichtig. Wer nicht zum Turniere kommt oder gleich nach dem ersten Anreiten erklärt, „ich steche nicht weiter", der kann auch den Kranz nicht gewinnen, den schließlich doch jeder gewinnen möchte. Wenigstens in der Jugend. Jetzt ist er mir etwas Gleichgültiges geworden. Ich bin nur noch Zuschauer und amüsiere mich über das „spectacle", das aufgeführt wird.

Wittes sind also hier, und wir waren gestern abend mit ihnen bei Krolls, dem Tummelplatz der Demimonde. Lise, als sie mit Bertha W. durch die Laubengänge ging, wurde „gerempelt", was — wie ich bei der Gelegenheit erfuhr — als erste vertrauliche Annäherung gilt. Die Sitten wechseln und die Unsitten natürlich auch; zu meiner Zeit gab es dafür andre Formen. Natürlich fallen diese Versuche weg, sobald ein Herr die Dame führt; ich bat also um „hook on" und zierte mich mit Lisen am Arm im Park umher. Hinterher mit „Tante Anna", die sehr liebenswürdig, sehr gesprächig war und sich außerordentlich erholt hat. Es war rührend, sie so dankbar und freudig und natürlich ganz unsentimental über das wiedergewonnene Leben sprechen zu hören. Dabei wurd' ich in die zurückliegenden Vorgänge vollkommen eingeweiht, und ich könnte darüber schreiben, einzelnes auch illustrieren. Es gibt

Frauen, die alles sagen dürfen, und nun gar mir. Auch Ohren-Lucaes waren zugegen, und da er vorhat, zu einem Gelehrtenkongreß nach London zu gehn, so kamen wir aus den Vokabeln gar nicht heraus. Über die Aussprache von Sutherland und Loch Katrine fochten wir eine „Glockenstunde nach der Uhr von Shrewsbury". Morgen reisen alle Witte's nach Trienke und sind etwa um 4 oder 5 dort. Genau vierundzwanzig Stunden später wird der mächtige Parlamentarier, so denk' ich, um nicht aus der Übung zu kommen, seine erste Rede halten und die heilige Allianz der Häuser Mengel und Witte besiegeln*). Ein Kuß des Brautpaars wird wohl das Gegensiegel bilden.

Hier ist alles beim Alten. Theo hat den Vizefeldwebel aus- und den Referendar wieder angezogen, George will morgen auf zwei, drei Tage nach Fürstenwalde, Friedel nach dem Grunewald. Mathilde scheuert zu Pfingsten und wird wohl am Pfingsttage selbst irgendwo einregnen; ich bleibe zu Haus und arbeite, und Mama schreibt meinen letzten Aufsatz ab unter der bekannten Betrachtung: „Ist das ein Leben, ist das ein Pfingstfest". Ich lächle und find' es nicht so schlimm.

„Ellernklipp" schick ich Dir, sobald ich ein paar Exemplare habe. Westermann scheint es wie Gold behandeln zu wollen, aber schwerlich, wenn es ans Bezahlen geht. Es wird alles furchtbar geschäftlich abgemacht; innerliches Engagement und aus diesem Engagement heraus ein generöses Handeln sind unbekannte Dinge. Der Gewöhnlichkeit gehört die Welt. Es tangiert mich aber nicht, so lang' ich ein Bett und ein Glas Tee habe.

---

*) Lise Witte, die älteste Tochter von Dr. Fr. Witte in Rostock, hatte sich mit Herrn Richard Mengel (z. Z. Rittergutsbesitzer auf Elsenau in Posen) verlobt.

Mama ist zum Kaffee bei W.s und wird sich wohl schwer gelangweilt haben; Diners sind gut, Kaffees schlimm.

Und nun leb' wohl und habe frohe Festtage.

Wie immer Dein alter

Papa.

---

173) Thale a. H., d. 24. Juni 1881.

Meine liebe Frau.

Gegen ein Uhr traf ich gestern hier ein; im ganzen eine sehr angenehme Fahrt, mit mir nur ein schweigsamer Herr, der mich in Quedlinburg verließ. Ich stieg als einziger Gepäckreisender aus, und auf der bekannten zweirädrigen Karre thronten beim Ausladen bloß mein Koffer und meine Kiste, letztre mit halb ausgebrochnem Boden. Die Massenliteratur war über ihre Kräfte gegangen. Also feine Organisation.

Ich habe mein altes Zimmer wieder und mich in demselben wohnlich eingerichtet — selbst bei dieser siedenden Hitze ist es hübsch. Ich bin müde, habe eine halbe Stunde fest geschlafen, und dieser müde Zustand tut mir wohl. Im übrigen merk' ich doch, daß ich in den vier Jahren älter geworden bin. Damals war ich krank zum Auslöschen; jetzt beherrscht mich das *eine* Gefühl: es verlohnt sich nicht mehr. Alles sieht mich, ich will nicht sagen gleichgültig, aber in seiner absoluten Gleichwertigkeit an. Ein guter Bettler ist gerade so viel wert wie ein guter König: alles ist nur Rolle, die durchgespielt wird. Einen unsagbar traurigen Eindruck machen die Streber auf mich und nun gar *die*, die ruhig sterben, weil sie auf dem Totenbette noch die 3. oder 2. Klasse empfingen. Wie klein, wie armselig.

Heut' regnet es; es ist so erquicklich, und ich sitze am

Fenster und sehe den Wolken und dem stillen Treiben auf der Dorfstraße zu. Dabei les' ich viel, Turgenjew und Lessing abwechselnd. Gestern eine der berühmten T.schen „Jägergeschichten". Er beobachtet alles wundervoll: Natur, Tier und Menschen; er hat so 'was von einem photographischen Apparat in Aug' und Seele, aber die Reflexionszutaten, besonders wenn sie nebenher auch noch poetisch wirken sollen, sind nicht auf der Höhe. Diese Geschichten sind alle 30 Jahre alt, und es ist ganz ersichtlich, daß ihm damals noch die Reife fehlte, die er jetzt hat. Diese Reife find' ich denn auch wirklich in „Rauch", das etwa 1865 oder 1866 geschrieben wurde, gerade so wie in „Neuland", aber ich werde dieser Schreibweise nicht froh. Ich bewundere die scharfe Beobachtung und das hohe Maß phrasenloser, alle Kinkerlitzchen verschmähender Kunst; aber eigentlich langweilt es mich, weil es im Gegensatze zu den teils wirklich poetischen, teils wenigstens poetisch sein wollenden Jägergeschichten so grenzenlos prosaisch, so ganz unverklärt die Dinge wiedergibt. Ohne diese Verklärung gibt es aber keine eigentliche Kunst, auch dann nicht, wenn der Bildner in seinem bildnerischen Geschick ein wirklicher Künstler ist. Wer so beanlagt ist, muß Essays über Rußland schreiben, aber nicht Novellen. Abhandlungen haben ihr Gesetz und die Dichtung auch.

Wie immer Dein alter

Th. F.

---

174) Thale, d. 25. Juni 1881.

Meine liebe Frau.

Habe Dank für Deine freundlichen Zeilen und die beigeschlossenen Briefe. Daß Du die Durchsicht der alten Korrespondenz vorgenommen, ist gut, aber vertiefe Dich nicht zu sehr darin; es hat etwas von dem träumerischen Rausch, der einen jedesmal überkommt, wenn man Grabsteine liest, die von gelben Studentenblumen und allerhand andrem Blumenunkraut überwachsen sind. Ein Genuß und eine Trauer, und es ist schwer zu sagen, wovon mehr. Bei mir kommt in solchen Momenten, Gott sei Dank, immer noch ein Gefühl dankbarer Befriedigung hinzu: das Bewußtsein, den Kreislauf, der Leben heißt, im ganzen genommen freud- und nutzvoller erschöpft zu haben, als tausend andre.

Ich war heut' ein bißchen 'runter, was ich auf Turgenjews „Rauch" schieben muß, womit ich gestern fertig geworden. Es ist in seiner Art doch ersten Ranges. Nur solche Leute lass' ich überhaupt noch als Schriftsteller gelten. Alles ist klug, bewußt, sorgfältig und in seinem Kunstmaß einfach meisterhaft. Dennoch ist es ein Irrweg und ein Verkennen des eigensten i n n e r s t e n Wesens der Kunst. Es wirkt allesnur aufregend, verdrießlich, abspannend. Schließlich ist er auch ein Russe und grenzt an die Gesellschaft, die er perhorresziert. Die schönen Kapitel im „Horn von Wanza" *) sind ein wahres Evangelium daneben. Grüße die Kinder und Tilla; Dir Gruß und Kuß von Deinem

Th. F.

---

175) Thale a. H., d. 28. Juni 1881.

Meine liebe Frau.

Habe Dank für Deine freundlichen Zeilen und das Paket mit den Abschriften.

Ich beschränke mich jetzt darauf, vormittags drei Stunden zu arbeiten; nachmittags geh' ich dann in den

*) Roman von Wilhelm Raabe, erschienen 1881.

Waldkater und lese. Gestern hab' ich mit „Rheingold" begonnen, heute soll die „Walküre" folgen. Es interessiert mich doch; im Detail ist vieles kindisch, geschmacklos, prätentiös. Aufs ganze hin angesehn, scheint es aber doch eine groß angelegte Sache, gedankenhaft und für die musikalische Behandlung eminent geeignet. Es ist etwas mystisch, tiefsinnig Märchenhaftes in diesem Stoff, und die Behandlung hat ihm diesen Charakter gelassen. Der oft gemachte Vorwurf, „es seien keine Menschen", hat keine rechte Bedeutung; es sind menschliche Leidenschaften und Charakterzüge, die uns vorgeführt werden: Angst, Mut, Schlauheit, Intrigue, vor allem (Wagners persönliche Hauptleistungen) Goldgier und Liebesgier. Er ist ganz Wotan, der Geld und Macht haben, aber auf „Lübe" nicht verzichten will und zu diesem Zwecke beständig mogelt. Auch hier lebte der Dichter in seinen Gestalten, und man muß danach sagen: Er schließt schlecht ab.

Bei Tisch bin ich jetzt der älteste Gast und präsidiere, was gewiß ein Anblick für Götter ist. Ich rede den Leuten Löcher in den Leib, und der Wirt hier hält mich mindestens für einen verkappten Kammerredner. Vielleicht macht er mir noch ein Angebot und stellt mich als Tischunterhalter an. Scherenberg bekleidete jahrelang solchen Posten in Magdeburg. Mein Papa wollte Bankhalter werden, was am Ende noch niedriger steht.

Herzlichste Grüße Dir und den Kindern. Wie immer Dein

Th. F.